本书系国家社会科学基金一般项目
"《外商投资法》中的国家安全审查有限透明化机制构建研究"
（20BFX197）资助研究成果

China's National Security Review Mechanism
on Foreign Investment

Progress, Practice and Prospects

我国外商投资
安全审查制度研究

演进、实践与展望

姜慧芹◎著

ZHEJIANG UNIVERSITY PRESS
浙江大学出版社
·杭州·

图书在版编目(CIP)数据

我国外商投资安全审查制度研究:演进、实践与展
望/姜慧芹著. --杭州:浙江大学出版社，2024.5
ISBN 978-7-308-24942-3

Ⅰ.①我… Ⅱ.①姜… Ⅲ.①外商投资－涉外经济法
－研究－中国 Ⅳ.①D922.295.4

中国国家版本馆 CIP 数据核字(2024)第 092754 号

我国外商投资安全审查制度研究:演进、实践与展望
WOGUO WAISHANG TOUZI ANQUAN SHENCHA ZHIDU YANJIU:
YANJIN、SHIJIAN YU ZHANWANG
姜慧芹　著

策划编辑	吴伟伟	
责任编辑	陈思佳(chensijia_ruc@163.com)	
文字编辑	谢艳琴	
责任校对	陈逸行	
封面设计	雷建军	
出版发行	浙江大学出版社	
	(杭州市天目山路 148 号　邮政编码 310007)	
	(网址:http://www.zjupress.com)	
排　　版	浙江大千时代文化传媒有限公司	
印　　刷	广东虎彩云印刷有限公司绍兴分公司	
开　　本	710mm×1000mm　1/16	
印　　张	15.75	
字　　数	203 千	
版 印 次	2024 年 5 月第 1 版　2024 年 5 月第 1 次印刷	
书　　号	ISBN 978-7-308-24942-3	
定　　价	78.00 元	

前　言

　　21世纪以来,在国际投资领域最为重大的事件之一,莫过于从全球化和一体化到民族主义与保护主义的转变。联合国贸易和发展会议(United Nations Conference on Trade and Development,简称UNCTAD)发布的《2020年世界投资报告》和二十国集团(Group of Twenty,简称G20)2019年发布的《二十国集团贸易和投资措施报告》均指出,近年来,各国陆续颁布新的外商投资立法或加强既有的外商投资规制框架,以保护国家安全利益免受潜在威胁的影响,其实质效果是加强了对外国投资的审查。因此,在当前的国际投资全球化背景下,对国际投资的讨论是与对安全和保护的讨论结合在一起的。

　　在全球范围内,外商投资安全审查制度①是在"外国控制"引起资本输入国对外国投资影响其国家安全的担忧时形成的。例如,澳大利

---

　　① 《中华人民共和国外商投资法》(简称《外商投资法》)第二条第二款规定,"本法所称外商投资,是指外国的自然人、企业或者其他组织(以下称外国投资者)直接或者间接在中国境内进行的投资活动";第三十五条第一款规定,"国家建立外商投资安全审查制度,对影响或者可能影响国家安全的外商投资进行安全审查"。据此,本书使用了"外商投资(立法/安全审查制度)"及"外国投资者"等表述。有些国家将外国政府及其分支机构的投资纳入安全审查范围,因此,在理论和实践中也存在"外国投资安全审查制度"这一表述。鉴于本书研究的对象为我国的外商投资安全审查制度,因此,在指称该制度时统一使用"外商投资安全审查制度"这一表述。

亚一直运用外汇管制措施规制外国直接投资，仅对银行、航空、媒体等行业的外国直接投资存在一些分散的限制。直到 20 世纪 70 年代才引入国家利益审查（其中国家安全是一个重要的考虑因素），其背景是彼时外国投资者对澳大利亚企业的控制权显著增加。^① 法国长期以来也是依靠外汇管制规制外国投资，直到 20 世纪 60 年代，在外国控制（尤其是美国控制）变得明显时，才引入了外商投资安全审查制度。^②美国也正是出于对日本和英国投资者收购美国公司的担忧，才在 20世纪 80 年代通过了《埃克森—佛罗里奥修正案》，引入了系统性的外商投资安全审查制度。^③ 自那以后，主要的资本输入国（主要是发达国家）逐渐引入了各自的外商投资安全审查制度。

整体上，在 2007 年和 2017 年前后，主要的资本输入国呈现出收紧其外商投资安全审查制度的特点。在 2007 年前后，主权财富基金和国有企业的国际投资增多，导致资本输入国愈发担心外国政府控制其关键基础设施和其他战略行业，如能源、国防和机场投资。这反映出他们对主权财富基金和国有企业的运作及其投资决策的透明度的担忧与不信任。第一个对这种担忧做出反应的资本输入大国是美国。1992 年，法国的国有企业汤姆逊无线电试图收购 LTV 钢铁公司的导弹部门，这一收购提案引发了美国国会的担忧，美国国会认为，允许外国的国有企业收购美国的武器制造商可能会对美国的国家安全造成负面影响。此前的实践表明，美国总统并没有积极运用《埃克森—佛

---

① Meredith D, Dyster B. Australia in the Global Economy: Continuity and Change[M]. Cambridge: Cambridge University Press, 2012.

② Torem C, Craig W L. Control of Foreign Investment in France[J]. Michigan Law Review, 1967(4):669-720.

③ Georgiev G S. The Reformed CFIUS Regulatory Framework: Mediating between Continued Openness to Foreign Investment and National Security[J]. Yale Journal on Regulation, 2008(1):125-134.

罗里奥修正案》中赋予的权力来保护美国的国家安全。[①] 对国有企业的不信任和随之而来的讨论最终导致了《伯德修正案》的通过。[②] 该法案扩大了美国外国投资委员会（Committee on Foreign Investment in the United States，简称 CFIUS）[③]对由外国政府控制或代表外国政府行事的实体收购美国州际商业公司的强制调查，因为此类收购可能影响美国的国家安全。此后，在美国国会的强烈反对下，我国国有企业中国海洋石油集团有限公司（简称中海油）在 2005 年被迫撤回了对优尼科公司的收购申请。优尼科公司是老牌石油企业，在世界各地均拥有石油储备。2006 年，美国政府又阻止了阿联酋国有企业迪拜港口世界公司收购半岛—东方航运公司。半岛—东方航运公司是一家英国公司，在世界各国经营港口码头。[④] 国会对这些投资的反应最终导致 2007 年美国总统签署了《外国投资和国家安全法》（The Foreign Investment and National Security Act of 2007，简称 FINSA）。《外国投资和国家安全法》接受了《伯德修正案》的规定，加强了美国对外国政府投资者的国家安全审查规则。

其他国家（如澳大利亚、俄罗斯和加拿大等）也更新或建立了它们的外商投资安全审查制度，以减轻对外国政府投资的焦虑。例如，澳大利亚于 2008 年发布了《澳大利亚对外国政府投资者投资的考量原

---

① Byrne M R. Protecting National Security and Promoting Foreign Investment：Maintaining the Exon-Florio Balance[J]. Ohio State Law Journal，2006(4)：849-910.

② Weimer C M. Foreign Direct Investment and National Security Post-FINSA 2007[J]. Texas Law Review，2008(3)：663-684.

③ 美国外国投资委员会设立于 1975 年福特总统执政时期，起初是一个负责收集和分析外国投资者在美国投资情况的研究机构。美国外国投资委员会并没有决定权，只能将调查和审查结果递交总统，由总统作出最终决定。1988 年《埃克森—佛罗里奥修正案》赋予了美国外国投资委员会审查权限。2007 年《外国投资和国家安全法》将美国外国投资委员会的地位法律化，赋予了美国外国投资委员会作为美国外资国家安全审查机制中核心执法机构的地位。胡振虎，贾英姿，于晓. 美国外资国家安全审查机制对中国影响及应对策略分析[J]. 财政研究，2017(5)：89-99.

④ Byrne M R. Protecting National Security and Promoting Foreign Investment：Maintaining the Exon-Florio Balance[J]. Ohio State Law Journal，2006(4)：849-910.

则》。该原则明确指出，对外国政府及其机构（如国有企业和主权财富基金）的投资必须考量额外因素。这是因为与外国政府有联系的投资者可能不会仅仅根据正常的商业考虑进行经营，而是会追求更广泛的政治或战略目标，从而与澳大利亚的国家利益相违背。[①] 俄罗斯于2008年5月颁布了《外国投资者对保障俄罗斯国防和国家安全具有战略意义的商业公司投资程序法》，正式建立了俄罗斯的外商投资安全审查制度。在该制度下，俄罗斯对主权财富基金和国有企业等赴俄投资的审批较严格，即相较于非政府投资者的投资而言，该法对外国政府及其控制机构参与的投资设置了更低的收购比例要求，且扩大了审查范围。[②] 加拿大在2009年修订《加拿大投资法》时新增了"损害国家安全的投资"部分；同年发布了《投资的国家安全审查条例》，澄清了在评估外国国有企业投资的净收益时考虑的因素，特别侧重于外国国有企业的公司治理和商业导向的健全原则。[③]

此后，在关键技术和数据激烈竞争的背景下，自2017年开始，主要资本输入国再次收紧各自的外商投资安全审查制度。美国、俄罗斯、日本、欧盟、澳大利亚、英国等相继更新或引入了外商投资安全审查制度，以应对这种竞争。

2017年，俄罗斯对其《外国投资者对保障俄罗斯国防和国家安全具有战略意义的商业公司投资程序法》进行了第八次修订，将战略行

[①] Swan W. Government Improves Transparency of Foreign Investment Screening Process [EB/OL]. (2008-02-17)[2023-09-13]. https://ministers. treasury. gov. au/ministers/wayne-swan-2007/media-releases/government-improves-transparency-foreign-investment.

[②] 例如，对于有权利用联邦级矿产资源的战略性企业，外资如果通过交易获得10%及以上的股份，或有权作出经营管理决议，或有权任命一人执行机构或集体执行机构10%及以上成员等，则需提请国家安全审查。但是，当外国政府及其控制机构参与投资时，如果被控制方是有权利用联邦级矿产资源的战略性企业，则一旦外资控制股份超过5%就必须提请国家安全审查。尚清,徐建东.俄罗斯外商投资安全审查制度的新变化及启示[J].经济纵横,2014(12):77-80;李锋.俄罗斯国家安全审查制度研究[J].国际经济合作,2012(7):62-64.

[③] 该条例最近一次修订是在2022年。

业的范围从 2008 年的 42 项扩展为 47 项,将俄罗斯各级政府采购电子平台、出于军事目的的核材料和放射性物质利用活动新增为战略行业。同时,主管机关的监管权力扩张,赋予委员会主席(由政府总理担任)以保护国家安全为由对任意一项外商投资活动(即使是非战略行业)主动启动审查程序的权力,体现了日趋严格的监管态度。①

2018 年,美国发布了《外国投资风险审查现代化法案》(Foreign Investment Risk Review Modernization Act of 2018,简称 FIRRMA)。这是在《外国投资和国家安全法》实施十年以来的首次重要修订。此后,美国于 2020 年出台了相关实施细则,更新了美国外国投资委员会的审查程序,以应对美国在外资并购领域面临的新问题,从而更有效率地防御国家安全风险。详言之,FIRRMA 扩大了美国外国投资委员会对外国投资的管辖或审查范围,新增了对新兴技术的安全审查,扩大了关键基础设施领域的审查范围,增加了美国外国投资委员会的审查考量因素,强化了美国外国投资委员会的审查程序,并优化了美国外国投资委员会的资源配置。为了进一步扩大审查范围和保障安全审查的确定性,FIRRMA 还特别界定了核心技术和核心基础设施等的概念,将核心技术和核心基础设施企业的非控制性投资纳入审查

---

① 外商在俄罗斯战略投资将受更多监管[EB/OL].(2018-01-18)[2023-09-06]. http://gpj. mofcom. gov. cn/article/zuixindt/201801/20180102700483. shtml.

范围。①

　　进入 21 世纪以后，日本对外商投资安全审查制度的关注度迅速上升，制度设计也更加完善。2017 年 5 月，日本参议院表决通过《外汇及对外贸易法》，旨在加强防止安保相关技术外泄，强化对日投资的审查。2019 年 5 月，日本公布增加 20 个对日直接投资的限制行业。2019 年 10 月，日本修订《外汇及对外贸易法》，将外国投资者并购涉及武器、原子能、服务器的安全维护等 12 个敏感性行业公司的事前申报门槛由 10％的股权比例降至 1％，旨在防止日本的精密机械技术流向其他国家。② 整体而言，日本对外国投资采取了"原则放开、例外禁止"的立场，个别行业的市场准入存在一定困难。③

　　2020 年，受新冠疫情的影响，澳大利亚暂时将其对外国投资的审查门槛降至零，以减少因受疫情影响而市值大跌的企业被外国投资者

---

　　① 核心技术是指对国家安全而言极其重要的技术、成分或技术项目。具体来说，核心技术包括：第一，国际武器贸易条例中的美国军需名单所列明的防卫品或防卫服务；第二，出口管理条例补充条例所列明的商业管制清单中的项目；第三，美国联邦法规中规定的特别设计和准备的核相关的设施、材料、软件与技术；第四，美国联邦法规中规定的有毒物质；第五，其他出现的与美国保持和提高技术优势密切相关的技术或是与国家安全相关的技术。美国的核心技术公司是指美国拥有生产、贸易、设计、制造、服务或发展核心技术的经济实体，也包括涉及美国外国投资委员会所规定的核心技术的经济实体。核心基础设施是指属于美国外国投资委员会所规定的、对美国国家安全极为重要的、无形的或者有形的体系及资产。美国的核心基础设施公司是指生产、提供美国外国投资委员会所规定的核心基础设施的经济实体。漆彤，汤梓奕.美国《2018 年外国投资风险审查现代化法案》介评[J].经贸法律评论，2019(3)：79-90；董静然.美国外资并购安全审查制度的新发展及其启示——以《外国投资风险审查现代化法案》为中心[J].国际经贸探索，2019(3)：99-112；冀承，郭金兴.美国外国投资国家安全审查制度的历史变迁、制度设计及中国的应对[J].国际贸易，2019(6)：69-78；Berg E M. A Tale of Two Statutes：Using IEEPA's Accountability Safeguards to Inspire CFIUS Reform[J]. Columbia Law Review，2018(6)：1763-1800；Blakey J R. The Foreign Investment Risk Review Modernization Act：The Double-Edged Sword of US Foreign Investment Regulations[J]. Loyola of Los Angeles Law Review，2019(4)：981-1014.

　　② 赵蓓文.全球外资安全审查新趋势及其对中国的影响[J].世界经济研究，2020(6)：3-10，135；张怀岭.开放与安全平衡背景下英国外资审查改革路径及影响[J].国际贸易，2020(9)：68-75.

　　③ 赵蓓文.全球外资安全审查新趋势及其对中国的影响[J].世界经济研究，2020(6)：3-10，135.

收购的数量。① 2020 年，澳大利亚还公布了《外国投资改革（保护澳大利亚国家安全）法》，对外国直接投资引入一个单独的国家安全审查。事实上，此前的国家利益审查已经将外国直接投资对澳大利亚国家安全的影响考虑在内，本次新引入的国家安全审查并非要替代国家利益审查，而是作为补充，仅仅适用于国家利益审查未涵盖的交易。外国投资者投资国家安全业务的，必须进行强制性申报，在获得政府批准后方可开展投资。②

英国在脱欧之后也加快了外商投资安全审查制度的改革步伐。继 2017 年发布《国家安全与基础设施投资审查绿皮书》、2018 年发布《国家安全与投资——立法改革建议白皮书》之后，英国于 2019 年宣布了《国家安全与投资法》的立法计划。③ 2021 年，英国颁布《国家安全与投资法》，该法于 2022 年 1 月 4 日正式实施。此前，英国针对外国投资的国家安全审查由（竞争法）反垄断主管机构主导，缺乏专门的外资并购安全审查机构，且审查范围过于局限。《国家安全与投资法》全面改革了此前的审查制度，构建了专门的、独立的安全审查机制，扩大了审查范围，具体化了 17 个需要强制申报的敏感行业，引入了自愿申报程序和介入审查制度，详细规定了风险因素与评估程序，并类型化了惩罚措施。这些敏感行业包括通信、能源、交通、人工智能、计算

---

① 2020 年 3 月 29 日，澳大利亚财政部长宣布，受新冠疫情的影响，澳大利亚暂时将其对外国投资的审查门槛降至零。这一临时措施于 2021 年 1 月 1 日取消。Foreign Investment Review Board Annual Report 2020-21［R/OL］.（2022-04-04）［2023-09-13］. https://foreigninvestment. gov. au/sites/firb. gov. au/files/2022-04/FIRB-Annual-Report-2020-21. pdf.
② Australia's Foreign Investment Policy 2022［EB/OL］.（2022-01-14）［2023-09-13］. https://foreigninvestment. gov. au/sites/firb. gov. au/files/2022-01/Australias _ Foreign _ Investment _ Policy-20220114. pdf；Guidance Note 8：National Security Test［EB/OL］.（2021-01-01）［2023-09-13］. https://foreigninvestment. gov. au/sites/firb. gov. au/files/guidance-notes/G08-Nationalsecurity. pdf.
③ 张怀岭. 开放与安全平衡背景下英国外资审查改革路径及影响［J］. 国际贸易，2020(9):68-75.

机硬件、先进材料、量子技术、工程生物学等。[1]

除了国家层面的审查，欧盟还引入了区域层面的外商投资安全审查制度——《欧盟外国直接投资审查条例》。该条例于2019年3月通过，并于2020年10月正式实施。此前，欧盟层面并没有统一的外资安全审查框架，也没有相互之间的协调或合作框架，而是由各成员国单独立法以缓解各自对外商投资影响国家安全的担忧。[2] 该条例并未在欧盟层面建立统一的综合性审查机制，也没有形成强制性的中央权力，而是建立了合作机制，即在欧盟与各成员国之间建立了一个沟通平台或合作机制，每个欧盟成员国都可以对其他成员国的外国直接投资发表意见，并有义务在欧盟委员会和成员国之间定期分享信息。详言之，欧盟成员国与欧盟委员会可以对某成员国的外商投资安全审查进行评议并提出意见。虽然审查的最终决定权属于作为投资目的地的成员国，但该成员国应适当考虑上述评议意见，若未遵循欧盟委员会的意见，则需作出解释。这种相互评议的机制将有助于使各成员国的外资审查机制逐步趋同。此外，该条例特别强调了核心基础设施和核心技术，专门列出了欧盟国家在进行审查时可以考虑的因素，包括基础设施建设、高新技术、原材料供应、信息与传媒，再加上由第三国政府直接或间接控制，欧盟实际审查的范围非常广。[3] 随后，许多欧盟

---

[1] 常雁. 英国《国家安全与投资法》主要内容及影响分析[J]. 全球科技经济瞭望，2022(7)：29-35；Esplugues C. Foreign Investment, Strategic Assets and National Security[M]. Cambridge：Cambridge Press，2018.

[2] 截至2017年9月草案公布之时，在28个欧盟成员国中，奥地利、丹麦、芬兰、法国、德国、意大利、拉脱维亚、立陶宛、荷兰、波兰、葡萄牙、西班牙和英国（英国于2020年正式"脱欧"）13个成员国设有全面或者针对具体行业的安全审查机制。其后，匈牙利于2018年10月立法要求对特定行业的外国投资进行审查，新法于2019年1月生效。廖凡. 欧盟外资安全审查制度的新发展及我国的应对[J]. 法商研究，2019(4)：182-192.

[3] 石岩. 欧盟外资监管改革：动因、阻力及困局[J]. 欧洲研究，2018(1)：114-134，8；褚晓，熊灵. 欧盟外资安全审查制度：比较、影响及中国对策[J]. 国际贸易，2022(6)：53-61；Bian C. National Security Review of Foreign Investment：A Comparative Legal Analysis of China, the United States and the European Union[M]. London：Routledge，2020.

成员国在国家层面收紧了各自的安全审查制度。①

2022 年 8 月,韩国《外国人投资安保审议程序运营规定》开始实施。据此,韩国新设"安保审议专门委员会",由不超过 20 人的相关行政机关委员和专家组成,对外资并购(不包含绿地投资)是否危害国家安全予以事前评估,从而加强对外资并购的安全审查,但韩国对外资并购安全审查的领域没有变化。②

由此可见,全球主要国家或经济体普遍设立或强化了外商投资安全审查制度,通过扩大审查范围、强化有关机构的审查职能,甚至是允许政治干预等方式加强了安全审查的力度,以应对外国投资者可能对其国家安全造成的负面影响。相较而言,2019 年,党的十九届四中全会明确要求健全外商投资国家安全审查制度。随后,我国于 2020 年 12 月颁布了《外商投资安全审查办法》(简称《审查办法》)。该《审查办法》是在怎样的背景下制定的? 其内容与上述国家的相似制度有何异同? 该制度在实践中的运作是否存在不足? 如有,那应当如何完善? 对于以上问题,本书将逐一探究并试图提出可行的解决思路。

---

① 比如,德国面对新冠疫情对整体经济造成的新型风险以及为了使本国外资审查法律符合《欧盟外国直接投资审查条例》的规定,分步骤加速修订了外资审查法律法规,包括:2020 年 6 月 18 日审议通过了《对外经济法第一修正案》,2020 年 5 月 20 日审议批准了《对外经济条例第十五修正案》,之后又进行了两次修订,以充分落实《欧盟外国直接投资审查条例》;2021 年 5 月,该法第 17 次修订正式生效,其再度调整了触发审查的门槛。又如,在疫情背景下,法国经济与财政部长于 2020 年 4 月 29 日宣布升级法国的外资审查程序,将生物技术纳入关键技术目录并将非欧盟投资者并购特定法国上市公司的审查门槛由 25% 的投票权降至 10% 的投票权。胡子南,吕静.英法德三国外商直接投资国家安全审查制度比较研究[J].德国研究,2020(3):23-36,160;张怀岭.开放与安全平衡背景下英国外资审查改革路径及影响[J].国际贸易,2020(9):68-75;张昕,孟翡,张继行.德国外资安全审查机制:特征、影响及我国应对举措[J].国际贸易,2022(8):43-52.

② 韩国加强对外资并购的安全审查[EB/OL].(2022-08-24)[2023-09-06].http://kr.mofcom.gov.cn/article/jmxw/202208/20220803343309.shtml.

目　录

第一章　我国外商投资立法
中的内外资一致原则及其例外

　　2020 年 1 月 1 日,《中华人民共和国外商投资法》(简称《外商投资法》)生效实施。作为新时代调整外商投资的基本规范,该法将内外资一致原则作为一项基本原则,即外国投资者与国内投资者及其投资适用相同的规则,从而为外国投资者与国内投资者及其投资提供了更加公平的竞争环境。纵观我国的外商投资立法沿革可以发现,内外资一致原则的确立既是基于国内政策和意识形态的转变,亦是与国际规则接轨的体现。本章回顾了我国外商投资立法中确立内外资一致原则的进程,并阐释了该原则的具体内涵和例外规定。该原则的一项重要例外就是外商投资安全审查制度,这一立场奠定了研究我国外商投资安全审查制度的基调。

第一节　内外资一致原则
在我国外商投资立法中的确立[①]

　　在新中国成立之后的一段时期内,我国采取的是计划经济体制,

---

　　① Zhou W, Jiang H, Kong Q. Technology Transfer under China's Foreign Investment Regime: Does the WTO Provide a Solution? [J]. Journal of World Trade, 2020(3):455-480.

外商来华投资的规模十分有限，规范其投资的法律与政策也近乎空白。1978 年党的十一届三中全会以后，我国的外商投资立法逐步完善，为更好地吸引外商投资提供了不断完善的法律环境，投资领域也出现生机。[①] 此后，我国建立并健全了外商投资法律制度，并逐步确立了内外资一致原则。详言之，在改革开放之初，我国对国内投资者和外国投资者及其投资采取"双轨制"的规制模式。而后，我国逐步实现了外商投资的自由化，并逐步实现了内外资立法的"并轨"。发展至今，内外资一致原则已作为我国《外商投资法》的一项基本原则被确立下来。

一、改革开放初期的外商投资立法与"双轨制"

（一）外商投资立法基本框架的形成期（1978—1999 年）

1978 年，党的十一届三中全会提出，"根据新的历史条件和实践经验，采取一系列新的重大的经济措施，对经济管理体制和经营管理方法着手认真的改革，在自力更生的基础上积极发展同世界各国平等互利的经济合作，努力采用世界先进技术和先进设备，并大力加强实现现代化所必需的科学和教育工作。因此，我国经济建设必将重新高速度地、稳定地向前发展，这是毫无疑义的"。党的十一届三中全会开启了我国改革开放的伟大进程。此后，我国对外开放的力度持续加大，对来华投资的立法逐步完善，形成了以宪法为根本，以"三资企业法"[②]为主干，辅之以大量配套规定的独立体系[③]，外商来华投资法律

---

① 今晓. 当前投资环境的立法思索[J]. 中南政法学院学报，1987(3)：78-82.
② 1979 年颁布的《中华人民共和国中外合资经营企业法》（简称《中外合资经营企业法》）、1986 年颁布的《中华人民共和国外资企业法》（简称《外资企业法》）和 1988 年颁布的《中华人民共和国中外合作经营企业法》（简称《中外合作经营企业法》）三部立法构成规范外商投资的三部基本法（合称"三资企业法"）。"三资企业法"现已被废止。
③ 李仁真，周家贵. 对外商投资企业实行国民待遇的法律思考[J]. 法学评论，1996(6)：43-47.

环境进一步改善。

第一,宪法。宪法以根本法的形式对外商投资的立场作出了明确的法律规定。《中华人民共和国宪法》(简称《宪法》)第十八条规定了我国对外商投资的基本立场,即允许投资、允许合作、依法保护,但必须以遵守我国法律为前提。

第二,法律。我国外商投资立法的核心是"三资企业法",是针对设立中外合资经营企业、中外合作经营企业和外资企业的专门立法,构成规范外商投资的三部基本法。"三资企业法"对外国投资者的准入审批、外资投向、外国投资者及外商投资企业的法律地位、税收及优惠、股本及利润等合法收益的汇出、征用、国有化与补偿等进行了原则性的规定。

对不同的外商投资企业制定不同的外商投资法律是一种兼具合理性和必然性的选择。"三资企业法"是在传统的计划经济体制背景下制定的。彼时,我国的经济法律法规是按照企业的所有制性质制定的。在这一历史背景下,新的所有制企业(即外商投资的企业)无法适用原有的经济法律法规,于是不得不走上一条独立于内资企业立法的道路。[①] 从历史角度观之,在"三资企业法"颁布时,我国尚未出台统一的公司法。我国直至 1993 年才颁布了《中华人民共和国公司法》(简称《公司法》)。该法肯定了我国关于外商投资的公司和内资公司立法之特别法与一般法的制度框架。[②] 这一制度框架在此后的历次公司法

---

① 姜慧芹.中国外商投资立法的未来走向[J].云南大学学报(法学版),2013(4):141-148;赵旭东.融合还是并行外商投资企业法与公司法的立法选择[J].法律适用,2005(3):15-18;张国平.论外资企业和我国企业法制的协调[J].南京社会科学,2010(5):83-88.

② 1993 年的《公司法》中的第十八条规定:"外商投资的有限责任公司适用本法,有关中外合资经营企业、中外合作经营企业、外资企业的法律另有规定的,适用其规定。"

修正或修订中均延续了下来①,从而确立了外商投资企业和内资企业管理上的"双轨制"立法模式。

除了管理模式上的"双轨制",外商投资企业和内资企业的"双轨制"立法模式还体现在税收优惠上。在改革开放初期,为了吸引外商投资,国家和地方政府在税收与土地等政策方面给予外资企业"超国民待遇",以税收优惠措施鼓励外国投资者在我国投资。② 为了充分利用外资、引进外国的先进技术,先后颁布了一系列涉外税收法律法规。③ 这些涉外税收法律规定的优惠有一般性(如折旧、亏损抵补、低税率、退税等)、特殊性(如特定部门、特定地区、先进技术企业的减免税等)和专项性(如研究开发或节约能源、防止环境污染等成果并转让技术所有等)技术税收优惠鼓励措施。④

第三,行政法规。为保证"三资企业法"的贯彻实施,国务院相继颁布了相应的实施细则。⑤ 但是"三资企业法"及其实施细则仅规定了有限的外商投资企业形式,并不允许外商投资企业设立股份制有限公司,限制了外商投资企业的融资额度,不能满足外商投资企业的规模发展需要。⑥ 为了充分发挥股份有限公司在我国利用外资中的作用,1992年我国开始进行股份制试点,允许已设立的中外合资经营企业

---

① 1999年和2004年的《中华人民共和国公司法》修正未涉及该条款。2005年修订时将外商投资的股份有限公司也列入该法调整范围,其第二百一十八条规定:"外商投资的有限责任公司和股份有限公司适用本法;有关外商投资的法律另有规定的,适用其规定",再次以兜底条款的方式明确了中国外资公司和内资公司立法之特别法与一般法的制度框架。2013年和2018年对该法进行修正时未对其内容进行修改。

② 沈木珠.完善中国外商投资法的若干建议[J].政治与法律,1997(2):4-9.

③ 刘剑文.利用税收优惠 鼓励外商投资[J].法学评论,1988(4):80-82;张友渔.正确理解和执行《外商投资企业和外国企业所得税法》[J].中国法学,1991(4):63-65,115.

④ 刘剑文.利用税收优惠 鼓励外商投资[J].法学评论,1988(4):80-82;沈木珠.完善中国外商投资法的若干建议[J].政治与法律,1997(2):4-9.

⑤ 《中华人民共和国中外合资经营企业法实施条例》(简称《中外合资经营企业法条例》)、《中华人民共和国外资企业法实施细则》(简称《外资企业法细则》)和《中华人民共和国中外合作经营企业法实施细则》(简称《中外合作经营企业法细则》)等均在《外商投资法》生效后被废止。

⑥ 汤树梅.外商投资股份有限公司的发展及其法律适用[J].法学家,2002(3):46-51.

转为股份有限公司,也鼓励外资入股组建股份制企业。① 1995 年 1 月,在试点和变通规定之后,对外贸易经济合作部(2003 年组建商务部)发布了《关于设立外商投资股份有限公司若干问题的暂行规定》(现已失效)。该规定增列外商投资股份有限公司为外商投资企业的可采用形式,弥补了我国外商投资企业立法方面的不足,为外商投资企业采用股份有限公司的形式提供了依据。②

此后,为满足不同的外国投资者对组织形式的需求,我国还相继制定了《关于外商投资举办投资性公司的暂行规定》(现已失效)、《关于外商投资举办投资性公司的规定》(2003 年公布,并于 2004 年进行了两次修订)、《外国企业或者个人在中国境内设立合伙企业管理办法》(2009 年公布)等行政法规,允许和鼓励外国投资者采取新的投资形式,如投资性公司、创业投资企业、创业投资管理企业和合伙企业。

第四,部门规章。谈及此阶段的外商投资立法,就不得不提及《外商投资产业指导目录》(简称《指导目录》)这一部门规章。"三资企业法"及其实施细则针对不同的外商组织形式规定了相应的投资方向和投资产业,但其规定相对简单。③

1995 年,为进一步明确外商投资的方向,增加外商投资立法的透

---

① 1992 年发布的《股份制试点企业宏观管理的暂行规定》(现已失效)中明确规定,"在国家颁布的外商投资产业目录范围内,欢迎和鼓励外资入股组建股份制企业……已设立的中外合资企业转为股份有限公司,需经原审批机构会同有关部门批准"。

② 汤树梅.外商投资股份有限公司的发展及其法律适用[J].法学家,2002(3):46-51.

③ "三资企业法"及其实施细则对投资方向的规定也并不协调。比如,《中外合作经营企业法》第四条就合作企业的投资方向作出了原则性规定,鼓励中外合作企业将生产的产品出口或设立以先进技术为基础的生产型合作企业。1983 年发布的《中外合资经营企业法条例》(现已失效)中的第三条具体规定了允许设立合营企业的主要行业,包括能源开发、机械制造工业、电子工业、轻工业、农业、旅游和服务业。现已失效的于 1986 年公布的《外资企业法》中的第三条就外资企业的投资方向作出了原则性规定,即"必须有利于中国国民经济的发展,并且采用先进的技术和设备,或者产品全部出口或者大部分出口",并且授予国务院制定禁止或者限制设立外资企业的行业目录的权力。据此授权,1990 年发布的《外资企业法细则》(现已失效)中的第四条、第五条具体规定了禁止在新闻、出版、广播、电视、电影等行业设立外资企业,限制在房地产、交通运输、信托投资等行业设立外资企业。彭世权.论我国外商投资企业立法与公司法的并轨[J].特区经济,2008(8):229-231.

明度，使其与我国的国民经济和社会发展规划相适应，国务院制定了《指导外商投资方向暂行规定》（现已失效），首次以行政法规的形式对外公布鼓励、限制、禁止外商投资的产业领域，并制定了相应的准入标准，比较充分地体现了产业差别待遇原则。①

《指导外商投资方向暂行规定》将《指导目录》作为指导审批外商投资产业的依据。该《指导目录》列举了三种行业类型——鼓励类、限制类和禁止类，未列入该《指导目录》的行业为允许类，属于竞争类行业，允许外国投资者按照市场经济的原则参与投资。由此可见，《指导目录》是引导全国范围内的外商投资的产业目录。该部门规章不仅明确了外资的投向，而且奠定了商务部门审批权限划分的基础。

《指导外商投资方向暂行规定》和《指导目录》的颁布，体现了我国利用外资政策的重大转变，即通过产业政策引导和调控外资投向，使其与我国的国民经济和社会发展规划相适应。②

由此可见，我国的外商投资立法基本框架是在改革开放初期形成的，其系以宪法规范为根本、以"三资企业法"为基本法、以《公司法》为一般法、辅之以大量行政法规及部门规章搭建起来的整体架构。此时的外商投资立法兼具企业组织法和外资管理法的双重功能。前者主要是指此时的外商投资立法，其立法理念架构于企业组织法之上，按照外国投资者可以设立的组织形式制定相应的法律法规。后者主要体现在商务部门对所有拟议投资均有权进行审查，未获得批准者不得开展投资。其主要原因在于：在引进外资的初期，我国尚未打破计划经济体制，尚未确立市场经济体制，尚未彻底转变经济发展观念的意

---

① 进一步扩大对外开放的重大举措——国家计委有关负责人就《指导外商投资方向暂行规定》答记者问[J].中国投资与建设，1995(7)：52；李本.对国际多边投资立法从回应到参与——中国外商投资立法的嬗变分析[J].法学杂志，2009(8)：94-97.

② 李本.对国际多边投资立法从回应到参与——中国外商投资立法的嬗变分析[J].法学杂志，2009(8)：94-97.

识形态。因此,彼时我国对外资是一种既迫切需要又很不放心的态度,具体体现在对外商投资企业的设立设置了严格的、逐一审批的规定。[①]

(二)"双轨制"

在 1978 年实施改革开放政策之前,我国遵循中央计划经济,出于意识形态的原因排斥外资。外资被认为是资本主义制度的基石,因此与我国的社会主义制度格格不入。[②] 这一立场从 1978 年党的十一届三中全会开始改变。然而,在改革开放初期,我国仍然担心外资可能给我国的社会主义事业和国家利益带来潜在的负面影响,因此对外国投资者在我国的投资活动仍然保持着谨慎的态度。

这一立场充分体现在这一阶段的外商投资相关制度之中,即与国内投资者相比,我国对外国投资者和外商投资企业采取了相对保守的管理方式。外国投资者及其投资遵循与国内投资者及其投资不同的规则或轨道,这种监管方法被称为"双轨制"。这种"双轨制"主要体现在如下两个方面。

第一,我国在审批和履行要求方面给予外商投资企业的待遇不如国内实体。主要体现在外商投资企业适用单独的专门立法,从而与内资企业适用的规则完全隔离开来。此阶段的外商投资立法对外商投资企业提出了广泛的审批要求和各种履行要求,而这些要求并没有强加于内资企业。前者是指所有拟议的外商投资均须获得审批,无论投资的部门或投资的形式如何,都要经过商务部门的审批方可实施。这种逐一审批的制度使外商投资活动受到政府的严格审查。且这种审批贯穿外商投资的整个生命周期,从设立、变更(如经营期间等具体安

---

① 赖建良.有限责任公司与外商投资企业中的有限责任公司设立原则之比较[J].台声·新视角,2006(1):325-326.

② 张晋藩.中国法制 60 年(1949—2009)[M].西安:陕西人民出版社,2009.

排的变更)到终止。而所谓的履行要求则包括当地成分要求、贸易平衡要求、进口用汇要求和出口实绩要求等。诚然，上述规则与世界贸易组织(World Trade Organization，英文简称 WTO，中文简称世贸组织)下的国民待遇原则不一致，但是在我国入世之前，在没有任何实施国民待遇的国际义务的情况下，特别是不受当时的《关税及贸易总协定》(General Agreement on Tariffs and Trade，英文简称 GATT，世界贸易组织的前身，中文简称关贸总协定)承诺的约束，我国完全可以向外国投资者施加限制性条件。

第二，我国给予外商投资企业税收优惠意味着外商投资企业会受到比内资企业更优惠的待遇。税收优惠包括降低税率、免税、减税、投资退款、加速折旧、结转损失和其他减轻税收负担的措施，主要规定于专门针对外商投资企业的企业所得税法，目的是吸引外国投资。

综上所述，在改革开放初期，我国对允许外国投资者在国内投资缺少经验，因此在立法中表现出较为谨慎的态度。它通过采用"双轨制"的方式将外商投资企业与内资企业隔离开来，从而使外商投资企业必须遵守严格的审批要求和履行要求。同时，为了在鼓励外商投资和保持监管控制之间寻求适当的平衡，向外商投资企业提供了税收优惠。总体而言，在"双轨制"阶段，国内外投资者及其投资所处的竞争环境是不一致的。

二、加入 WTO 前后的外商投资立法与初步并轨

(一)外商投资立法的制度调整期(2000—2012 年)

世界贸易组织下的《服务贸易总协定》(The General Agreement on Trade in Services，简称 GATS)规定了外国直接投资服务业的市场准入和国民待遇规则，而《与贸易有关的投资措施协定》(Agreement on Trade-Related Investment Measures，简称 TRIMs）则侧重于禁止具体的履行要求。[1] 为了加入世界贸易组织，我国宣布计划为给予外商投资企业国民待遇创造便利条件，为外国投资者提供非歧视性待遇。[2] 因此，在 2001 年加入世界贸易组织后，我国进一步扩大了开放的领域，"由有限范围和有限领域内的开放，转变为全方位的开放；由以试点为特征的政策主导下的开放，转变为法律框架下可预见的开放；由单方面为主的自我开放，转变为与世贸组织成员之间的相互开放"[3]。在立法层面，为推进社会主义市场经济改革及履行加入世界贸易组织的承诺，对投资主体的行政干预也开始逐步减少。面对国际双边投资的压力以及伴随着全球化和投资自由化的总体趋势，在前述"双轨制"的基础上，我国进一步修改和制定了外商投资领域的相关法律法规，主要有以下几个方面。

第一，在《指导目录》外颁布《中西部地区外商投资优势产业目录》，进一步发挥产业导向作用。2002 年 2 月，国务院公布《指导外商投资方向规定》，替代了此前颁布的《指导外商投资方向暂行规定》。《指导外商投资方向规定》将《指导目录》和《中西部地区外商投资优势产业目录》同时列为指导审批外商投资项目与外商投资企业适用有关政策的依据。

《指导目录》自 1995 年首次颁布实施以来，分别于 1997 年、2002 年、2004 年、2007 年、2011 年、2015 年和 2017 年进行了七次修订。通过对《指导目录》的修订，实现引导外资投向、调整外资产业分布的杠

---

[1]　Cho S, Kurtz J. Convergence and Divergence in International Economic Law and Politics [J]. European Journal of International Law，2018(1)：169-203，180-181.

[2]　Shan W. National Treatment and the Transformation of FDI Laws and Policies in China[J]. International Trade Law and Regulation，2000(1)：21-27，23-24.

[3]　商务部：改革开放 30 年来我国经贸领域取得的成就[EB/OL]. (2008-12-19)[2023-09-06]. https://www.gov.cn/ztzl/2008-12/19/content_1182424.htm.

杆作用。^① 为了有针对性地实施国家西部大开发战略、提高中西部地区的整体经济素质,我国还制定了《中西部地区外商投资优势产业目录》。该目录下的产业是各地在环境、资源、人力、生产、技术、市场等方面具有显著优势和潜力的产业,可以享受鼓励类外商投资项目优惠政策。^② 该目录自 2000 年发布以来,分别于 2004 年、2008 年和 2013 年进行过三次修订。

第二,允许外资通过并购方式进入我国市场,为引进外资提供了新的途径。自改革开放以来,我国吸收外商投资主要采用传统的绿地投资方式(即新设投资方式),基本上没有采用国际上通行的并购方式。经过一段时间的试点和制度完善,于 2003 年出台的《外国投资者并购境内企业暂行规定》(现已失效)使外国投资者的并购活动有了可以遵循的法律规定,为外资进入我国市场提供了新的途径。^③

与新设外资企业的投资方式不同,以并购方式进行的直接投资可以直接占有东道国的市场份额,因此可以"十分迅速地进入东道国的某一行业、增加其市场份额甚至形成支配或垄断地位……不仅可能导致垄断,而且可能影响国家安全"^④。因此,对于外国投资者的并购行为,不少国家均设有反垄断审查制度与国家安全审查制度。在我国,这两项审查制度主要规定在《中华人民共和国反垄断法》(简称《反垄断法》)、《关于外国投资者并购境内企业的规定》和《国务院办公厅关于建立外国投资者并购境内企业安全审查制度的通知》之中。

第三,淡化税收优惠,逐步取消"超国民待遇"。诚如前述,在改革

---

① 李本.对国际多边投资立法从回应到参与——中国外商投资立法的嬗变分析[J].法学杂志,2009(8):94-97.

② 张旺."十五"期间西部利用外资展望[J].经济理论与经济管理,2001(7):57-61.

③ 该《外国投资者并购境内企业暂行规定》于 2006 年被《关于外国投资者并购境内企业的规定》所取代,并于 2009 年进行了修订.

④ 余劲松,周成新.国际投资法[M].北京:法律出版社,2014.

开放初期,为了吸引外商投资,我国曾借助税收优惠措施鼓励和吸引外商投资。但是这种立法模式在立法技术、法律适用和法律实施的效果上存在缺陷。在立法技术上,这种按照外商投资形式分别立法、分别征税的立法模式违背了国际惯例。这种立法模式在国际上并不多见,不仅增加了法律适用的困难,而且不符合我国关于让外国投资者能按国际惯例,简便、高效地在中国办企业的精神。在法律实施的效果上,不同企业的税负不均也产生了不良影响。① 为争夺资金,相关负责人给予了外国投资者在财政补贴、税收优惠、厂房安排、协助雇员招聘等多方面的优惠,从而给外国投资者及其投资极大的寻租空间,将外国投资者的地位推到了高于国内投资者的地位。②

对这些问题的解决思路最终在《中共中央关于建立社会主义市场经济体制若干问题的决定》中得到了明确,即"创造条件对外商投资企业实行国民待遇,依法完善对外商投资企业的管理",这是我国外商投资企业管理工作的一项重要任务。③ 从 1993 年 12 月开始,我国便着手统一内外资企业的税收制度。1993 年,我国对流转税制度进行了全面检查,公布实施《中华人民共和国消费税暂行条例》,建立了以增值税为核心的流转税制,辅之以消费税和营业税。自 1994 年 1 月 1 日起,根据《全国人民代表大会常务委员会关于外商投资企业和外国企业适用增值税、消费税、营业税等税收暂行条例的决定》,这些税收

---

① 姚潇瀛,林金成,姚明.关于制定统一的外商投资企业所得税法的建议[J].当代法学,1990(2):29-32;张勇.论我涉外税收制度的新发展——评《外商投资企业和外国企业所得税法》[J].中国法学,1992(3):37-41.

② 2003 年,英特尔公司投资成都的芯片项目,通过利用各地政府为吸引外资而使用优惠政策的做法,明确表明其寻租立场,从而实现了租金组合最优化。据《中国经济时报》报道,在项目论证前期,英特尔就用"撒大网"的方式选择其在中国的投资目的地。其在与成都市人民政府商议投资事宜时便非常直白地告知该地方政府其在其他地方已经得到的优惠承诺,通过利用地方政府间的引资竞争,希冀在成都获得更优越的引资条件。谷孟宾.寻租驱动:外资企业投资大陆的一个新解释[J].人文杂志,2012(4):72-77.

③ 董炳和.论《与贸易有关的投资措施》决定及其对我国的影响[J].山东法学,1994(4):22-25.

同样适用于内资企业和外商投资企业，取消了仅适用于外商投资企业的工商统一税。伴随着一系列规章制度的颁布，税收制度逐步统一。其中特别需要指出的是，2007 年颁布的《中华人民共和国企业所得税法》（简称《企业所得税法》）取代了 1991 年颁布的《中华人民共和国外商投资企业和外国企业所得税法》（适用于外商投资企业）和 1993 年颁布的《中华人民共和国企业所得税暂行条例》（适用于内资企业），取消了对外商投资企业的税收优惠，对外商投资企业和内资企业适用同样的规则。2010 年 12 月 1 日，伴随着外商投资企业同样需要缴纳城市维护建设税和教育费附加等制度的施行，外商投资企业和内资企业的所有税制实现了全面统一[①]，终结了外商投资企业在税收政策上享受的"超国民待遇"[②]。

第四，减少投资限制，逐步取消"次国民待遇"。在我国加入世界贸易组织之前，外商投资在享受大量的"超国民待遇"的同时，也承受着部分"次国民待遇"，如高股本要求和当地成分要求。前者要求外商投资股份有限公司的注册资本最低限额高于《公司法》的相关规定[③]，属于准入阶段的限制；而后者要求外商投资企业应当"尽先"考虑从我国购买其投资所需的原材料、燃料、配套件等物资[④]，属于准入后的限制。

《与贸易有关的投资措施协定》是世界贸易组织下直接调整国际投资措施的法律文件，禁止在货物贸易领域存在引起货物贸易限制和

---

① 刘建丽.新中国利用外资 70 年：历程、效应与主要经验[J].管理世界,2019(11):19-37.

② 徐沪初.如何让"下凡"的外资安全着陆[J].中国新时代,2011(1):33-36.

③ 《关于设立外商投资股份有限公司若干问题的暂行规定》（1995 年 1 月 10 日公布，现已失效）第七条规定："公司的注册资本应为在登记注册机关登记注册的实收股本总额，公司注册资本的最低限额为人民币 3 千万元。"而依据 1993 年的《公司法》第七十八条第二款的规定："股份有限公司注册资本的最低限额为人民币一千万元。股份有限公司注册资本最低限额需高于上述所定限额的，由法律、行政法规另行规定。"2013 年《公司法》修订后，已经取消了对股份有限公司的最低注册资本要求。

④ 如《外资企业法》第十五条以及《中外合资经营企业法》第九条第二款等的规定。

扭曲的、违背国民待遇和数量限制措施的投资措施。[①]因此,其所涉及的内容是我国修改外商投资相关立法时的主要考量。在加入世界贸易组织之前,我国的外商投资立法中存在四类履行要求,即当地成分要求[②]、贸易平衡要求[③]、进口用汇要求[④]和出口实绩要求[⑤]。

为了减少加入世界贸易组织过程中的阻碍,我国大刀阔斧地开展了"立、改、废"活动,修改了我国的外商投资立法,在加入世界贸易组织时,删除了有关履行要求的规则。此举体现了我国这一发展中国家融入国际市场、加大开放力度、减少对外商投资的限制的立场,体现了我国外商投资立法适应国际规则的转变。这一立场为如今我国在管理外资方面与国际规则融合提供了先例。

（二）内外资一致原则的雏形初现

在这一阶段,我国采取了多个举措,在一定程度上为外国投资者和国内投资者及其投资创造了公平的竞争环境,从而向内外资一致原则迈出了第一步。具体举措包括进一步放开对外国投资者在服务业的市场准入要求、取消履行要求、统一企业所得税法等。

第一,积极履行入世承诺,缩小外国投资者和国内投资者在投资行业(即服务业)上的区别。《服务贸易总协定》第十七条要求每个世

---

① 梁开银.论 WTO 协议对中国海外投资法制的影响[J].政法论丛,2004(2):16-22.

② 王海英.及时修订法律 适应入世需要——论《TRIMs 协议》与我国外资法的修订[J].政法论丛,2002(1):37-40;张智勇,王慧.《与贸易有关的投资措施协议》与中国外资法[J].法学杂志,2000(1):19-22;李健男.论特定国民待遇标准——关于我国近期对外国投资者及其投资待遇模式的思考[J].法律科学(西北政法学院学报),1996(5):81-88.

③ 叶兴平,田晓萍.《与贸易有关的投资措施协议》及其对我国外资法的影响[J].深圳大学学报(人文社会科学版),2001(1):51-57;卢炯星.加入 WTO 与我国外商投资法面临的挑战及对策[J].中国法学,2000(4):12-20;张智勇,王慧.《与贸易有关的投资措施协议》与中国外资法[J].法学杂志,2000(1):19-22.

④ 李健男.论特定国民待遇标准——关于我国近期对外国投资者及其投资待遇模式的思考[J].法律科学.西北政法学院学报,1996(5):81-88.

⑤ 袁宏明.我国将对外商投资实行新的导向政策——专访国家发改委外资司孔令龙司长[J].中国投资,2007(12):44-45.

贸组织成员在承诺表的基础上给予外国服务及外国服务提供者以国民待遇。众所周知，《服务贸易总协定》规定了四种服务贸易的提供方式，其中第三种（商业存在）建立了服务贸易和国际投资之间的联系。因此，我国的入世承诺扩大了其对外国投资者在服务部门的投资（通过商业存在的方式）给予国民待遇的义务。

详言之，我国承诺在加入世界贸易组织后的三至五年内，对服务减让表中以前受到限制或约束的部门给予国民待遇。为履行这一入世承诺，我国在 2002 年（加入世界贸易组织后的第一年）、2004 年和 2007 年（过渡期结束后的一年）对《指导目录》进行了修订。具体而言，为履行入世承诺，2002 年《指导目录》增加了 24 个对外商投资开放的部门；2004 年《指导目录》增加了 19 个部门；我国相继颁布了相关法律法规，涵盖金融、分销、物流和旅游等多个领域。① 此举使得外商投资企业逐渐享有符合我国在服务市场准入承诺的国民待遇，进一步缩减了外国投资者和国内投资者在投资行业（部分服务行业）上的区别。

第二，为避免加入世界贸易组织后违反《与贸易有关的投资措施协定》，我国在加入世界贸易组织前删除了有关外商投资企业履行要求的规定。在 2000 年和 2001 年，我国修改了《中外合资经营企业法》和《外资企业法》中的当地成分要求（即"尽先"在我国市场购买），将其修改为"按照公平、合理的原则，可以在国内市场或者在国际市场购买"。

由此可见，入世的准备工作及其直接后果促使我国审查了当时的外商投资制度。特别是，《指导目录》增加了外国投资者在我国开展投资的透明度，并依据《服务贸易总协定》下的服务承诺表，扩大了我国给予外商投资的市场准入范围，缩小了内外资在服务行业的差别。此

---

① 陈泰锋.中国对外开放新进展：基于 WTO 承诺履行的视角分析[J].国际经济合作,2008(5)：35-39.

外,取消履行要求也体现了与《与贸易有关的投资措施协定》的一致性,缩小了内外资企业在运行过程中的差别。

第三,统一外商投资企业和内资企业的税制。自1978年改革开放以来,我国对外商直接投资的态度逐渐发生了变化,越来越多的人认为市场作用越充分,则经济活力越强、发展趋势越好。1992年,邓小平指出:"计划经济不等于社会主义,资本主义也有计划;市场经济不等于资本主义,社会主义也有市场。计划和市场都是经济手段。"[①]1993年,党的十四届三中全会通过的《中共中央关于建立社会主义市场经济体制若干问题的决定》明确了我国正式实施社会主义市场经济体制及其基本框架。为了在社会主义国家建立社会主义市场经济体制,我国需要加快培育市场体系,其中一个关键方面是促进和保护公平竞争。由此可见,给予外商投资企业以税收优惠,不符合公平竞争的要求,因为内资企业并没有在公平的环境下与外商投资企业竞争。[②]因此,统一税收制度至关重要。

一如前述,这项工作始于1993年12月,伴随着一系列规章制度的颁布,税收制度逐步统一。其中,特别需要指出的是2007年颁布的《企业所得税法》,取消了对外商投资企业的税收优惠,对外商投资企业和内资企业适用同样的规则。2010年12月1日,伴随着外商投资企业同样需要缴纳城市维护建设税和教育费附加这一制度的施行,外商投资企业和内资企业的所有税制实现了全面统一,标志着我国在税收方面朝着内外资一致迈出了重要的一步。

当然,税收优惠仍然存在,只是外商投资企业并不比内资企业享受更优惠的待遇。例如,《企业所得税法》规定的企业所得税税率为

---

① 邓小平.邓小平文选 第三卷[M].北京:民族出版社,1994.
② 颜运秋.我国外商投资立法之价值取向[J].湘潭大学学报(哲学社会科学版),1997(4):104-107.

25％，但对于国家需要重点扶持的高新技术企业，则适用更低的税率（即减按 15％ 的税率征收企业所得税）（第二十八条），且不区分内外资企业。此外，从事农、林、牧、渔业项目的所得以及从事国家重点扶持的公共基础设施项目投资经营的所得也可以免征、减征企业所得税（第二十七条）。这与当时我国的工业政策相关，《90 年代国家产业政策纲要》中要求，积极发展农业和农村经济，加强基础设施和基础工业的建设等，这也促使了对其采用较低的税率。由此可见，我国对外商投资企业税收政策的变化不是孤立发生的。

综上所述，在走向社会主义市场经济的过程中，我国的国内经济改革同样需要一个公平竞争的市场。为此，我国取消了一些只适用于外商投资企业的税收优惠，统一了适用于外商投资企业和内资企业的税收制度。此举对吸引外商投资是有负面作用的，但表明了我国调整产业布局的决心。我国在 2000 年至 2012 年间采取的一系列行动，从加入世界贸易组织准备、到入世承诺的履行、再到统一税收制度和建立社会主义市场经济，都表明我国的外商投资立法在朝着内外资一致原则的方向迈进。

三、自由贸易试验区外商投资立法的试点与全面并轨

（一）外商投资立法的深化改革期（2013—2019 年）

自 2012 年后，我国经济增长速度有所放缓[①]，因而需要以经济转型升级的方式保证经济的持续、稳定和高速增长。世界贸易和投资规则的加速重构也要求我国树立对外开放的新思维。同时，在第五轮中美战略与经济对话中，我国政府同意在给予美国投资者及其投资在准

---

① 王希，刘铮. 坚定信心向未来——六评当前经济形势［EB/OL］.（2013-07-16）［2023-09-06］. http://www.gov.cn/jrzg/2013/07/16/content_2449157.htm.

入前国民待遇加负面清单的基础上继续谈判。① 此外,我国的外商投资法律制度经过多年实践,弊端渐显,亦有必要加以调整。在这一背景下,2013 年 8 月,中国(上海)自由贸易试验区(简称上海自贸区)获得国务院批准,并于同年 9 月 29 日正式挂牌成立。随后,全国逐步设立 21 个自由贸易试验区(简称自贸区)和海南自由贸易港,说明我国在积极探索外商投资管理模式创新。② 这一系列自贸区的设立,符合我国一贯主张的进行经济体制改革的基调,是我国经济发展的需要,也是我国法律完善的需要。

《中国(上海)自由贸易试验区总体方案》中明确规定:"对负面清单之外的领域,按照内外资一致的原则……将外商投资企业合同章程审批改为由上海市负责备案管理,备案后按国家有关规定办理相关手续"③,而对于负面清单以内的事项,仍实行审批制度。换言之,可以总结为"清单内的归政府,清单外的归市场"④。为贯彻落实《中国(上海)自由贸易试验区总体方案》中的外商投资企业原则备案、例外审批的制度,2013 年 9 月 29 日,上海市人民政府印发了《中国(上海)自由贸易试验区外商投资企业备案管理办法》,具体规定了试验区内负面清单之外的外商投资企业设立和变更事项的备案管理,确定了负责进行备案的管理机构是中国(上海)自由贸易试验区管理委员会,而对于负面清单上的投资则实行审批管理。

由于外商投资项目备案管理模式涉及突破我国外商投资管理法

---

① Zhang Q. Opening Pre-Establishment National Treatment in International Investment Agreements: An Emerging "New Normal" in China? [J]. Asian Journal of WTO & International Health Law and Policy,2016(11): 437-476.

② 近十年来,全国设立 21 个自贸试验区及海南自由贸易港[EB/OL]. (2022-04-20)[2023-09-06]. http://www.gov.cn/xinwen/2022/04/20/content_5686196.htm.

③ 国务院关于印发中国(上海)自由贸易试验区总体方案的通知[EB/OL]. (2013-09-18)[2023-09-23]. https://www.gov.cn/zwgk/2013/09/27/content_2496147.htm.

④ 杨海坤.中国(上海)自由贸易试验区负面清单的解读及其推广[J].江淮论坛,2014(3):5-11.

律、行政法规和国务院文件的有关规定，因此，全国人民代表大会常务委员会和国务院分别发布了一系列决定，调整了在上海自贸区内暂时调整法律、行政法规和国务院文件中有关行政审批、准入特殊管理措施（如资质要求、股比限制、经营范围限制）的规定。^① 2013 年，上海市人民政府发布了我国首份负面清单，即《中国（上海）自由贸易试验区外商投资准入特别管理措施（负面清单）（2013 年）》，该负面清单列举了 190 条特别管理措施，明确了不实行备案管理（即实行审批管理）的外商投资行业的范围。该负面清单后经多次修订，目前仅余 27 条特别管理措施。^②

准入前国民待遇加负面清单的管理模式改革不仅缩小了审批的范围、降低了审批的不确定性，而且改变了我国对外商投资的立场，即在准入阶段赋予外国投资者设立权，给予国民待遇。此后，该试点逐步扩及广东、天津、福建等自由贸易区。^③ 上述改革在 2016 年 3 月公布的《中华人民共和国国民经济和社会发展第十三个五年规划纲要》（简称"十三五"规划）中得到了明确肯定。"十三五"规划对我国 2016 年至 2020 年间外商投资的相关事宜进行了原则性规定，肯定了"全方位对外开放是发展的必然要求"。其中第五十章（健全对外开放新体制）明确了外商投资立法的未来走向，即"统一内外资法律法规，制定

---

① 《全国人民代表大会常务委员会关于授权国务院在中国（上海）自由贸易试验区暂时调整有关法律规定的行政审批的决定》(2013 年 8 月 30 日发布，自 2013 年 10 月 1 日起实施)；《国务院关于在中国（上海）自由贸易试验区内暂时调整有关行政法规和国务院文件规定的行政审批或者准入特别管理措施的决定》(2013 年 12 月 21 日公布实施)；《国务院关于在中国（上海）自由贸易试验区内暂时调整实施有关行政法规和经国务院批准的部门规章规定的准入特别管理措施的决定》(2014 年 9 月 4 日公布实施)。

② 《自由贸易试验区外商投资准入特别管理措施（负面清单）（2021 年版）》(2021 年 12 月 27 日发布，自 2022 年 1 月 1 日起实施)。

③ 国务院办公厅关于印发自由贸易试验区外商投资准入特别管理措施（负面清单）（2017 年版）的通知[EB/OL]. (2017-06-16)[2023-09-06]. https://www.gov.cn/zhengce/content/2017-06/16/content_5202973.htm. 此前的负面清单仅适用于上海自贸区，而此后的负面清单则适用于所有自由贸易试验区，这在负面清单的名称中亦有体现。

外资基础性法律,保护外资企业合法权益"以及"对外资全面实行准入前国民待遇加负面清单管理制度"。①

在此基础上,2016 年 9 月,第十二届全国人民代表大会常务委员会审议修改相关立法,将负面清单外的外商投资企业设立及变更由审批改为备案管理。② 由此确定我国开始在全国范围内适用准入前国民待遇加负面清单管理措施。此举将实行了 30 多年的全链条、逐一审批制度改为原则备案、例外审批的有限审批制度,是我国外商投资管理体制的一项巨大变革。此举标志着我国的外商投资立法向着内外资一致原则迈出了坚实的一步。

上述规定所指的负面清单按照"《外商投资产业指导目录(2015 年修订)》中限制类和禁止类,以及鼓励类中有股权要求、高管要求的有关规定执行"。③ 按照负面清单模式改革的相关要求,2017 年版的《指导目录》作出了实质性调整,将原《指导目录》的鼓励类项下有股比要求的条目,以及限制类、禁止类项下的条目整合为外商投资准入负面清单,作为对外商投资实行准入前国民待遇加负面清单管理模式的基本依据。④ 此后,负面清单经多次修订,目前仅有 31 条特别管理措施,换而言之,仅对涉及这 31 项的外商投资采用审查监管模式,从而彻底改变了针对外商投资的逐一审批监管模式。

---

① 中华人民共和国国民经济和社会发展第十三个五年规划纲要[R/OL].(2016-03-17)[2023-09-06]. http://www.gov.cn/xinwen/2016-03/17/content_5054992.htm.

② 《全国人民代表大会常务委员会关于修改〈中华人民共和国外资企业法〉等四部法律的决定》(含《中外合资经营企业法》《中外合作经营企业法》《中华人民共和国台湾同胞投资保护法》)(2016 年 9 月 3 日公布实施)。

③ 中华人民共和国国家发展和改革委员会 商务部公告 2016 年第 22 号[EB/OL].(2016-10-02)[2023-09-06]. http://www.mofcom.gov.cn/aarticle/b/g/201612/20161202177145.htmltarget=_blank.

④ 乔资营,韩梅,邹龙.外商投资准入负面清单制度将推向全国——简析 2017 版《外商投资产业指导目录》[EB/OL].(2017-07-18)[2023-09-06]. http://www.zhonglun.com/Content/2017/07-18/2052277252.html.

（二）内外资一致原则的基本确立

前已述及，受国内外形势影响，我国从 2013 年开始改变对外商投资逐一审批的立场，转而实施准入前国民待遇加负面清单的管理模式，并正式在法律文件中提出内外资一致原则。2013 年，我国开始在中国（上海）自由贸易试验区试行准入前国民待遇加负面清单这一监管方式。在《中国（上海）自由贸易试验区外商投资准入特别管理措施（负面清单）（2013 年）》中更是明确指出，负面清单中所列措施为对外商投资项目和设立外商投资企业采取的与国民待遇等不符的准入措施，该文件首次提及国民待遇，向内外资一致原则迈出了重要的一步。2016 年，我国修订了"三资企业法"，其中最为重要的一个变化是用准入前国民待遇加负面清单的管理模式取代了此前逐一审批的管理模式，从而在全国范围内采纳了内外资一致原则（或国民待遇原则）。

起初，我国并没有颁布单独的、适用于全国的负面清单，而是将其规定为 2015 年修订的《指导目录》中的限制类和禁止类行业。2018 年，我国正式发布了首份适用于全国的负面清单，并明确提出《外商投资准入负面清单》之外的领域按照内外资一致原则实施管理，正式在法律文件中使用内外资一致原则这一表述。此后，各类正式文件中开始使用内外资一致原则或类似表述。例如，党的十九大报告指出："推动形成全面开放新格局……全面实行准入前国民待遇加负面清单管理制度……凡是在我国境内注册的企业，都要一视同仁、平等对待。"此外，2019 年《政府工作报告》也指出："加大吸引外资力度……缩减外资准入负面清单……营造内外资企业一视同仁、公平竞争的公正市场环境。"

综上所述，从 2013 年到 2019 年，在一个以国际对话和持续的国内经济、行政体制改革为标志的时期，我国通过修改所有须经批准的制度，进一步改善了外国和国内投资者之间的竞争环境。这一原则首先在中国(上海)自由贸易试验区提出,最初只适用于所有在自由贸易区内新设立的外商投资企业,然后在2016年扩大到全国,为落实内外资一致原则迈出了最为重要的一步。

四、《外商投资法》下的立法统一与原则入法

(一)外商投资立法的全面统一与强化期(2020年至今)

党的十八届三中、四中全会和党中央关于构建开放型经济新体制的决策部署对统一内外资法律提出了明确的要求。全国人民代表大会常务委员会立法规划和2018年立法工作计划明确提出制定外商投资法。国务院有关部门经过认真调研、征求意见和论证协调,拟订了外商投资法草案,并由商务部发布了《中华人民共和国外国投资法(草案征求意见稿)》(简称《外国投资法(草案征求意见稿)》)。① 在经过全国人民代表大会常务委员会两次审议和广泛征求意见后,《外商投资法》正式颁布,并于2020年1月1日起施行,取代此前的"三资企业法",成为外商投资领域的基础性法律。

此前的《外国投资法(草案征求意见稿)》共170条,而《外商投资法》只有六章42条。之所以会呈现出这一差异,其原因至少有三点:一是《外商投资法》是外商投资基础性法律,其目的是确立外商投资方面的"四梁八柱",而将具体内容和规则细节留待配套法规、规章解决;二是《外商投资法》确立了准入前国民待遇加负面清单的管理模式,对外商投资负面清单外的行业领域的管理手段和方式与内资企业一致,因而此前很多专门针对外商投资的管理规定就不再有必要;三是某些关键性制度(如国家安全审查制度)牵涉复杂、意义重大,尚需进一步

---

① 商务部就《中华人民共和国外国投资法(草案征求意见稿)》公开征求意见[EB/OL].(2015-01-19)[2023-09-06]. http://tfs.mofcom.gov.cn/article/as/201501/20150100871010.shtml.

探索,因此暂不作出具体规定。①

在《外商投资法》颁布之后,我国陆续颁布了一系列配套规定,对上述关键性制度进行了细化,包括《中华人民共和国外商投资法实施条例》(简称《外商投资法实施条例》,自 2020 年 1 月 1 日起施行)、《最高人民法院关于适用〈中华人民共和国外商投资法〉若干问题的解释》(自 2020 年 1 月 1 日起施行)、《外商投资信息报告办法》(自 2020 年 1 月 1 日起施行)、《外商投资企业投诉工作办法》(自 2020 年 10 月 1 日起施行)、《国务院关于修改和废止部分行政法规的决定》(自 2020 年 11 月 19 日起施行),以及《外商投资安全审查办法》(自 2021 年 1 月 18 日起施行)、《外商投资企业授权登记管理办法》(自 2022 年 4 月 1 日起施行)。内外资一致原则及其例外在这些配套规定中也有体现,下文将进行详述。

(二)内外资一致原则"入法"

《外商投资法》的制定是贯彻落实党中央扩大对外开放、促进外商投资决策部署的重要举措,是我国外商投资法律制度与时俱进、完善发展的客观要求,是促进社会主义市场经济健康发展、实现经济高质量发展的客观要求。《外商投资法》着重体现了四项重要原则,即突出积极扩大对外开放和促进外商投资的主基调、坚持外商投资基础性法律的定位、坚持中国特色和国际规则相衔接,以及坚持内外资一致原则。②

《外商投资法》第四章(投资管理)第二十八条明确规定:"外商投资准入负面清单以外的领域,按照内外资一致的原则实施管理。"至

---

① 廖凡.《外商投资法》:背景、创新与展望[J].厦门大学学报(哲学社会科学版),2020(3):140-149.

② 关于《中华人民共和国外商投资法(草案)》的说明[EB/OL].(2019-03-09)[2023-09-06]. https://www.gov.cn/xinwen/2019-03/09/content_5372190.htm.

此,内外资一致原则在我国《外商投资法》中正式确立。

《外商投资法》及其配套规定紧跟我国进一步开放市场的需求,在内外资一致原则的指导下为外商投资企业和内资企业创造公平竞争环境的行动非常强调外国投资的平等待遇,将外国投资者与国内投资者及其投资置于更公平的环境中,并给予他们平等的保护,对我国的外商投资立法而言,是实现内外资法治统一的重要举措。

第二节　内外资一致原则及其例外

中国的改革开放经历了一个由浅入深、由点到面的稳步推进与发展的过程。与此相适应,作为为改革开放保驾护航的排头兵的外商投资法律法规,也经历了一个从无到有、从有到优的稳步发展的过程;而包含在这些外商投资法律法规中的内外资一致原则(或国民待遇制度),也经历了一个逐步放开的过程。建设社会主义市场经济离不开公平竞争机制。为了进一步完善和强化竞争机制,鼓励内外资企业平等竞争,让竞争更加公平有序,《外商投资法》及其配套规定对内外资一致原则进行了细致且系统的阐述,为切实推行该原则奠定了坚实基础。同时,出于维护国家安全、推行产业政策的目的,也规定了若干例外。

一、内外资一致原则的具体内涵

《外商投资法》及其配套规定将外国投资者与国内投资者及其投资置于平等位置,原则上在准入阶段和准入后给予平等的法律保护,明确了内外资一致的管理原则、强制性标准平等适用原则、政府采购平等对待原则等,充分体现了对内外资企业一视同仁、平等对待的立法根基。[①]

（一）准入前国民待遇

《外商投资法》规定在全国范围内适用准入前国民待遇加负面清单管理制度（第四条），将国民待遇原则扩展到准入阶段。所谓的准入前国民待遇，是指在新设、并购等投资准入阶段给予外国投资者及其投资的待遇不低于国内投资者及其投资的待遇；所谓负面清单，是指国家规定在特定领域对外商投资实施的准入特别管理措施（第四条）。负面清单列举了禁止外商投资的领域和限制（或附条件允许）投资的领域。详言之，负面清单规定禁止投资的领域，外国投资者不得投资；负面清单规定限制投资的领域，外国投资者进行投资时应当符合负面清单规定的条件；对于负面清单以外的领域，按照内外资一致的原则实施管理（第二十八条）。《外商投资法实施条例》仅就负面清单的制定和调整作出了细化规定（第四条）。

由此可见，在《外商投资法》生效之后，对于外商投资企业的准入审批，已经完全交由负面清单管理。以国家发展和改革委员会（简称发改委）和商务部颁布的《外商投资准入特别管理措施（负面清单）（2021年版）》为例，其中第四条指出，有关主管部门在依法履行职责过程中，对境外投资者拟投资《外商投资准入负面清单》内领域，但不符合《外商投资准入负面清单》规定的，不予办理许可、企业登记注册等相关事项。是故，外商投资审批准入的权限已经不再由商务部门掌握，而是由各登记注册机构（即市场监督管理部门）掌握，并由各登记注册机构就如何适用负面清单予以审查和裁量。负面清单的重要性由此可见一斑。

---

① 徐雨微.《中华人民共和国外商投资法》实施两年成效显著[EB/OL]. (2022-03-15)[2023-09-06]. https://m.gmw.cn/baijia/2022-03/15/35588755.html.

（二）准入后一视同仁

在运营阶段，《外商投资法》第二章（投资促进）和第四章（投资管理）全方位明确规定了外商投资企业与内资企业的平等待遇，集中体现了准入后的内外资一致原则。在这些原则性立场的基础上，《外商投资法》配套规定明确了具体的细节，但仍在某些重要议题的细节上保持缄默。

1.《外商投资法》的总括规定

《外商投资法》第二章（投资促进）规定：外商投资企业在如下方面享有与内资企业同等的待遇，包括：依法平等适用国家支持企业发展的各项政策（第九条）；在制定与外商投资有关的法律、法规、规章时，国家应当采取适当方式征求外商投资企业的意见和建议（第十条）；保障外商投资企业依法平等参与标准制定工作，对外商投资企业平等适用国家制定的强制性标准（第十五条）；国家保障外商投资企业依法通过公平竞争参与政府采购活动，政府采购依法对外商投资企业在中国境内生产的产品、提供的服务平等对待（第十六条）；在融资方面，外商投资企业可以依法通过公开发行股票、公司债券等证券和其他方式进行融资（第十七条）。

除第二章外，《外商投资法》第四章（投资管理）规定：有关主管部门在审核外国投资者投资依法需要取得许可的行业、领域时，应当按照与内资一致的条件和程序审核（第三十条）；外商投资企业的组织形式、组织机构及其活动准则，适用《公司法》《中华人民共和国合伙企业法》（简称《合伙企业法》）等法律的规定（第三十一条）；外商投资企业开展生产经营活动，应当遵守法律、行政法规有关劳动保护、社会保险的规定，依照法律、行政法规和国家有关规定办理税收、会计、外汇等事宜，并接受相关主管部门依法实施的监督检查（第三十二条）；外国投资者并购中国境内企业或者以其他方式参与经营者集中的，应当依照《反垄断法》的规定接受经营者集中审查(第三十三条)。

值得强调的是,"三资企业法"对外商投资企业规定了不同于内资企业的治理规则,而《外商投资法》改变了这一"双轨制"的做法,在治理规则上统一适用《公司法》和《合伙企业法》(第三十一条)。为了实现三资企业向公司和合伙企业的有序过渡,《外商投资法》规定了五年的过渡期,允许在本法施行前依照"三资企业法"设立的外商投资企业在本法施行后的五年内可以继续保留原企业组织形式等(第四十二条)。具体实施办法规定于《市场监管总局关于贯彻落实〈外商投资法〉做好外商投资企业登记注册工作的通知》。

综上所述,《外商投资法》在准入和运营阶段要求给予外商投资企业与内资企业平等或不低于国内投资者的待遇,充分保障了外商投资在准入前和准入后能够享受国民待遇,即国家对内资和外资的监督管理适用相同的法律制度与规则,努力打造内外资公平竞争的市场环境,改善营商环境,吸引外商投资。上述规则仅仅描述了中国在适用该原则方面的立场,缺乏平等对待外国投资者所需的细节描述。这些细节在一系列配套规定中得到了细化。

2.《外商投资法》配套规定的细化规则

《外商投资法实施条例》阐述了中国对外商投资企业和内资企业一视同仁的立场,并且进一步细化了有关规则。

(1)平等适用企业发展支持政策

在支持企业发展政策方面,明确这些政策包括但不限于政府资金安排、土地供应、税费减免、资质许可、标准制定、项目申报、人力资源政策等方面(第六条)。此外,当中央和地方政府及有关部门在制定和执行这些政策时,应当依法平等对待外商投资企业和内资企业(第六条)。因此,就适用的政策类型和适用这些政策时的审查流程而言,《外商投资法实施条例》侧重于平等待遇,即公平的竞争环境。《优化营商环境条例》同样作出了这一规定,要求在这些政策实施过程中应平等和合法地对待所有市场参与者,不得制定或实施歧视性政策措施。比如,在新冠疫情期间,我国对内外资企业均给予了减税降费等助企纾困政策。①

（2）平等参与政府采购

《外商投资法实施条例》规定外商投资企业有权平等参与政府采购,包括政府及其有关部门不得阻挠和限制外商投资企业自由进入本地区和本行业的政府采购市场,以及政府采购的采购人、采购代理机构不得在政府采购信息发布、供应商条件确定和资格审查、评标标准等方面,对外商投资企业实行差别待遇或者歧视待遇(第十五条)。此外,不得通过强加所有制形式、组织形式、股权结构、投资者国别、产品或服务品牌以及其他不合理的条件来限制供应商(第十五条)。《外商投资法实施条例》还要求政府采购中的采购人和采购代理机构不得对外商投资企业在中国境内生产的产品、提供的服务和内资企业区别对待(第十五条)。由此可见,《外商投资法实施条例》旨在终止对外国投资者的差别或歧视待遇。这一立场也与2019年《国务院关于进一步做好利用外资工作的意见》相一致。

《优化营商环境条例》致力于持续优化营商环境(第一条),其适用对象为所有市场主体,包括外商投资企业和内资企业。例如,在招标投标和政府采购中,各类所有制和不同地区的市场主体应享受平等待遇,即政府不得通过施加不合理的条件、产品产地来源或其他方式来限制或排斥各类所有制和不同地区的市场主体(第十三条)。

《关于在政府采购活动中落实平等对待内外资企业有关政策的通知》进一步明确,政府采购对象包括内外资企业在中国境内生产的产

---

①　商务部:减税降费等助企纾困政策 要确保内外资企业同等享受[EB/OL].(2020-03-13)[2023-09-06].http://health.people.com.cn/n1/2020/0313/c14739-31631327.html.

品(包括提供的服务),且从救济角度出发,明确"凡认为采购文件、采购过程、中标或者成交结果使自身权益受到损害的,均可依照相关规定提起质疑和投诉",在投诉处理中也不得有差别待遇或歧视待遇。对于违反本通知要求的做法和规定,要及时予以清理、纠正。①

值得强调的是,中国在世界贸易组织的框架内并没有在政府采购方面提供国民待遇的义务。世界贸易组织下的《政府采购协定》是一项诸边协定,要求《政府采购协定》缔约方给予其他缔约方国民待遇,但是该协定仅对《政府采购协定》的缔约方具有约束力。我国目前还不是《政府采购协定》的缔约方,尽管我国从 2007 年就开始参与《政府采购协定》的谈判,且在 2019 年提出了最新报价,但目前我国仍然不是《政府采购协定》的缔约方,不受国民待遇义务的约束。② 因此,我国在《外商投资法》及其配套规定中明确了在政府采购方面给予外商投资企业内外资一致的国民待遇,表明了中国致力于进一步扩大开放、执行内外资一致原则并向外国投资者提供国民待遇的决心。

(3)禁止歧视许可申请

《外商投资法实施条例》详细说明了在申请许可方面的平等待遇。它规定,有关主管部门应当按照与国内投资者相同的条件和程序审核外国投资者的申请,此外,不允许在许可条件、申请材料、审核环节和审核时限等方面对外国投资者设置歧视性要求(第三十五条)。许可证的适用范围规定于《市场准入负面清单》,该负面清单同时适用于所有市场参与者(既包括外国投资者,也包括国内投资者),符合内外资一致原则。《市场准入负面清单(2020 年版)》中包含禁止所有市场参

---

① 财政部关于在政府采购活动中落实平等对待内外资企业有关政策的通知[EB/OL].(2021-10-21)[2023-09-06]. http://www.ccgp.gov.cn/zcfg/mof/202110/t20211021_17050745.htm.

② China Submits Revised Offer for Joining Government Procurement Pact [EB/OL].(2019-10-23)[2023-09-13]. https://www.wto.org/english/news_e/news19_e/gpro_23oct19_e.htm.

与者进入的行业以及需获得许可证方可进入的行业。① 对于未列入《市场准入负面清单》的项目，政府有关部门不得随意施加许可证要求，这标志着外商直接投资管理透明度进入新阶段。

由此可见，《外商投资法》配套规定在上述三个领域提供了实质性的细节，特别是在申请许可证和参与政府采购方面，明确规定了外商投资企业将获得与内资企业同等的待遇。而在此前，这是国际社会经常抱怨或不满的领域。②《外商投资法》及其配套规定进一步消除了外国投资者的顾虑。

但是，《外商投资法》及其配套规定在业界密切关注的一些敏感话题上仍然保持缄默。③ 比如，《外商投资法》明确外商投资企业可以通过发行证券或其他方式筹集资金（第十八条），但是该法并未明确协议控制模式（Variable Interest Entity，简称 VIE）是否属于筹集资金的方式。此外，我国为外商投资企业提供与内资企业同等的待遇，但没有划定进行比较的内资企业范围或标准，例如是否参照国际投资协定中国民待遇原则的相似情形的标准圈定可比较企业。上述问题应在后续配套规则中予以明确，从而更加切实地贯彻该原则。

遗憾的是，《外商投资法》并没有明确规定外商投资企业在退出阶段是否能够享受平等待遇，仅仅规定外国投资者可以依法自由汇出其在中国境内的出资、利润、资本收益、资产处置所得、知识产权许可使用费、依法获得的补偿或者赔偿、清算所得等（第二十一条）。《外商投资

---

① 国家发展改革委 商务部关于印发《市场准入负面清单（2020 年版）》的通知[EB/OL].（2020-12-10）[2023-09-06]. https://www.gov.cn/zhengce/zhengceku/2020-12/16/content_5569975.htm. 2022 年，发改委和商务部对该负面清单进行了修订，出台了《市场准入负面清单（2022 年版）》。

② Zhou Q. China's New Foreign Investment Law: A Backgrounder [EB/OL].（2019-10-17）[2023-09-13]. https://www.china-briefing.com/news/china-new-foreign-investment-law-backgrounder/.

③ Xu P, Yao L, Feng C, et al. Implementing Regulation for Foreign Investment Law Heralding a New Era of Foreign Investment Regime in China[EB/OL].（2020-01-08）[2023-09-13]. https://www.chinalawinsight.com/2020/01/articles/foreign-investment/implementing-regulation-for-foreign-investment-law-heralding-a-new-era-of-foreign-investment-regime-in-china/.

法》亦没有明确外商投资企业的破产规定。既然外商投资企业的组织形式、组织机构及其活动准则适用《公司法》和《合伙企业法》等法律的规定(第三十一条)，那么这似乎也意味着外商投资企业的退出应当适用《中华人民共和国企业破产法》(简称《企业破产法》)和《合伙企业法》。但是作为外商投资管理的框架性、原则性立法的《外商投资法》对该问题选择保持缄默。破产清算制度是衡量一个国家营商环境的重要因素。《2020年营商环境报告》显示，我国的破产清算制度排名落后于中国营商环境平均排名。① 因此，完善破产清算制度是提升我国营商环境的重要一环，这有待《企业破产法》等法律法规予以澄清。

二、内外资一致原则的例外

在我国大幅优化营商环境、放宽监管要求、提高透明度的背景下，外国投资者与国内投资者及其投资的竞争环境基本一致，有力地保障了公平的竞争环境。然而，内外资一致原则也有例外，包括外商投资准入特别管理措施(负面清单)、鼓励外商投资产业指导目录、外商投资安全审查和反外国制裁等措施。

(一)外商投资准入特别管理措施(负面清单)

前已述及，负面清单构成外商投资准入管理的基础。在外商投资准入管理上，我国目前有三份负面清单，分别是《外商投资准入特别管理措施(负面清单)(2021年版)》《自由贸易试验区外商投资准入特别管理措施(负面清单)(2021年版)》《海南自由贸易港外商投资准入特别管理措施(负面清单)(2020年版)》。

从名称即可判断出三份负面清单的适用范围存在较大差别：《外

---

① Doing Business 2020 [R/OL]. (2019-10-24) [2023-09-23]. https://openknowledge. worldbank. org/server/api/core/bitstreams/75ea67f9-4bcb-5766-ada6-6963a992d64c/content

商投资准入特别管理措施（负面清单）》为全国性负面清单，在全国范围内适用；《自由贸易试验区外商投资准入特别管理措施（负面清单）》仅在 21 个自由贸易试验区内适用；而《海南自由贸易港外商投资准入特别管理措施（负面清单）》仅在海南自由贸易港内（海南岛全岛）适用。上述负面清单后经多次修订，逐步缩减，其历次修订情况（包含特别管理措施项数）如表 1-1 所示。

表 1-1　负面清单历次修订的措施项数（包含特别管理措施项数）

范围	2013 年	2014 年	2015 年	2017 年	2018 年	2019 年	2020 年	2021 年
全国	—	—	—	93	48	40	33	31
自由贸易试验区	190	139	122	95	45	37	30	27
海南自由贸易港							27	—

1. 全国性负面清单

负面清单决定了外商投资准入审批的范围，同时也决定了外商投资相关合同的效力。可以说，负面清单是我国管理外商投资活动的基础之一。早在 2017 年，我国就颁布了第一份全国性的负面清单。自那以后，我国连续五年修订全国性的负面清单，所列特别管理措施从 93 项缩减至 31 项（见表 1-1），削减幅度高达三分之二。此举是我国进一步提高对外开放水平的重大开放举措，彰显了在准入阶段落实内外资一致原则的决心，进一步提高了外商投资准入负面清单的精准度，夯实了准入阶段的公平竞争环境。

缩短负面清单的过程是一项系统工程，需要其他部门的协同合作。例如，在 2018 年修订的《外商投资准入特别管理措施（负面清单）》公布后，住房和城乡建设部办公厅发布了《关于外商投资企业申请建设工程勘察资质有关事项的通知》；在 2019 年修订的《外商投资准入特别管理措施（负面清单）》公布后，交通运输部发布了《关于落实国内船舶代理业务外商投资政策有关事项的通知》,以贯彻落实负面清单。又如,2020 年修订的《外商投资准入特别管理措施(负面清单)》是《外商投资法》实施后发布的首份负面清单。该负面清单中所列措施项数从 40 项减至 33 项(减少了 17.5%),代表着对外商投资监管的进一步放松。受影响最大的行业包括金融、基础设施、制造业、农业、生物医药和教育。在金融领域,2020 年版的全国性负面清单取消了证券公司、证券投资基金管理公司、期货公司和人寿保险公司的外资持股比例上限(以前是不超过 51%)。事实上,早在 2019 年 12 月 6 日发布的《中国银保监会办公厅关于明确取消合资寿险公司外资股比限制时点的通知》这一文件中便已宣布,从 2020 年 1 月 1 日起取消对外国投资者在经营人身保险业务的合资保险公司持股比例的限制。由此可见,放宽外商投资管理制度是一项系统性协作工程,其组织和实施以其他政府部门为基础,并且需要各部门的配合。

目前,我国最新版的负面清单是《外商投资准入特别管理措施(负面清单)(2021 年版)》。该负面清单在行业领域的基础上列举了 31 项特别管理措施,在 21 个行业禁止外商投资,在 10 个行业限制外商投资。其中限制性条件有持股比例要求、高管国籍要求、组织形式要求和特定行为要求(见表 1-2)。

表 1-2　特别管理措施所列出的限制性条件梳理

负面清单中的序号	特别管理措施	限制性条件			
		持股比例	高管国籍	组织形式	特定行为
1	小麦新品种选育和种子生产的中方股比不低于 34%	中方≥34%	—	—	—
	玉米新品种选育和种子生产须由中方控股	中方控股	—	—	—
6	出版物印刷须由中方控股	中方控股	—	—	—
8	核电站的建设、经营须由中方控股	中方控股	—	—	—

续表

负面清单中的序号	特别管理措施	限制性条件			
		持股比例	高管国籍	组织形式	特定行为
10	国内水上运输公司须由中方控股	中方控股	—	—	—
11	公共航空运输公司须由中方控股,且一家外商及其关联企业投资比例不得超过25%,法定代表人须由中国籍公民担任	中方控股;单个外商及其关联企业持股≤25%	国籍要求	—	—
	通用航空公司的法定代表人须由中国籍公民担任,其中农、林、渔业通用航空公司限于合资	—	国籍要求	合资,未设定股比要求	—
	其他通用航空公司限于中方控股	中方控股	国籍要求	—	—
12	民用机场的建设、经营须由中方相对控股。外方不得参与建设、运营机场塔台	中方相对控股	—	—	外方不得参与建设、运营机场塔台
14	电信公司:限于中国入世承诺开放的电信业务,增值电信业务的外资股比不超过50%(电子商务、国内多方通信、存储转发类、呼叫中心除外)	外方≤50%	—	—	—
	基础电信业务须由中方控股	中方控股	—	—	—
17	市场调查限于合资	—	—	合资,未设定股比要求	—
	其中广播电视收听、收视调查须由中方控股	中方控股	—	—	—
22	学前、普通高中和高等教育机构限于中外合作办学,须由中方主导(校长或者主要行政负责人应当具有中国国籍,理事会、董事会或者联合管理委员会的中方组成人员不少于1/2)	—	国籍要求;国籍比例要求	中外合作办学,未设定股比要求	中方主导
24	医疗机构限于合资	—	—	合资,未设定股比要求	—

最高人民法院于 2019 年 12 月 26 日颁布了《最高人民法院关于适用〈中华人民共和国外商投资法〉若干问题的解释》，该解释主要涉及与外商投资有关协议的有效性。其中第一条明确规定，此类投资协议是指外国投资者在中国境内因直接或间接投资而形成的协议，包括设立外商投资企业合同、股份转让合同、股权转让合同、财产份额或者其他类似权益转让合同、新建项目合同等协议。这些合同的有效与否与被投资领域是否在负面清单上密切相关。详言之，如果该投资领域属于禁止外商投资的领域，或虽属于限制外商投资的领域，但该协议不符合负面清单中的要求，则该协议无效。而如果不属于负面清单所涉及的领域，则该投资协议的有效性将根据适用于国内投资者的同样的规则（如《中华人民共和国民法典》）来决定。据此，就投资协定的有效性而言，《最高人民法院关于适用〈中华人民共和国外商投资法〉若干问题的解释》在负面清单以外的领域建立了公平的竞争环境。

2. 区域性负面清单

除全国范围内适用的负面清单外，我国还设有两类区域性的负面清单，分别是《自由贸易试验区外商投资准入特别管理措施（负面清单）》和《海南自由贸易港外商投资准入特别管理措施（负面清单）》。

（1）自由贸易试验区外商投资准入特别管理措施（负面清单）

2013 年，作为中国首份负面清单的《中国（上海）自由贸易试验区外商投资准入特别管理措施（负面清单）（2013 年）》，包含了外国投资者在准入阶段适用的 190 项特别管理措施，明确了在设立外商投资企业时不实行备案管理的行业范围。随着广东、福建和天津自由贸易试验区的设立，该负面清单于 2015 年以《自由贸易试验区外商投资准入特别管理措施（负面清单）》的形式公布，适用于所有自由贸易试验区，而后不断对其进行调整，现已减少至27项。

自由贸易试验区设立的初衷是想通过制度创新的方式探索中国

经济改革升级的方式,并将成功经验推向全国。以 2021 年版的《自由贸易试验区外商投资准入特别管理措施(负面清单)》为例,自由贸易试验区的负面清单较之全国范围内适用的负面清单而言,有 11 项投资领域完全相同,有 4 项禁止性规定转为备案管理(即不列在负面清单上),还有 16 项存在较大区别。其中有较大区别的内容主要表现为变禁止性规定为限制性规定(仍为审批管理)、降低准入门槛、提出了更加明确的准入要求等(详见附录一)。

(2)海南自由贸易港外商投资准入特别管理措施(负面清单)

海南自由贸易港是中国政府为推动经济全球化和自由化而设立的特殊经济区域,旨在吸引国内外投资和促进贸易自由化。2020 年 6 月 1 日,中共中央、国务院印发《海南自由贸易港建设总体方案》。在海南建设自由贸易港是推进高水平开放,建立开放型经济新体制的根本要求;是深化市场化改革,打造法治化、国际化、便利化营商环境的迫切需要;是贯彻新发展理念,推动高质量发展,建设现代化经济体系的战略选择;是支持经济全球化,构建人类命运共同体的实际行动。《海南自由贸易港建设总体方案》明确了一系列促使投资自由便利的措施,其中之一即为实施市场准入承诺即入制,对外商投资实施准入前国民待遇加负面清单管理制度,大幅减少禁止和限制条款。《海南自由贸易港建设总体方案》还明确要建立健全公平竞争制度,强调了内外资一致原则的具体要求,特别是要"确保各类所有制市场主体在要素获取、标准制定、准入许可、经营运营、优惠政策等方面享受平等待遇。政府采购对内外资企业一视同仁"。[①]

2020 年 12 月 31 日,发改委、商务部发布《海南自由贸易港外商投资准入特别管理措施(负面清单)(2020 年版)》,其中规定了一些限制

---

① 海南自由贸易港建设总体方案[EB/OL].(2020-06-01)[2023-09-06]. https://www.hainan.gov.cn/hainan/ztfabgqw/202006/be6aef0f1a534ae79478c1260b6fffa1.shtml.

和禁止外商投资的领域与行业。从开放程度的角度来看,该负面清单与2020年版的全国性负面清单相比(详见附录二),开放程度更高。

(二)鼓励外商投资产业目录

依据习惯国际法,外商投资的市场准入通常被认为是纯属于东道国国内立法上的管理事项,一国能够自由地决定外资的准入问题,依据其国内立法和外资政策,禁止、限制、允许或鼓励外资进入其领域内活动,设立禁止、限制、允许或鼓励外国资本运作的具体规则,并无国际法上的一般义务。[①] 由此可见,在没有特定国际义务的前提下,一个国家的国家主权及经济自主权决定了该国有权决定是否准许外国投资者进入该国的经济管辖范围。详言之,被投资国完全可以从本国发展的角度出发,对外国投资者进行管制,以实现被投资国的国家经济政策目标、国家安全、公共健康安全、公共道德和其他公共政策目的。被投资国同样可以在国内立法上放松对外资准入的限制,或通过签订国际条约的方式授予外国投资者进入被投资国投资的权利,以实现其鼓励和吸引外资的目的。

1995年,为进一步明确外商投资的方向,使其与中国的国民经济和社会发展规划相适应,国务院相关部门制定了《指导外商投资方向暂行规定》。该暂行规定首次以行政法规的形式对外公布鼓励、限制、禁止外商投资的产业领域,制定了相应的评判标准及其享受的待遇,比较充分地体现了产业差别待遇原则。[②] 该暂行规定将《指导目录》作为指导审批外商投资项目的依据。2002年2月11日,国务院公布了《指导外商投资方向规定》,自2002年4月1日该规定开始实施之日

---

① 张庆麟.国际投资法问题专论[M].武汉:武汉大学出版社,2007;徐泉.略论外资准入与投资自由化[J].现代法学,2003(2):146-150.

② 李本.对国际多边投资立法从回应到参与——中国外商投资立法的嬗变分析[J].法学杂志,2009(8):94-97.

起,《指导外商投资方向暂行规定》不再执行。该规定将《指导目录》和《中西部地区外商投资优势产业目录》同时列为指导审批外商投资项目和外商投资企业适用有关政策的依据。

《指导目录》是引导全国范围内的外商投资的产业目录。该《指导目录》采用了混合列表的形式设置了三种项目类型,即鼓励类、限制类和禁止类,未列入该《指导目录》的项目为允许类,属于竞争类行业,允许外商通过市场经济的原则参与投资。《中西部地区外商投资优势产业目录》的制定是为了有针对性地实施西部大开发战略,提高中西部地区的整体经济素质。该《指导目录》下的产业是各地在环境、资源、人力、生产、技术、市场等方面具有显著优势和潜力的产业,可以享受鼓励类外商投资项目优惠政策。①

上述两清单后被《外商投资准入特别管理措施(负面清单)》和《鼓励外商投资产业目录》所替代。《外商投资产业指导目录(2017 年修订)》开始采取负面清单加鼓励外商投资产业目录的模式。前者包含2015 年版《指导目录》中有股比要求的部分鼓励类条目,以及部分限制类和禁止类条目,而后者继续鼓励外资投向先进制造、高新技术、节能环保、现代服务业等领域,促进引资、引技、引智相结合,推动产业结构调整与优化升级。②

2019 年 6 月 30 日,发改委、商务部发布《鼓励外商投资产业目录(2019 年版)》,同时废止《外商投资产业指导目录(2017 年修订)》(其中的外商投资准入负面清单已于 2018 年 7 月 28 日废止)鼓励类和《中西部地区外商投资优势产业目录(2017 年修订)》。《鼓励外商投

---

① 《指导外商投资方向规定》(2002 年 2 月 11 日公布)第十一条。张旺."十五"期间西部利用外资展望[J].经济理论与经济管理,2001(7):57-61.

② 国家发展改革委、商务部发布《外商投资产业指导目录(2017 年修订)》[EB/OL].(2017-06-28)[2023-09-06]. https://www.gov.cn/xinwen/2017-06/28/content_5206447.htm.

资产业目录（2019 年版）》在保持鼓励外商投资政策连续性、稳定性基础上，进一步扩大鼓励外商投资范围，促进外国投资者在现代农业、先进制造、高新技术、节能环保、现代服务业等领域投资，促进外资优化区域布局，更好地发挥外资在我国产业发展、技术进步、结构优化中的积极作用。①

属于《鼓励外商投资产业目录（2019 年版）》的外商投资项目，可以依照法律、行政法规或者国务院的规定享受税收、土地等优惠待遇。比如，2020 年商务部有关负责人就《鼓励外商投资产业目录（2020 年版）》答记者问时曾特别指出，外商投资《鼓励外商投资产业目录（2020 年版）》中所列领域的，"符合条件的，可以享受在投资总额内进口自用设备免征关税政策；在西部地区鼓励产业设立的外资企业，可减按 15% 征收企业所得税；对于集约用地的，鼓励外商投资制造业项目，可优先供应土地，在确定土地出让底价时可按不低于所在地土地等别相对应全国工业用地出让最低价标准的 70% 执行"。②

由此可见，《鼓励外商投资产业目录》同样构成内外资一致原则的例外，其结果是外商投资享受的待遇高于国内投资者的投资。

（三）外商投资安全审查制度

近年来，各国愈发重视外商投资对本国国家安全的影响，因此频频借助外商投资安全审查制度保护本国国家安全免受外商投资的潜在威胁。我国虽然在"三资企业法"时期便已经开始关注外商投资对国家安全的影响，但是直到 2011 年才建立起一个单独的、仅仅针对并购交易的外商投资安全审查制度。《外商投资法》第三十五条的框架

---

① 国家发展改革委、商务部发布《鼓励外商投资产业目录（2019 年版）》[EB/OL]．（2019-06-30）[2023-09-06]. https://www.ndrc.gov.cn/xxgk/jd/jd/201906/t20190630_1182905_ext.html.
② 商务部有关负责人就《鼓励外商投资产业目录（2020 年版）》答记者问[EB/OL]．（2020-12-31）[2023-09-06]. http://www.mofcom.gov.cn/article/i/jyjl/l/202101/20210103028089.shtml.

性规定及配套规定的施行标志着我国建立了针对所有类型外商投资的、全国统一的外商投资安全审查制度。

《外商投资法》第三十五条规定："国家建立外商投资安全审查制度,对影响或者可能影响国家安全的外商投资进行安全审查。依法作出的安全审查决定为最终决定。"随后,发改委和商务部共同颁布了《外商投资安全审查办法》,自 2021 年 1 月 18 日起施行。《外商投资安全审查办法》规定了我国进行外商投资安全审查的关键内容,包括主管机关、应申报的投资范围、审查程序、审查决定的类型以及违反审查决定的法律责任,进一步澄清和提高了外商投资安全审查制度的透明度。①

我国的外商投资安全审查制度针对的是影响或者可能影响国家安全的外商投资。由此可见,该审查制度对国内投资者的投资并不适用,也因此构成内外资一致原则的例外。这一定位决定了我国在适用外商投资安全审查制度上的总原则,即在实施过程中,将坚持在开放中谋发展、保安全,精准审查影响或者可能影响国家安全的外商投资,避免安全审查泛化。②

该审查主要集中于外商投资准入阶段,但在如下三种情况下,可以拓展至外商投资实施过程中。详言之,如果申报范围内的外商投资未经申报就实施投资的(第十六条),或提供虚假材料或者隐瞒有关信息骗取通过安全审查从而实施投资的(第十七条),或通过安全审查的外商投资未按照附加条件实施投资的(第十八条),将由外商投资安全

---

① Cai J, Cao R. China Unveils New National Security Review Measures for Foreign Investment[EB/OL]. (2011-01-11)[2023-09-13]. https://www. eversheds-sutherland. com/global/en/what/articles/index. page? ArticleID＝en/global/china/China_Unveils_New_National_Security_Review_Measures.

② 健全外商投资安全审查制度 为更高水平对外开放保驾护航——外商投资安全审查工作机制办公室负责人就《外商投资安全审查办法》答记者问[EB/OL]. (2020-12-25)[2023-09-06]. http://www.mofcom.gov.cn/article/zwjg/zwxw/zwxwmd/202012/20201203025966.shtml.

审查工作机制办公室（简称工作机制办公室）责令限期处分股权或者资产以及采取其他必要措施，恢复到投资实施前的状态，消除对国家安全的影响。此类规定将外商投资安全审查覆盖至投资实施的全过程，更加彰显了我国立法对于国家安全的重视和法律措施的全面性。

第三节　本章小结

在改革开放以前，受历史原因影响，我国拒绝和排斥外资。这一态度在 1978 年党的十一届三中全会后开始转变：我国开始重视对外资的利用，并制定了一系列的外资政策以吸引外资流入我国，呈现出逐步开放、逐步自由化的特点。起初，我国对外商投资的立法理念架构于组织法之上，换言之，在立法上形成了以"三资企业法"为核心的外商投资法律体系，规定了外国投资者在开展投资时可以设立的三种组织形式。此时的"三资企业法"将国内投资者的投资和外国投资者的投资分而治之，与内外资一致原则完全对立。此后，随着我国加入世界贸易组织以及试行自由贸易试验区等，我国在税收制度、准入审批等重要领域逐步确立了内外资一致原则，并最终体现在《外商投资法》之中。

"三资企业法"兼具企业组织法和外资管理法的双重功能，不仅规定了三种外商投资企业的组织形式和议事规则，还要求商务部门对所有拟议投资进行审查，未经批准不得开展投资。相较而言，《外商投资法》将企业组织法的功能让位于《公司法》和《合伙企业法》，保留了外资管理法的核心功能。《外商投资法》以短短 42 条规定明确了外资管理的"四梁八柱"，建立了外资管理的总框架。随后颁布的《外商投资法实施条例》《外商投资信息报告办法》《外商投资安全审查办法》等配套规定明确了外资管理的细则。

　　《外商投资法》及其配套规定细致地说明了内外资一致原则的内涵及例外。详言之,外国投资者在准入阶段享受准入前国民待遇加负面清单的管理模式,仅在负面清单所列少数领域的投资中受到与国内投资者不同的限制或禁止措施,而在其他领域的投资完全与国内投资者一致,企业的准入完全交由市场监督管理部门负责。在准入后的运营阶段,外商投资企业与内资企业一样,可以平等参与标准的制定、平等参加政府采购、平等适用企业发展支持政策、平等开展许可申请等。但是《外商投资法》及其配套规定也明确了内外资一致原则的例外,包括全国性和区域性的负面清单(外商投资准入特别管理措施)、鼓励外商投资产业目录和外商投资安全审查制度。对外商投资安全审查制度这一例外规定的定位决定了我国在适用外商投资安全审查制度上的整体立场和原则,即在实施该制度的过程中,要坚持改革开放的总方针,在保护国家安全的前提下,避免安全审查的泛化,要对外商投资进行精准审查。

第二章　我国外商投资
安全审查制度的规则与实践

外商投资国家安全审查制度是东道国基于维护本国的国家安全之目的而建立的一套外资管理制度,其主要作用是降低或者消除外商投资可能给东道国的国家安全带来的威胁或者消极影响。我国的外商投资国家安全审查制度起步较晚、层级较低且透明度常常受到质疑。本章将从该制度的发展演变和实施情况的角度详细阐述这一问题。在层级层面,直至《外商投资法》颁布实施,该制度才以法律的形式最终确立下来。为了更好地发挥该制度的功效,2020年11月27日发改委审议通过了《外商投资安全审查办法》,细化了审查的具体适用规则,为安全审查提供了适用依据。在透明度方面,该制度在规则层面的透明度逐步提高。然而,我国既有立法并不要求公开安全审查决定或者发布年度报告,因此该制度在实践层面的透明度仍有待提高。

第一节　我国外商投资安全审查制度的发展演变

改革开放以来,我国通过改变投资环境,吸引了大量外国投资者来华投资,促进了我国的经济发展。发展和安全犹如一体之两翼、驱动之双轮,发展是安全的基础和目的,安全是发展的条件和保障。因此,在经济发展的同时维护国家安全是外商投资立法的题中应有之义。

一、制度孕育期(1979—2002年)

在改革开放初期,我国的市场经济体制尚未确立,经济发展观念还具有较为浓厚的意识形态色彩,因此在引进外商投资的初期,我国对外商投资是一种既迫切需要又很不放心的态度。这一保守态度的典型体现是对设立外商投资企业的行为(即绿地投资)采取逐一审批的制度,即所有拟议的外商投资均须获得商务部门的审批方可开展实施,无论其投资的行业是鼓励类、允许类还是限制类。这种逐一审批的制度使外商投资活动受到政府严格的事前审查。

在审批过程中,审批机构依循特定的审批标准对拟议的投资进行客观评价,决定是否准予投资。当时的外商投资立法规定了商务部及地方商务主管部门在审批中应遵循的积极标准和消极标准:积极标准是指审批机构鉴定外资积极作用的标准;而消极标准是指不予批准的情形。以"三资企业法"为例,《中外合作经营企业法细则》《中外合资经营企业法条例》《外资企业法细则》中均设有积极审查标准,包括符合国家的发展政策和产业政策、促进中国国民经济的发展和科学技术水平的提高、能够取得显著的经济效益等。[①] 上述三部行政法规中也包含消极审查标准,包括有损国家主权和社会公共利益,危及国家安

---

① 《中外合作经营企业法细则》第二条:在中国境内举办中外合作经营企业(以下简称合作企业),应当符合国家的发展政策和产业政策,遵守国家关于指导外商投资方向的规定。《中外合资经营企业法条例》第三条:在中国境内设立的合营企业,应当能够促进中国经济的发展和科学技术水平的提高,有利于社会主义现代化建设。《外资企业法细则》第三条:设立外资企业,必须有利于中国国民经济的发展,能够取得显著的经济效益。国家鼓励外资企业采用先进技术和设备,从事新产品开发,实现产品升级换代,节约能源和原材料,并鼓励举办产品出口的外资企业。

全,造成(或可能)造成环境损害或污染,有违法律、法规的规定,有违国家产业政策,不符合国民经济发展要求,签订的协议、合同或章程显失公平、损害合营一方的权益等。①

诚然,彼时的"三资企业法"及其配套规则存在审批标准内涵不一、审批标准界定模糊的问题。以消极审查标准为例,三部行政法规中的考量因素如表 2-1 所示。

表 2-1 "三资企业法"实施细则中的消极审查标准规定

	国家主权	社会公共利益	国家安全	环境损害	法律法规	产业政策	国民经济发展要求	协议、合同或章程显失公平
中外合作经营企业	√	√	√	√（造成损害）	√	√		
中外合资经营企业	√			√（造成污染）	√（仅法律）		√	√
外资企业	√	√	√	√（可能造成污染）	√		√	

由表 2-1 可以清晰地看出,三部行政法规规定的审批标准中,仅有损国家主权和违反法律规定是共同的消极审查标准。而对于其他审查标准,如环境标准,虽然均需纳入考量,但审查内容与程度又有所不同:是造成损害、造成污染,还是可能造成污染？其他考虑因素均在程度或范围上存在差别。此外,上述规定中有关审批标准的规定比较抽象,造成了审批标准的模糊、不透明,使外国投资者不能预见审查结论,因而带来了不少困扰。

---

① 《中外合作经营企业法细则》第九条规定,申请设立合作企业,有下列情形之一的,不予批准:(一)损害国家主权或者社会公共利益的;(二)危害国家安全的;(三)对环境造成污染损害的;(四)有违反法律、行政法规或者国家产业政策的其他情形。《中外合资经营企业法条例》第四条规定,申请设立合营企业有下列情况之一的,不予批准:(一)有损中国主权的;(二)违反中国法律的;(三)不符合中国国民经济发展要求的;(四)造成环境污染的;(五)签订的协议、合同、章程属不公平,损害合营一方权益的。《外资企业法细则》第五条规定,申请设立外资企业,有下列情况之一的,不予批准:(一)有损中国主权或者社会公共利益的;(二)危及中国国家安全的;(三)违反中国法律、法规的;(四)不符合中国国民经济发展要求的;(五)可能造成环境污染的。

综上所述,在消极审批标准中,已经包含国家主权、国家安全等与传统国家安全相关的内容,体现了我国对外商投资影响我国国家安全的考量,可以视为外商投资安全审查制度的孕育阶段。具体而言,在外商投资企业的设立阶段,如果审批机构认为该投资可能对中国的国家安全产生负面影响,就有权拒绝该投资。

二、制度形成期(2003—2011 年)

2003 年,我国颁布《外国投资者并购境内企业暂行规定》(现已失效),允许外国投资者通过并购的方式在中国开展投资(即褐地投资)。显而易见,此类投资不属于"三资企业法"及其配套规则的调整对象。从国家安全的角度出发,外国投资者开展褐地投资的行为是无法通过原有框架加以保障的,因此有必要制定单独的外商投资安全审查制度。《外国投资者并购境内企业暂行规定》第十九条明确了外国投资者在并购中的报告义务,即外国投资者并购境内企业存在第十九条规定中所列情形时,投资者应就所涉情形向原对外贸易经济合作部和原国家工商行政管理总局(2018 年改为国家市场监督管理总局,简称市场监管总局)报告。[①] 通过分析这些需要报告的情形可以得知,报告的内容主要是指并购规模较大、可能影响公平竞争或造成垄断的情况,并未明显体现出与(传统)国家安全的关联。

《外国投资者并购境内企业暂行规定》对国家安全的考虑体现在

---

① 《外国投资者并购境内企业暂行规定》第十九条规定,外国投资者并购境内企业有下列情形之一的,投资者应就所涉情形向外经部和国家工商行政管理总局报告:(1)并购一方当事人当年在中国市场营业额超过 15 亿元人民币;(2)一年内并购国内关联行业的企业累计超过 10 个;(3)并购一方当事人在中国的市场占有率已经达到百分之二十;(4)并购导致并购一方当事人在中国的市场占有率达到百分之二十五。虽未达到前款所述条件,但是应有竞争关系的境内企业、有关职能部门或者行业协会的请求,外经贸部或国家工商行政管理总局认为外国投资者并购涉及市场份额巨大,或者存在其他严重影响市场竞争或国计民生和国家经济安全等重要因素的,也可以要求外国投资者作出报告。上述并购一方当事人包括外国投资者的关联企业。

第十九条第二款，该款明确规定了安全审查的启动程序和审查范围。详言之，应有竞争关系的境内企业、有关职能部门或者行业协会的请求，原对外贸易经济合作部和原国家工商行政管理总局认为外国投资者并购存在其他严重影响市场竞争或国计民生和国家经济安全等重要因素的，也可以要求外国投资者作出报告。尽管该款仅仅关注国家经济安全（这是一个比国家安全更狭隘的概念），但是该规则体现了我国保护国家经济安全的立场，是我国外商投资安全审查制度的雏形。

2006年颁布的《关于外国投资者并购境内企业的规定》（后于2009年修订）保留了对于外商投资影响国家经济安全的申报要求，关注国家经济安全并细化了申报的范围以及未予申报的后果。其中第十二条规定："外国投资者并购境内企业并取得实际控制权，涉及重点行业、存在影响或可能影响国家经济安全因素或者导致拥有驰名商标或中华老字号的境内企业实际控制权转移的，当事人应就此向商务部进行申报。当事人未予申报，但其并购行为对国家经济安全造成或可能造成重大影响的，商务部可以会同相关部门要求当事人终止交易或采取转让相关股权、资产或其他有效措施，以消除并购行为对国家经济安全的影响。"

在外资并购在中国迅速发展的背景下，中国开始注意到对外资并购的不当管理会引发影响国家安全的问题。因此，2008年施行的《反垄断法》要求进行国家安全审查，有别于此前的国家经济安全审查，该法第三十一条规定："对外资并购境内企业或者以其他方式参与经营者集中，涉及国家安全的，除依照本法规定进行经营者集中审查外，还应当按照国家有关规定进行国家安全审查。"[①]之后，2010年《国务院关于进一步做好利用外资工作的若干意见》的提出，加快建立外资并

---

① 该法于2022年修正，但此次修正并未修改此条规定，详见2022年修正的《反垄断法》第三十八条。

购安全审查制度,有利于规范和促进外资并购持续健康发展。值得注意的是,《反垄断法》和《国务院关于进一步做好利用外资工作的若干意见》仅仅要求对外商投资应当进行安全审查,并未规定安全审查的范围、标准和程序等,因此属于衔接性规则。

2011年,为了提高外商投资安全审查制度的透明度和可预期性,在维持对外开放、利用外资的方针下,借鉴美国、德国、加拿大等国家有关外商投资并购安全审查制度的做法及经验,国务院办公厅印发了《国务院办公厅关于建立外国投资者并购境内企业安全审查制度的通知》①,同年商务部公布了《商务部实施外国投资者并购境内企业安全审查制度的规定》,确立了外商并购投资中的安全审查制度的总体框架和详细的程序性事项。上述两份文件明确了安全审查的范围(并购的内涵)、安全审查工作机制(部际联席会议及其职责)、审查程序、审查标准、审查结果及执行。

从安全审查范围来看,上述两份文件明确了需要审查的投资包括两种情形:军工类投资(即并购境内军工及军工配套企业,重点、敏感军事设施周边企业,以及关系国防安全的其他单位)和外国投资者在关系国家安全的重要产业(即重要农产品、重要能源和资源、重要基础设施、重要运输服务、关键技术、重大装备制造等企业)获得实际控制权的投资。外国投资者不得通过代持、信托、多层次再投资、租赁、贷款、协议控制、境外交易等方式规避安全审查。②

上述两份文件将需要审查的投资限于外国投资者并购境内企业

---

① 国家发展改革委有关负责人就建立外资并购安全审查制度答记者问[EB/OL].(2011-02-16)[2023-09-06].http://www.gov.cn/zwhd/2011-02/16/content_1804588.htm.

② 《商务部实施外国投资者并购境内企业安全审查制度的规定》第九条规定:"对于外国投资者并购境内企业,应从交易的实质内容和实际影响来判断并购交易是否属于并购安全审查的范围;外国投资者不得以任何方式实质规避并购安全审查,包括但不限于代持、信托、多层次再投资、租赁、贷款、协议控制、境外交易等方式。"

的投资，包括股权并购和资产并购两种情形。前者是指外国投资者购买外商投资企业或非外商投资企业的股权，以及认购外商投资企业或非外商投资企业的增资的情形；后者是指外国投资者设立外商投资企业并通过该企业购买境内企业资产或股权，以及直接购买境内企业资产并以该资产投资设立外商投资企业运营该资产的情形。

在实际控制权的界定上，上述两份文件中采用了绝对控股（即持有股权总额在 50% 以上）或相对控股两种判断方式。① 对于相对控股的判断，并没有明确具体的股权比例，而是强调其功能属性，即以外资能否通过各种具体措施对境内企业的股东（大）会决议、董事会决议、经营决策、财务、人事、技术等产生影响为判断标准。

从安全审查工作机制来看，设立了外国投资者并购境内企业安全审查部际联席会议，由发改委和商务部负责牵头，根据外资并购涉及的行业和领域，会同相关部门开展并购安全审查。根据《商务部实施外国投资者并购境内企业安全审查制度的规定》，由商务部负责受理申请，并负责与投资者沟通。② 该部际联席会议负责分析、研究、评估并作出审查决定。③ 但是，上述两份文件并没有细化联席会议的人员组成。比如，相关部门包括哪些？由谁来决定哪些相关部门会同审查，具体的选择标准是什么？相关部门指派的人员标准是什么，

---

① 《国务院办公厅关于建立外国投资者并购境内企业安全审查制度的通知》规定，外国投资者取得实际控制权，是指外国投资者通过并购成为境内企业的控股股东或实际控制人。包括下列情形：1.外国投资者及其控股母公司、控股子公司在并购后持有的股份总额在 50% 以上。2.数个外国投资者在并购后持有的股份总额合计在 50% 以上。3.外国投资者在并购后所持有的股份总额不足50%，但依其持有的股份所享有的表决权已足以对股东会或股东大会、董事会的决议产生重大影响。4.其他导致境内企业的经营决策、财务、人事、技术等实际控制权转移给外国投资者的情形。

② 2019 年 4 月 30 日起，该受理机构更换为发改委。

③ 《国务院办公厅关于建立外国投资者并购境内企业安全审查制度的通知》规定，联席会议的主要职责是：分析外国投资者并购境内企业对国家安全的影响；研究、协调外国投资者并购境内企业安全审查工作中的重大问题；对需要进行安全审查的外国投资者并购境内企业交易进行安全审查并作出决定。

是各部门负责人还是一般工作人员？该标准决定了部门指派人员在审查过程中的作用，是仅仅起到协调传达作用，还是可以直接参与沟通？

在审查程序上，上述两份文件明确了审查启动的条件、启动前的商谈阶段和应当提交的申请材料。审查程序开始后，将开展一般性审查，根据特定投资对国家安全的影响程度和联席会议的建议来决定是否进入特别审查程序，甚至是国务院决定环节。详言之，对于未通过一般性审查的（即联席会议未一致认为该交易不影响国家安全的），启动特别审查。在特别审查阶段，如联席会议时意见基本一致，则由联席会议提出审查意见；如意见存在重大分歧，则由联席会议报请国务院决定。①

在审查标准上，将国家安全定位于国防安全、国家经济安全、社会安全和技术安全四个方面。② 在审查结果上，仅仅设有通过和不通过安全审查两种情况。对于安全审查的结果，投资者必须执行。投资已经实施且对国家安全已经造成或者可能造成重大影响的，应当终止该

---

① 《国务院办公厅关于建立外国投资者并购境内企业安全审查制度的通知》规定，联席会议对商务部提请安全审查的并购交易，首先进行一般性审查，对未通过一般性审查的，进行特别审查。并购交易当事人应配合联席会议的安全审查工作，提供安全审查需要的材料、信息，接受有关询问。

一般性审查采取书面征求意见的方式进行。联席会议收到商务部提请安全审查的并购交易申请后，在5个工作日内，书面征求有关部门的意见。有关部门在收到书面征求意见函后，应在20个工作日内提出书面意见。如有关部门均认为并购交易不影响国家安全，则不再进行特别审查，由联席会议在收到全部书面意见后5个工作日内提出审查意见，并书面通知商务部。

如有部门认为并购交易可能对国家安全造成影响，联席会议应在收到书面意见后5个工作日内启动特别审查程序。启动特别审查程序后，联席会议组织对并购交易的安全评估，并结合评估意见对并购交易进行审查，意见基本一致的，由联席会议提出审查意见；存在重大分歧的，由联席会议报请国务院决定。联席会议自启动特别审查程序之日起60个工作日内完成特别审查，或报请国务院决定。审查意见由联席会议书面通知商务部。

② 《国务院办公厅关于建立外国投资者并购境内企业安全审查制度的通知》中规定的并购安全审查内容包括："（一）并购交易对国防安全，包括对国防需要的国内产品生产能力、国内服务提供能力和有关设备设施的影响。（二）并购交易对国家经济稳定运行的影响。（三）并购交易对社会基本生活秩序的影响。（四）并购交易对涉及国家安全关键技术研发能力的影响。"

交易，或采取转让相关股权、资产或其他有效措施，消除该并购行为对国家安全的影响。①

综上所述，针对外国投资者通过并购境内企业的方式开展的投资，《国务院办公厅关于建立外国投资者并购境内企业安全审查制度的通知》和《商务部实施外国投资者并购境内企业安全审查制度的规定》明确了单独的外商投资安全审查制度，条文框架设计比较完整，标志着我国外商投资安全审查制度的初步形成。然而，上述两份文件中的规定还不是统一的安全审查制度，因其仅适用于褐地投资，并不完全适用于绿地投资。② 此外，上述规定并没有明确在正式进入审查程序前的非正式沟通机制，亦没有明确审查决定的公开机制等内容。

三、制度探索期(2012—2019 年)

2013 年，中国设立第一个自由贸易试验区——中国(上海)自由贸易试验区，并在《中国(上海)自由贸易试验区总体方案》中明确采用准入前国民待遇加负面清单的投资管理模式。此举意味着对于新设企业的绿地投资行为不再采用逐一审批的事前监管模式，转而采用备案管理模式。同时，逐一审批模式下对新设投资中的国家安全考量制度也几无用武之地。但是这并不意味着我国放弃了对外资准入的安全审查。如何在外资开放和国家安全间实现平衡是自由贸易试验区必须考虑的问题。因此有必要完善国家安全审查制度，在自由贸易试

---

① 《国务院办公厅关于建立外国投资者并购境内企业安全审查制度的通知》规定："外国投资者并购境内企业行为对国家安全已经造成或可能造成重大影响的，联席会议应要求商务部会同有关部门终止当事人的交易，或采取转让相关股权、资产或其他有效措施，消除该并购行为对国家安全的影响。"

② 尽管在外国投资者以资产并购的方式开展投资时，涉及外商投资企业的新设(即绿地投资)情形，但这种新设企业的行为与特定的资产相联系，并非统一适用于所有的外商投资企业的新设情形。比如，外国投资者在新设立一家外商投资企业后收购资产的，在新设企业环节并不需要经过安全审查，而是在后续收购资产环节才涉及安全审查。

验区内试点开展涉及外商投资的国家安全审查,构建安全高效的开放型经济体系。① 2015 年 4 月,我国颁布了专门适用于自由贸易试验区的外商投资安全审查规定,即《自由贸易试验区外商投资国家安全审查试行办法》(简称《试行办法》)。

较之 2011 年的两份文件而言,该《试行办法》进一步完善了外商投资安全审查制度的内涵。第一,该《试行办法》适用于外国投资者在试验区内的所有类型的投资,不仅包括新设和并购两种典型的投资方式,而且包括通过协议控制、代持、信托、再投资、境外交易、租赁、认购可转换债券等方式进行的投资。② 但是,该《试行办法》并没有明确外国投资者的界定标准,比如成立地、住所地或控制地标准。③ 第二,审查范围进一步扩大。对于军工类投资而言,扩及重点、敏感军事设施周边地域;对于外国投资在关系国家安全的重要产业获得实际控制权的投资而言,将重要文化、重要信息技术产品和服务包括在内。④ 但是该《试行办法》同样没有明确重要/重大/关键的判断依据。第三,审查标准(或考量因素)进一步扩大,不仅包含原有的国防安全、国家经济安全、社会安全和技术安全,而且包括文化安全、公共

---

① 国务院关于印发中国(上海)自由贸易试验区总体方案的通知[EB/OL].(2013-09-18)[2023-09-23]. https://www.gov.cn/zwgk/2013-09/27/content_2496147.htm.

② 《自由贸易试验区外商投资国家安全审查试行办法》规定,外国投资者在自贸试验区内投资,包括下列情形:1.外国投资者单独或与其他投资者共同投资新建项目或设立企业。2.外国投资者通过并购方式取得已设立企业的股权或资产。3.外国投资者通过协议控制、代持、信托、再投资、境外交易、租赁、认购可转换债券等方式投资。

③ 宋晓燕.中国(上海)自由贸易试验区的外资安全审查机制[J].法学,2014(1):20-27.

④ 《自由贸易试验区外商投资国家安全审查试行办法》规定,安全审查范围为:外国投资者在自贸试验区内投资军工、军工配套和其他关系国防安全的领域,以及重点、敏感军事设施周边地域;外国投资者在自贸试验区内投资关系国家安全的重要农产品、重要能源和资源、重要基础设施、重要运输服务、重要文化、重要信息技术产品和服务、关键技术、重大装备制造等领域,并取得所投资企业的实际控制权。

道德和网络安全。^①但是这些规定过于笼统,比如审批机构在如何理解对国防安全的影响、对国家网络安全的影响等标准上可能存在较大差异,影响审查的可操作性。第四,新增"附条件的通过"这种安全审查决定的类型。^②对影响或可能影响国家安全但通过附加条件能够消除影响的投资,部际联席会议可要求外国投资者出具修改投资方案的书面承诺,而后可作出附加条件的审查意见。

综上所述,该《试行办法》中规定的外商投资安全审查制度适用于新设投资,标志着统一的安全审查制度的初步形成。但是该《试行办法》仅仅适用于自由贸易试验区,其目的是通过小范围的试点,在深化改革开放过程中积累经验。因此《试行办法》为在全国范围内建立统一的外商投资安全审查制度奠定了基础。

四、制度统一期(2020年至今)

2015年1月,商务部牵头公布《中华人民共和国外国投资法(草案征求意见稿)》。^③《外国投资法(草案征求意见稿)》将安全审查制度纳入外商投资立法中,使其地位上升为法律层次,提升了该制度的法律层级。在《外国投资法(草案征求意见稿)》第四章(国家安全审查)中

---

① 《自由贸易试验区外商投资国家安全审查试行办法》规定的审查内容包括:"(一)外商投资对国防安全,包括对国防需要的国内产品生产能力、国内服务提供能力和有关设施的影响。(二)外商投资对国家经济稳定运行的影响。(三)外商投资对社会基本生活秩序的影响。(四)外商投资对国家文化安全、公共道德的影响。(五)外商投资对国家网络安全的影响。(六)外商投资对涉及国家安全关键技术研发能力的影响。"

② 《自由贸易试验区外商投资国家安全审查试行办法》在安全审查工作机制和程序中规定:"(三)对影响或可能影响国家安全,但通过附加条件能够消除影响的投资,联席会议可要求外国投资者出具修改投资方案的书面承诺。外国投资者出具书面承诺后,联席会议可作出附加条件的审查意见。……(五)商务部将联席会议审查意见书面通知外国投资者的同时,通知自贸试验区管理机构。对不影响国家安全或附加条件后不影响国家安全的外商投资,自贸试验区管理机构继续办理相关手续。"

③ 商务部就《中华人民共和国外国投资法(草案征求意见稿)》公开征求意见[EB/OL].(2015-01-19)[2023-09-23]. http://tfs.mofcom.gov.cn/article/as/201501/20150100871010.shtml.

以专章形式对外国投资国家安全审查制度①作了专项规定,是第一次在全国范围内建立统一的外国投资国家安全审查制度的有力尝试。第四章中有 27 条规定,包含了 2011 年两份文件中的审查范围②、审查主体③、审查标准(或考量因素)④、审查程序⑤、审查决定的类型⑥及执行⑦等内容,并使其更加清晰化,也为有效监督当事人履行相关义务设

---

① 《外国投资法(草案征求意见稿)》第十一条将其他国家或者地区政府及其所属部门或机构以及国际组织纳入外国投资者的范围,并在第十五条将外国投资明确为外国投资者直接或者间接从事的投资活动,继而在第四章采用了"外国投资国家安全审查制度"这一表述。因此,本书在此处依循《外国投资法(草案征求意见稿)》中的用法,使用"外国投资国家安全审查制度"这一表述。

② 包括外国投资者取得中国境内土地使用权、房屋所有权等不动产权利(第十六条),外国投资者在中国境内设立非营利组织或取得非营利组织权益(第十七条),外资准入许可(第三十条)以及任何危害或可能危害国家安全的外国投资(第四十八条)。

③ 《外国投资法(草案征求意见稿)》保留了外国投资国家安全审查部际联席会议,由该联席会议承担外国投资国家安全审查的职责。

④ 《外国投资法(草案征求意见稿)》大大扩充了审查考量的因素,并设置了兜底条款,具体包括:"(一)对国防安全,包括对国防需要的国内产品生产能力、国内服务提供能力和有关设备设施的影响,对重点、敏感国防设施安全的影响;(二)对涉及国家安全关键技术研发能力的影响;(三)对涉及国家安全领域的我国技术领先地位的影响;(四)对受进出口管制的两用物项和技术扩散的影响;(五)对我国关键基础设施和关键技术的影响;(六)对我国信息和网络安全的影响;(七)对我国在能源、粮食和其他关键资源方面长期需求的影响;(八)外国投资事项是否受外国政府控制;(九)对国家经济稳定运行的影响;(十)对社会公共利益和公共秩序的影响;(十一)联席会议认为应当考虑的其他因素。"

⑤ 包括安全审查程序的启动(投资者申请启动、依职权启动、再次进行安全审查)、需要提交的申请材料、预约商谈机制、确定是否需要进行安全审查、一般性审查阶段、特别审查阶段、审查决定的监督执行以及强制措施。在外国投资者提出安全审查申请后,未经国务院外国投资主管部门同意,不得撤回申请;在审查过程中,外国投资者及其他当事人应配合联席会议进行国家安全审查,提供审查需要的信息,接受有关询问或核查。

⑥ 《外国投资法(草案征求意见稿)》明确了三种类型的安全审查决定类型,即根据国家安全审查结果,国务院或者联席会议可作出如下决定:(一)外国投资不危害国家安全的,予以通过;(二)外国投资危害或者可能危害国家安全、但可通过附加限制性条件消除的,予以附条件通过;(三)外国投资危害或者可能危害国家安全且无法消除的,不予通过。

⑦ 包括对附加限制性条件通过国家安全审查的投资的监督执行和强制措施。前者要求外国投资者、外国投资企业在依据本法第五章第四节的规定提交年度报告时应同时说明上一年度遵守限制性条件的有关情况。有关当事人违反限制性条件对国家安全造成危害或者有可能造成危害的,国务院外国投资主管部门可依据本法第五十六条的规定再次提请国家安全审查。后者针对经过国家安全审查认定外国投资对国家安全已经造成或可能造成重大危害的,国务院外国投资主管部门应责令当事人不得实施或者终止外国投资,或采取转让相关股权、资产或其他有效措施,消除或者避免外国投资对国家安全的危害。国务院外国投资主管部门可会同有关部门采取必要措施,消除或者避免外国投资对国家安全的危害。

定了较为明确的法律责任[1],提高了该制度的法律效力和权威性。[2] 该草案还特别提出了颁布外国投资国家安全审查指南、外国投资国家安全审查年度报告等提高安全审查透明度和可预见性的措施。[3] 然而,上述规则并没有被2020年1月1日生效的《外商投资法》所保留。

作为中国外商投资制度渐进式改革和自由化的一个里程碑,《外商投资法》废除了"三资企业法"、建立了一个统一的外商投资管理框架,在全国范围内实施准入前国民待遇加负面清单的管理模式(即自由贸易试验区试点的管理模式),代替了此前的逐一审批模式,从而简化了准入门槛,并且在外商投资企业的运行中同样贯彻落实内外资一致原则,给予外商投资企业以国民待遇等。然而,《外商投资法》仅原则性地规定了外商投资安全审查制度的内容。该法第三十五条规定:"国家建立外商投资安全审查制度,对影响或者可能影响国家安全的外商投资进行安全审查。依法作出的安全审查决定为最终决定。"

在《外商投资法》中采用上述原则性规定的做法符合我国通常的立法方式,即在上位法中作出原则性或框架性规定,并由行政法规或部门规章规定实施细则。随后,发改委、商务部于2020年12月公布了《外商投资安全审查办法》,总结近十年来自由贸易试验区的有益做法,对《外商投资法》中规定的安全审查制度作出了细节性规定。与《外国投资法(草案征求意见稿)》相比,《外商投资安全审查办法》并没有保留外国投资国家安全审查指南、外国投资国家安全审查年度报告等提高安全审查透明度和可预见性的措施,亦没有明确审查标准的具

---

① 《外国投资法(草案征求意见稿)》明确:"外国投资者未申请国家安全审查而实施投资,国务院外国投资主管部门依据本法第七十条【安审临时措施】、第七十一条【安审强制措施】采取措施给已实施投资造成损失的,由外国投资者承担。"

② 孙南申,胡获.外国投资国家安全审查制度的立法改进与完善建议——以《外国投资法(征求意见稿)》为视角[J].上海财经大学学报,2015(4):82-92.

③ 《外国投资法(草案征求意见稿)》载明:"国务院外国投资主管部门应编制和公布外国投资国家安全审查指南""国务院外国投资主管部门应编制和公布外国投资国家安全审查年度报告。"

体内涵,详述如下。

（一）《外商投资安全审查办法》的整体框架

《外商投资安全审查办法》由发改委、商务部制定与发布,体现了外商投资管理部门的衔接性。详言之,2011年的两份文件中,牵头进行外商投资安全审查工作的便是这两个部门,且这两个部门在"三资企业法"框架下也发挥着重要的外商投资管理作用。

《外商投资安全审查办法》以《外商投资法》《中华人民共和国国家安全法》（简称《国家安全法》）为主要法律依据（第一条）,坚持开放和安全并重的原则,对外商投资安全审查制度作出了较为全面和系统的规定,以在积极促进和保护外商投资的同时有效预防和化解国家安全风险,为更高水平对外开放保驾护航。该办法共计23条,规定了审查机构、审查范围（适用安全审查的外商投资类型）、审查程序、审查决定的类型、监督执行和违规处理等,对外商投资安全审查中的关键制度作了进一步的澄清,提升了该制度的透明度和规范性,从而保护外商投资的积极性和合法权益。

《外商投资安全审查办法》不适用于外国投资者通过证券交易所或者国务院批准的其他证券交易场所购买境内企业股票,对于影响或者可能影响国家安全的投资,其适用的具体办法由国务院证券监督管理机构会同工作机制办公室制定（第二十二条）。

（二）《外商投资安全审查办法》的具体内容

1. 审查机构:外商投资安全审查工作机制办公室

根据《外商投资安全审查办法》,国家建立外商投资安全审查工作机制，工作机制办公室设在发改委①，由发改委、商务部牵头，负责组织、协调、指导外商投资安全审查工作（第三条）。② 这一点与2011年两份文件中的设置基本一致，但取消了其中关于部际联席会议的规定。

该工作机制办公室在外商投资安全审查制度的运行中扮演着联络点、审查机构和监督机构等多种角色。第一，当事人在申报外商投资前，可以向工作机制办公室咨询有关问题。③ 第二，工作机制办公室负责受理当事人的申报材料，并且在特定情况下，有权要求当事人申报外商投资。④ 第三，工作机制办公室负责审查申报的外商投资是否会影响国家安全，并作出最终决定（第七至第十二条）。第四，工作机制办公室对作出的安全审查决定的实施情况具有监督职能，可以会同其他部门进行核实、监督或联合惩戒（第十三条、第十七至第十九条）。⑤

由此可见，工作机制办公室构成了外商投资安全审查机制的核心，其职能贯穿申报、审查和执行各个阶段，以确保安全审查机制的平稳运行和保障实施。

---

① 健全外商投资安全审查制度 为更高水平对外开放保驾护航——外商投资安全审查工作机制办公室负责人就《外商投资安全审查办法》答记者问［EB/OL］.（2020-12-19）［2023-09-06］. https://www.ndrc.gov.cn/xwdt/xwfb/202012/t20201219_1255024.html.

② 《外商投资安全审查办法》第三条规定："国家建立外商投资安全审查工作机制（以下简称工作机制），负责组织、协调、指导外商投资安全审查工作。工作机制办公室设在国家发展改革委，由国家发展改革委、商务部牵头，承担外商投资安全审查的日常工作。"

③ 《外商投资安全审查办法》第五条规定："当事人向工作机制办公室申报外商投资前，可以就有关问题向工作机制办公室进行咨询。"

④ 《外商投资安全审查办法》第四条规定，下列范围内的外商投资，外国投资者或者境内相关当事人（以下统称当事人）应当在实施投资前主动向工作机制办公室申报：……对本条第一款规定范围（以下称申报范围）内的外商投资，工作机制办公室有权要求当事人申报。第十四条规定："工作机制办公室对申报的外商投资作出不需要进行安全审查或者通过安全审查的决定后，当事人变更投资方案，影响或者可能影响国家安全的，应当依照本办法的规定重新向工作机制办公室申报。"第十五条规定："有关机关、企业、社会团体、社会公众等认为外商投资影响或者可能影响国家安全的，可以向工作机制办公室提出进行安全审查的建议。"

⑤ 详见审查决定及其执行监督部分。

2.审查范围

《外商投资安全审查办法》适用于外国投资者在中国境内的所有类型的外国投资,包括新设投资、并购投资和其他方式的外国投资(第二条)。但是对于何为其他方式的外国投资,《外商投资安全审查办法》并没有加以明确。因此,实践中引发了其是否包含VIE架构的问题。

为了避免安全审查泛化,《外商投资安全审查办法》明确了审查范围,以精准审查影响或者可能影响国家安全的外商投资。[①] 与2011年两份文件中的规定相同,《外商投资安全审查办法》同样将审查范围划分为两种情形:第一,军工领域的投资,无论其投资额度大小或是否获得企业控制权,即投资军工、军工配套等关系国防安全的领域,以及在军事设施和军工设施周边地域投资;第二,在关系国家安全的重要领域的投资,且外国投资者取得所投资企业的实际控制权(第四条第一款)。对于重要领域,《外商投资安全审查办法》提供了一个非穷尽的清单,包括重要农产品、重要能源和资源、重大装备制造、重要基础设施、重要运输服务、重要文化产品与服务、重要信息技术和互联网产品与服务、重要金融服务、关键技术,以及兜底性的其他重要领域(第四条第一款)。所谓取得所投资企业的实际控制权,包括在股权上持有企业多数股权(50％以上的股权)的情形,即使持有的股权不足50％,也有可能取得所投资企业的实际控制权,比如,其所享有的表决权能够对董事会、股东会或者股东大会的决议产生重大影响的情形,或者其他导致外国投资者能够对企业的经营决策、人事、财务、技术等产生重大影响的情形(第四条第二款)。

对于上述投资,外国投资者或境内相关当事人应当在实施投资前

---

① 健全外商投资安全审查制度 为更高水平对外开放保驾护航——外商投资安全审查工作机制办公室负责人就《外商投资安全审查办法》答记者问[EB/OL].(2020-12-19)[2023-09-06]. https://www.ndrc.gov.cn/xwdt/xwfb/202012/t20201219_1255024.html.

主动向工作机制办公室申报（第四条第一款）；不确定是否需要进行申报的，可以向工作机制办公室进行咨询（第五条）；在审查期间，不得实施投资（第七至第九条）。

由此可见，《外商投资安全审查办法》在划定审查范围时基本上沿用了 2011 年规定的做法，并适度扩大了审查范围。《外商投资安全审查办法》仍然以兜底条款的方式保留了一定的灵活性，但其对于哪些企业属于重要领域内的企业以及如何判断其重要性并没有提供具体判断标准，因而仍然具有一定的不透明性或不可预见性。

3. 审查程序

外商投资安全审查的程序性规定包括安全审查的启动、安全审查的流程以及安全审查的期限三个方面。整个审查过程如图 2-1 所示。

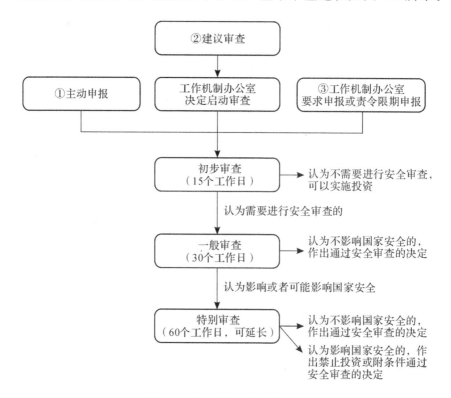

图 2-1 外商投资安全审查流程

第一，启动安全审查的方式有三种。一是主动申报，即外国投资者或其境内相关当事人在进行第四条所列投资前，主动向工作机制办公室申报投资（第四条第一款）。二是建议审查，即有关机关、企业、社会团体、社会公众等认为外商投资影响或者可能影响国家安全的，可以向工作机制办公室提出进行安全审查的建议（第十五条），但是否进行审查由工作机制办公室决定。三是工作机制办公室要求申报或责令限期申报，对于第四条所列投资领域，工作机制办公室有权要求外国投资者或其境内相关当事人申报（第四条第三款）。对于申报范围内的外商投资，外国投资者或其境内相关当事人未依照本办法的规定申报即实施投资的，由工作机制办公室责令限期申报（第十六条）。其中，第三种启动方式是《外商投资安全审查办法》的创新之处，进一步体现了我国对外商投资安全审查的重视，起到了威慑投资者的作用。

第二，安全审查的流程包括初步审查、一般审查和特别审查三个阶段，分别为 15 个工作日、30 个工作日和 60 个工作日（特殊情况下可延长），当事人补充提供材料的时间不计入审查期限（第七至第十条）。一项投资要经过哪些审查程序，需要根据该投资对国家安全的影响程度而定。初步审查仅决定是否需要进行安全审查（第七条）。一般审查和特别审查需要作出通过、不通过或附条件通过安全审查的决定（第八至第九条）。只有经一般审查认为影响或者可能影响国家安全的投资，才需要启动特别审查（第八条）。在审查决定作出前，不得实施投资。

4. 审查标准：国家安全的考量因素

《外商投资安全审查办法》并没有规定国家安全的考量因素，这一点与 2011 年两份文件中的规定和 2015 年自由贸易试验区的规定有很大不同。但是，2015 年修订的《国家安全法》第五十九条从法律层面明确了对"影响或者可能影响国家安全的外商投资……进行国家安全审查"。值得注意的是,该法仅仅提出了对外商投资应当进行安全审查的要求,并未对安全审查的范围和程序等作出规定,属于衔接性规则。同时,《外商投资安全审查办法》在第一条规定,该条例是根据《外商投资法》《国家安全法》和相关法律制定的。结合上述两条规定可知,外商投资安全审查制度中的国家安全考量因素将依据《国家安全法》中有关国家安全的定义来确定。

我国最初的《国家安全法》颁布于 1993 年,以传统国家安全为保护对象。该法所称的危害国家安全的行为包括:阴谋颠覆政府,分裂国家,推翻社会主义制度的;参加间谍组织或者接受间谍组织及其代理人的任务的;窃取、刺探、收买、非法提供国家秘密的;策动、勾引、收买国家工作人员叛变的;进行危害国家安全的其他破坏活动的(第四条)。这些规则主要侧重于反间谍行为,并于 2014 年被《中华人民共和国反间谍法》(简称《反间谍法》)所替代。

现今适用的《国家安全法》颁布实施于 2015 年 7 月 1 日,引入了总体国家安全观的概念(第三条)。2014 年 4 月 15 日,习近平总书记主持召开中央国家安全委员会第一次会议并发表重要讲话,他指出,我们要准确把握国家安全形势变化新特点新趋势,坚持总体国家安全观,走出一条中国特色国家安全道路。[1] 2015 年《国家安全法》首先明确界定了国家安全的定义,是指"国家政权、主权、统一和领土完整、人民福祉、经济社会可持续发展和国家其他重大利益相对处于没有危险和不受内外威胁的状态,以及保障持续安全状态的能力"(第二条)。第二章继而详细规定了国家在保护国家安全上的责任,既包括政治安全、国土安全、军事安全等传统安全领域,也包括经济安全、文化安全、社会安全、科技安全、网络安全、生态安全、资源安全、核安全和海外利

---

[1]　习近平:坚持总体国家安全观 走中国特色国家安全道路[N].人民日报,2014-04-16(1).

益安全等非传统安全领域,乃至太空、深海、极地等新型安全领域。

综上所述,如果外商投资安全审查制度所考虑的国家安全包含上述所有内容,则其所考量的国家安全因素是非常广泛的,远远超过2011年两份文件中所考量的因素。但是目前尚无明确规定指出安全审查制度将考虑《国家安全法》中所列出的所有国家安全事项,且《国家安全法》中的规则也具有不确定性,这导致了安全审查制度的模糊性。

5. 审查决定及其执行监督

根据外商投资对国家安全的影响不同,工作机制办公室将作出不同的审查决定,包括通过安全审查决定、附条件通过安全审查决定(允许投资但应当按照附加条件实施投资)或禁止投资决定(第八至第九条)。根据《外商投资法》之规定,上述安全审查决定一经依法作出,即为最终决定(第三十五条)。

外国投资者及其境内相关当事人应当遵照执行安全审查决定。作出通过安全审查决定的,外国投资者及其境内相关当事人可以实施投资;作出禁止投资决定的,外国投资者及其境内相关当事人不得实施投资,已经实施的,应当限期处分股权或者资产以及采取其他必要措施,恢复到投资实施前的状态,消除对国家安全的影响;作出附条件通过安全审查决定的,外国投资者及其境内相关当事人应当按照附加条件实施投资(《外商投资安全审查办法》第十二条)。

为了确保安全审查决定的实施,《外商投资安全审查办法》提出:工作机制办公室可以会同有关部门、地方人民政府进行监督;对于附条件通过安全审查的外商投资,可以采取要求提供有关证明材料、现场检查等方式,对附加条件的实施情况进行核实(第十三条)。如果当事人未按照附加条件实施投资的,由工作机制办公室责令改正;拒不改正的,责令限期处分股权或者资产以及采取其他必要措施,恢复到投资实施前的状态,消除对国家安全的影响(第十八条),并将其作为不良信用记录纳入国家有关信用信息系统，按照国家有关规定实施联合惩戒（第十九条）。

此外，针对拒不申报（应申报而未申报）、弄虚作假（提供虚假材料或者隐瞒有关信息骗取通过安全审查）以及不执行附加条件的行为，《外商投资安全审查办法》还赋予了工作机制办公室责令限期申报、责令改正的权力；对于已经实施的投资，工作机制办公室有权责令限期处分股权或者资产以及采取其他必要措施，恢复到投资实施前的状态，消除对国家安全的影响（第十六至第十七条）。

（三）《外商投资安全审查办法》的主要特点

相较于 2011 年《国务院办公厅关于建立外国投资者并购境内企业安全审查制度的通知》《商务部实施外国投资者并购境内企业安全审查制度的规定》以及 2015 年《自由贸易试验区外商投资国家安全审查试行办法》，2021 年《外商投资安全审查办法》具有如下特点。

第一，《外商投资安全审查办法》将其审查范围扩大到外国投资者通过新设、并购和其他方式在我国境内的投资，体现了外商投资安全审查制度的重要性。《外商投资法》明确规定在全国范围内适用准入前国民待遇加负面清单的管理模式，减少了政府在外商投资准入阶段的事前监管，需要通过外商投资安全审查制度来确保我国的国家安全。但是，《外商投资安全审查办法》并没有明确其他方式的内涵，保留了一定的自由裁量权，这对于投资者而言，意味着可预见性的降低。

第二，《外商投资安全审查办法》细化了审查范围（见表 2-2），提高了安全审查的精准度。比如：在军工领域的投资，删除了重要、敏感的要求，并将审查范围扩及在军事设施和军工设施周边地域的投资；在关系国家安全的重要领域的投资，扩大了重要领域的范围，将重要文化产品与服务、重要信息技术和互联网产品与服务、重要金融服务纳入审查范围之内,特别是重要金融服务的纳入,补充了此前规则中缺失的关键部分①,契合了我国在扩大开放背景下防范和化解金融风险、维护金融安全的需求。然而,审查范围仍然存在一定的不确定性,特别是对于哪些行业或企业属于所列的重要领域仍然模糊不清,留下了自由裁量的空间,降低了可预见性。

表 2-2　2011 年、2015 年和 2021 年发布的文件中的审查范围比较

类别	2011 年	2015 年	2021 年
军工类	军工及军工配套企业,以及关系国防安全的其他单位	军工、军工配套和其他关系国防安全的领域	军工、军工配套等关系国防安全的领域
	重点、敏感军事设施周边企业	重点、敏感军事设施周边地域	在军事设施和军工设施周边地域的投资
重要领域＋取得所投资企业的实际控制权	重要农产品	重要农产品	重要农产品
	重要能源和资源	重要能源和资源	重要能源和资源
	重大装备制造	重大装备制造	重大装备制造
	重要基础设施	重要基础设施	重要基础设施
	重要运输服务	重要运输服务	重要运输服务
	—	重要文化	重要文化产品与服务
	—	重要信息技术产品和服务	重要信息技术和互联网产品与服务
			重要金融服务
	关键技术	关键技术	关键技术
	以"等"字结尾	以"等"字结尾	以"其他重要领域"兜底

第三,《外商投资安全审查办法》将审查机构确定为工作机制办公室。这一常态化、固定化的机构设置与此前非常设的部际联席会议不

---

① 《国务院办公厅关于建立外国投资者并购境内企业安全审查制度的通知》规定:"外国投资者并购境内金融机构的安全审查另行规定。"因此,此前并未将外国投资者并购重要金融服务纳入审查范围之内。

同,有助于确保安全审查工作的连续性。前已述及,工作机制办公室的职能贯穿申报、审查和执行各个阶段,实现了对国家安全审查的"前期协商、风险分层、风险评估,以及后期管理上的全过程风险监管"[1],有助于推进安全审查有序进行,为推进安全审查程序的平稳运行和信息公开奠定了基础。

第四,《外商投资法》明确规定:"依法作出的安全审查决定为最终决定"(第三十五条),排除了行政复议和行政诉讼的可能性。由于既有安全审查制度缺少司法审查和决定公开的制度设计,因此该制度的实际运作将更加不可预测。

第五,《外商投资安全审查办法》增加了审查决定的监督执行和违规处理规定。工作机制办公室对于当事人拒不申报、弄虚作假、不执行附加条件等行为,可以责令当事人限期处分股权或资产,恢复至投资实施前的状态,以消除该投资对国家安全的影响。同时,工作机制办公室也有权将上述不良信用记录纳入国家有关信用信息系统。上述规定使得我国的外商投资安全审查的制度设计更加完善。

第六,尽管从《国家安全法》要求对外商投资进行安全审查(第五十九条)以及《外商投资安全审查办法》将《国家安全法》作为立法依据(第一条)中,可以猜测外商投资安全审查中的国家安全考量应为总体国家安全观所包含的 16 种安全类型,但《外商投资安全审查办法》并没有对此作出明确解释,给安全审查的实际运行带来一定的模糊性和不透明性。

综上所述,《外商投资安全审查办法》较此前的规定更加统一、细化、明确和全面,但其中仍然为审批机构保留了一定的自由裁量权,这也使得安全审查制度存在一定的模糊性,并未实现完全透明化。

---

① 陈喆,钟艺玮.新发展格局下我国外商投资安全审查制度的进步、局限与完善[J].国际商务研究,2021(4):87-97.

第二节　我国外商投资安全
审查制度的实施情况:案例剖析

上节从历史演进的角度阐述了我国外商投资安全审查制度的历史发展及条文内容,本节则聚焦于该制度在实践中的运行情况。虽然我国在规则层面已经建立了相对完整的外商投资安全审查制度,但在实施层面,公开渠道鲜见关于外商投资安全审查案例的报道。笔者将目光投向了上市公司,上市公司因负有信息披露义务,故存在部分可查案例。结合上市公司的信息披露、学界探讨、新闻报道、裁判文书网等公开信息,本节分析了三个公开可查案例,继而简要描绘了我国主管机构对"重要/关键""实际控制力""国家安全"等词语概念的理解,进一步体现了该制度还有完善的空间。

一、我国外商投资安全审查之个案研究

前已述及,我国的外商投资安全审查制度并不要求公开审查决定,因此学界对该制度运作情况的关注和探讨极少。本节分析了如下三个案例:凯雷收购徐工机械案(2005—2008 年)、永辉超市收购中百集团案(2019 年)和金光纸业收购博汇纸业案(2019—2020 年)。

（一）凯雷收购徐工机械案（2005—2008 年）[①]

2005 年 10 月，总部位于美国的凯雷集团（简称凯雷）宣布，拟以 3.75 亿美元收购中国机械行业领先企业徐工集团工程机械股份有限公司（简称徐工机械）85％的股份。该交易引发了商务部有关国家经济安全的审查程序。[②] 此后，凯雷曾将其拟收购的股份下调至 45％。然而，直到 2008 年 7 月，凯雷集团与徐州工程机械集团有限公司（简称徐工集团）签署的收购协议到期时，相关部门仍然没有作出明确的审查决定。至此，徐工集团宣布终止与凯雷集团的交易。

此次收购的起因是徐州工程机械集团有限公司始于 2002 年的改制重组。2002 年底，中国最大的工程机械制造企业徐工机械被列入江苏省政府 82 家改制企业的名单。自此，徐工机械开始了长达三年的引资重组。2004 年初，引资工作正式展开。初步入选者除卡特彼勒为产业资本外，其余全部为金融资本。2004 年 10 月，卡特彼勒因消化或抑制竞争品牌的策略以及并不出众的报价而出局，美国国际投资集团、摩根大通亚洲投资基金和凯雷亚洲投资公司以其雄厚资金和不调整现有管理层的承诺进入下一轮谈判。最终，2005 年 10 月 25 日，徐工集团与凯雷在南京签订了股权买卖及股本认购协议和合资协议——凯雷将以 3.75 亿美元的总价收购并持有徐工集团全资子公司徐工机械 85％的股份。

[①] 慕亚平，肖小月. 我国外资并购中的国家安全审查制度[J]. 法学研究，2009(5)：52-61；杜旸. 中国经济议题安全化的国内层次分析：以凯雷并购徐工案为例[J]. 外交评论（外交学院学报），2010(3)：133-142；田中景，李蛟. 国外资本并购异化研究——以"凯雷"并购徐工机械为例[J]. 经济纵横，2009(5)：58-60；潘秋阳，郑欣. 外资股权并购民族产业的法律规制——凯雷集团并购徐工集团案引发的思考[J]. 中国审计，2008(5)：70-72；Li Y, Bian C. A New Dimension of Foreign Investment Law in China-Evolution and Impacts of the National Security Review System[J]. Asia Pacific Law Review，2016(2)：149-175.

[②] 本案为我国对外商投资进行安全审查的早期案例。现如今，我国的经济发展水平及相关规定已经发生了很大的变化。

　　2006 年 2 月,发改委核准了凯雷收购徐工机械的请求,并送交商务部审批。商务部要求并购双方就多方面问题进行解释,并在商务部外资司进行了多轮商谈。2006 年 7 月,受国内有关外资并购威胁中国产业安全的言论影响,凯雷和徐工集团修正了收购方案,增加了"毒丸计划"[①],并将收购比例降为 45%,同时在董事会中占有少数席位,从这个角度看,凯雷不再对徐工机械拥有控股权。尽管如此,该投资最终仍未成功。2008 年 7 月 23 日,徐工集团和凯雷集团共同宣布,2005 年 10 月签署的凯雷入股徐工集团的相关协议已过有效期,双方决定不再就此项投资进行合作,徐工机械将独立重组。至此,凯雷收购徐工机械案落下帷幕。

　　在凯雷收购徐工机械案中,外资并购中国企业的问题引发了社会公众的广泛关注,特别是引起了社会对外资并购是否应进行国家(经济)安全审查的探讨。社会公众关注的焦点为装备制造业是为其他行业提供母机和装备的产业,在某种意义上,装备制造业的发展直接决定了国民经济其他行业的现代化水平。徐工机械是我国工程机械的龙头企业。在本案中,凯雷集团若成功并购徐工机械,便有可能获得在机械装备制造业的垄断地位。进一步来说,如果徐工机械被凯雷控股,是否会威胁装备制造业的产业安全(即国家经济安全)?[②] 结合下文对法律依据的阐释可以推知,本案引发的安全考量主要为国家经济安全的考量。

---

　　① 当凯雷以公开发行股票上市的方式退出合资公司时,如果任何与合资公司构成竞争的潜在投资者以任何形式获得上市公司的股份达到或可能超过 15% 时,上市公司自动启动"毒丸计划",即向除潜在控制人外的上市公司的所有股东以人民币一分钱或等值外币的价格按该股东届时实际持有的上市公司股份数增发上市公司新股,以实质性地增加潜在控制人因想要获得对上市公司的控制权而需收购的上市公司的股份数量及需支付的对价,从而使潜在产业竞争者无法实施收购。田中景,李蛟.国外资本并购异化研究——以"凯雷"并购徐工机械为例[J].经济纵横,2009(5):58-60.

　　② 慕亚平,肖小月.我国外资并购中的国家安全审查制度[J].法学研究,2009(5):52-61;潘秋阳,郑欣.外资股权并购民族产业的法律规制——凯雷集团并购徐工集团案引发的思考[J].中国审计,2008(5):70-72.

在法律依据方面,在凯雷收购徐工机械之初(2005 年 10 月),我国有关外商投资安全审查的规定仅见于 2003 年开始实施的《外国投资者并购境内企业暂行规定》(现已失效)。据此规定并结合上述案情,引发有关部门考量的核心点在于严重影响国家经济安全。诚如前述,2003 年的《外国投资者并购境内企业暂行规定》非常不透明,它只包括向有关当局报告的要求,而没有关于审查过程、考虑因素等的任何细节的描述,此外,它只关注国家经济安全,范围较窄。于 2006 年发布的《关于外国投资者并购境内企业的规定》对外国投资者并购境内企业作出了详细的规定,为本案提供了最有力的法律依据。对于外资取得实际控制权以及可能影响国家经济安全的并购投资,当事人应当向商务部申报。

(二)永辉超市收购中百集团案(2019 年)

本案受到了公众的广泛关注。永辉超市股份有限公司(简称永辉超市)和中百控股集团股份有限公司(简称中百集团)为两家上市公司,对重大交易负有信息披露义务。自 2013 年 11 月 5 日起,永辉超市及其全资子公司(重庆永辉超市有限公司和永辉物流有限公司)数次通过深圳证券交易所的集中竞价交易系统买入中百集团股票。截至 2019 年 3 月 28 日,永辉超市已持有中百集团 29.86% 的股份。2019 年 3 月 28 日,永辉超市向中百集团发出书面通知,拟通过要约收购的方式将其直接和间接合计持有的中百集团的股份比例从目前的 29.86% 提高至最多不超过 40%;同年 8 月 20 日,永辉超市收到国家市场监督管理总局出具的《经营者集中反垄断审查不予禁止决定书》,明确永辉超市即日起可以实施经营者集中[①];次日,永辉超市收到发改

---

① 永辉超市股份有限公司关于收到国家市场监督管理总局《经营者集中反垄断审查不予禁止决定书》的公告[R/OL].(2019-08-21)[2023-09-06]. http://static. sse. com. cn/disclosure/listedinfo/announcement/c/2019-08-21/601933_20190821_1. pdf.

委关于要求永辉超市就要约收购中百集团提交外商投资安全审查申
请表和补充申报文件的邮件。① 自此,永辉超市收购中百集团案进入
了安全审查申报、一般性审查及特别审查程序。后由于永辉超市放弃
收购,安全审查终止。

　　详言之,2019 年 9 月 4 日,永辉超市向发改委提交了要约收购中
百集团安全审查申报文件。9 月 24 日,永辉超市收到发改委外资司的
《外商投资安全审查受理通知》,安全审查正式启动。后永辉超市收到
发改委的《特别审查告知书》,自 11 月 8 日起启动特别审查。特别审
查原则上在 60 个工作日内完成,其间若需补充材料,补充材料的时间
不计入审查时限。② 12 月 17 日,永辉超市宣布,在与中百集团实际控
制人武汉国有资产经营有限公司(简称武汉国资)进行友好协商后,双
方就中百集团经营管理以及未来发展方向达成了高度共识,永辉超市
取消部分要约收购中百集团的股份,其中第一条便是:"永辉超市支持
武汉国资作为中百集团的实际控制人,永辉超市不谋求中百集团的实
际控制权"③,安全审查程序随即终止。12 月 27 日,永辉超市收到发
改委的《外商投资安全审查终止通知》,称发改委已收悉《关于中止永
辉超市股份有限公司部分要约收购中百控股集团股份有限公司股权
安全审查的申请》,经研究,自 12 月 25 日起终止审查该要约收购。④

---

① 永辉超市股份有限公司关于收到国家发展和改革委员会关于外商投资安全审查通知的公告
[R/OL].(2019-08-23)[2023-09-06]. http://static. sse. com. cn/disclosure/listedinfo/announcement/c/
2019-08-23/601933_20190823_3. pdf.

② 永辉超市股份有限公司关于收到国家发展和改革委员会关于特别审查告知书的公告[R/
OL].(2019-11-13)[2023-09-06]. http://static. sse. com. cn/disclosure/listedinfo/announcement/c/2019-
11-13/601933_20191113_1. pdf.

③ 永辉超市股份有限公司关于签署《合作备忘录》暨取消部分要约收购中百集团的公告[R/
OL].(2019-12-17)[2023-09-06]. http://static. sse. com. cn/disclosure/listedinfo/announcement/c/2019-
12-17/601933_20191217_2. pdf.

④ 永辉超市股份有限公司关于收到国家发展和改革委员会终止外商投资安全审查通知的公告
[R/OL].(2019-12-28)[2023-09-06]. http://static. sse. com. cn/disclosure/listedinfo/announcement/c/
2019-12-28/601933_20191228_1. pdf.

本案折射出安全审查程序和实体中的诸多细节问题,为了解安全审查的实际运行提供了很好的素材。

第一,永辉超市并非主动提交外商投资安全审查申请,而是在收到发改委的通知后才提交申请的。发改委既有可能是自行关注到该交易并要求提交安全审查申请,也有可能是在收到国务院有关部门、全国性行业协会、同业企业及上下游企业的建议或者其他对该交易有不同意见的企业的举报后注意到该交易并要求提交申请。

第二,从时间上看,该交易获得经营者集中审查批准的时间(2019年8月20日)和收到发改委外商投资安全审查通知的时间(2019年8月21日)仅相差一日。这一方面说明两项审查在法律上相互独立,并不互为前提;另一方面也说明两项审查在实务中存在竞合和联动。在非简易案件反垄断审查中,国家市场监督管理总局将征求有关部门的意见。在此过程中,发改委或其他部门可能关注到交易会影响国家安全,从而启动安全审查程序。对于投资者而言,相关各方在交易的早期阶段就应当审慎评估交易是否应当进行经营者集中申报、是否需要进行外商投资安全审查以及通过这两项审查的前景,在此基础上设计交易架构、谈判交易文件和安排交易进度,争取顺利获得批准。

第三,本案值得思考的问题是,为何需要启动外国投资者并购境内企业安全审查?根据2011年《国务院办公厅关于建立外国投资者并购境内企业安全审查制度的通知》,外国投资者并购境内关系国家安全的重要农产品、重要能源和资源、重要基础设施、重要运输服务、关键技术、重大装备制造等企业,且实际控制权可能被外国投资者取得的,属于安全审查的范围。由此可见,确定一项投资是否属于安全审查的范围,需符合三个条件,即收购人是外国投资者、被收购人是境内关系国家安全的重要产业,以及被收购人的实际控制权被外国投资者取得。据此,可以试着分析为何需要启动安全审查,详述如下。

第一，在收购人永辉超市方面，永辉超市2018年的年度报告显示，永辉超市（收购人）系一家以零售业为龙头、以现代物流为支撑、以现代农业和食品工业为两翼、以实业开发为基础的大型集团企业。其2018年年度报告显示，牛奶有限公司（境外法人）持有该公司19.99％的股份，系第一大股东。① 这使得这项投资成为外国投资者在中国的（再）投资。

第二，从被收购人中百集团的实际控制权角度观之，中百集团的实际控制人系武汉市人民政府国有资产监督管理委员会，持有中百集团34％的股权（见图2-2）。因此，永辉超市将其投票权从29.86％增加至40％的投资提案一旦实施将改变中百集团的实际控制人。根据我国《公司法》，持股三分之一的股东有权在公司股东大会上否决一项特别提案。对于像中百集团这样的上市公司而言，持有40％的股权不仅能否决一项特别提案，在很多情况下甚至可以决定一项普通提案的通过与否——这是因为在上市公司中，并不是每个股东都会参加股东大会的表决，而普通提案的通过是依照出席会议的股权比例确定的。② 据此，可以认为中百集团依其持有的股份所享有的表决权已足以对股东大会、董事会的决议产生重大影响，因此被视为将取得中百集团的实际控制权。而从另一个角度来看，根据中百集团的年度报告，持有34％股权的武汉市人民政府国有资产监督管理委员会已被认为是中百集团的实际控制人，更何况永辉超市将获得40％的股权。

---

① 永辉超市股份有限公司2018年年度报告［R/OL］.（2019-04-26）［2023-09-06］. http://static. sse. com. cn/disclosure/listedinfo/announcement/c/2019-04-26/601933_2018_n. pdf.
② 《中华人民共和国公司法（2018年修正）》第一百零三条规定："股东出席股东大会会议，所持每一股份有一表决权。但是，公司持有的本公司股份没有表决权。股东大会作出决议，必须经出席会议的股东所持表决权过半数通过。但是，股东大会作出修改公司章程、增加或者减少注册资本的决议，以及公司合并、分立、解散或者变更公司形式的决议，必须经出席会议的股东所持表决权的三分之二以上通过。"

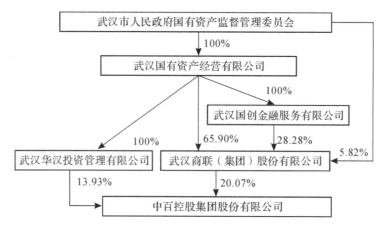

图 2-2   中百集团股权结构(2018 年年度报告)①

第三,在产业的重要性方面,中百集团 2018 年年度报告显示,中百集团的控股股东是武汉市人民政府国有资产监督管理委员会,这决定了中百集团在企业性质上是一家国有企业。中百集团是以商业零售为主业的大型连锁企业,以武汉为中心,深耕湖北市场,涉足的商业零售业态主要包括超市和百货,并不属于 2011 年《国务院办公厅关于建立外国投资者并购境内企业安全审查制度的通知》中所列的六种行业类型(即重要农产品、重要能源和资源、重要基础设施、重要运输服务、关键技术、重大装备制造等企业)。从企业规模和排行来看,截至 2018 年报告期末,公司拥有连锁网点 1255 家,是湖北省超市龙头,连锁网点数量和经济效益连续多年位居湖北商业上市公司前列,蝉联中国企业 500 强。据此,可以肯定其对于武汉市乃至整个湖北省的重要性,但关于此种重要性的判断标准极为模糊。换言之,我国缺少对于

---

①   中百控股集团股份有限公司二○一八年年度报告[R/OL]. (2019-03-27)[2023-09-06]. http://www. szse. cn/disclosure/listed/bulletinDetail/index. html?38a890e5-da6e-4c2e-9aae-2601278029c7;中百控股集团股份有限公司关于永辉超市取消部分要约收购中百集团股份计划的公告[R/OL]. (2019-12-17)[2023-09-06]. http://www. szse. cn/disclosure/listed/bulletinDetail/index. html? 2bb13173-4ada-4057-b37e-ea5fb63cfdfa.

重要性的判断标准,其界定存在不透明性。

第四,本案进入了特别审查程序,说明联席会议的组成单位中有一家或多家认为该交易影响或可能影响国家安全(注:此为启动特别审查程序的前提条件)。① 从《国务院办公厅关于建立外国投资者并购境内企业安全审查制度的通知》中所列举的并购安全审查内容来看,包括对国防安全、国家经济稳定运行、社会基本生活秩序、涉及国家安全关键技术研发能力产生的影响。但本案系以投资者(永辉超市)放弃收购而终止审查,联席会议并未就该交易是否确实影响国家安全作出正式的审查意见。

综上所述,永辉超市收购中百集团案集中体现了安全审查制度的诸多不确定性,比如,发改委是从何处以及如何获悉该案存在国家安全风险的? 联席会议的组成单位有哪些? 是哪个或哪些单位提出了国家安全的担忧? 被收购企业重要性的认定标准有哪些? 以上这些问题从不同角度体现了安全审查制度的不透明性。

(三)金光纸业收购博汇纸业案(2019—2020年)

山东博汇纸业股份有限公司(简称博汇纸业)是一家上市公司。其2019年年度报告显示:博汇纸业(被收购人)的第一大股东是山东博汇集团有限公司(简称博汇集团),持股28.84%;第二大股东是宁波亚洲纸管纸箱有限公司,持股20%。山东博汇集团有限公司的股东是杨延良先生(持股90%)及其配偶李秀荣女士(持股10%);宁波亚洲纸管纸箱有限公司的股东是金光纸业(中国)投资有限公司(简称金光

---

① 《国务院办公厅关于建立外国投资者并购境内企业安全审查制度的通知》第四条中写道:"如有部门认为并购交易可能对国家安全造成影响,联席会议应在收到书面意见后5个工作日内启动特别审查程序。"

纸业，系收购人），持股 100％。金光纸业是一家外商独资公司。①

2019 年 12 月 31 日，博汇纸业收到实际控制人杨延良先生及其配偶李秀荣女士与金光纸业签署的《股权转让意向书》，拟协议转让所持博汇集团 100％ 的股权（占博汇纸业股本的 28.84％）。2020 年 6 月 28 日，博汇纸业收到国家市场监督管理总局向金光纸业出具的《经营者集中反垄断审查不予禁止决定书》，其中提到："对金光纸业（中国）投资有限公司收购山东博汇集团有限公司股权案不予禁止……即日起可以实施经营者集中。该案涉及经营者集中反垄断审查之外的其他事项，依据相关法律办理。"② 同年 7 月 20 日，金光纸业在收到发改委通知后，按照该通知要求提交了外商投资安全审查申报材料。③ 在提交安全审查一个月后，金光纸业于 8 月 24 日收到发改委出具的通知，决定"根据申报材料，不对该并购进行外商投资安全审查"④。

本案与永辉超市收购中百集团案（2019 年）具有一定的相似性。第一，金光纸业并非主动提交外商投资安全审查申请，而是在收到发改委的通知后才提交申请。此点与永辉超市收购中百集团案一致。第二，金光纸业同样是在获得经营者集中审查批准后，进入了外商投资安全审查的材料提交阶段，说明二者在程序上互相独立。

---

① 山东博汇纸业股份有限公司 2019 年年度报告［R/OL］.（2020-04-28）［2023-09-06］. http://static. sse. com. cn/disclosure/listedinfo/announcement/c/2020-04-28/600966_20200428_29. pdf；山东博汇纸业股份有限公司详式权益变动报告书［R/OL］.（2019-11-15）［2023-09-06］. http://static. sse. com. cn/disclosure/listedinfo/announcement/c/2019-11-15/600966_20191115_2. pdf.

② 山东博汇纸业股份有限公司关于收到国家市场监督管理总局《经营者集中反垄断审查不予禁止决定书》的公告［R/OL］.（2020-06-29）［2023-09-06］. http://static. sse. com. cn/disclosure/listedinfo/announcement/c/2020-06-29/600966_20200629_1. pdf.

③ 山东博汇纸业股份有限公司关于金光纸业（中国）投资有限公司申报外商投资安全审查的公告［R/OL］.（2020-07-22）［2023-09-06］. http://static. sse. com. cn/disclosure/listedinfo/announcement/c/2020-07-22/600966_20200722_1. pdf.

④ 山东博汇纸业股份有限公司关于外商投资安全审查进展的公告［R/OL］.（2020-08-25）［2023-09-06］. http://static. sse. com. cn/disclosure/listedinfo/announcement/c/2020-08-25/600966_20200825_1. pdf.

　　不同之处在于,本案并没有进入外商投资安全审查的实质审查阶段,而是审批机构在收到申报材料并进行研究之后,决定不对该并购进行外商投资安全审查。这意味着该案不属于安全审查范围。根据2011年《国务院办公厅关于建立外国投资者并购境内企业安全审查制度的通知》中的规定,外国投资者并购境内关系国家安全的重要农产品、重要能源和资源、重要基础设施、重要运输服务、关键技术、重大装备制造等企业,且实际控制权可能被外国投资者取得的,属于安全审查的范围。第一,在收购人金光纸业方面,该公司系外商独资企业,符合审查范围的第一个要求;第二,在实际控制权方面,金光纸业将从(通过宁波亚洲纸管纸箱有限公司)间接持有博汇纸业20%的股权,变为(通过山东博汇集团有限公司和宁波亚洲纸管纸箱有限公司)间接持有博汇纸业48.84%的股权,因此,该收购一旦实施,将改变博汇纸业的实际控制人,符合审查范围的第二个要求。

　　据此可知,该案不属于审查范围的原因必然是被收购人博汇纸业不属于关系国家安全的重要产业。博汇纸业的主营范围为胶印纸、书写纸、包装纸、纸板,以及造纸木浆的生产、销售;此外还有批准范围的自营进出口业务及"三来一补"业务。主要产品为白卡纸。在2019年,其营业收入达到97.4亿元[1];虽然其营业收入在当年的国内造纸企业中排名第四,但与其他造纸企业的差距仍相当大,其他造纸企业的营业收入分别为304亿元(山东晨鸣纸业集团股份有限公司)、227.6亿元(山东太阳纸业股份有限公司)和232.4亿元(山鹰国际控股股份公司)。[2]　与中百集团相对比,博汇纸业并非国有企业,但其在

① 山东博汇纸业股份有限公司2019年年度报告[R/OL].(2022-04-28)[2023-09-06].http://www.sse.com.cn/disclosure/listedinfo/announcement/c/2020-04-28/600966_20200428_29.pdf.

② 李玲玲.2020年中国造纸行业市场竞争格局分析:市场集中度较高[EB/OL].(2021-06-22)[2023-09-06].https://www.chyxx.com/industry/202106/958643.html.

该行业的产业规模较大，或许该产业与国家安全的关系不密切，故最终并未进入安全审查的实质审查阶段。

综上所述，金光纸业收购博汇纸业案体现了安全审查程序上的预审阶段，即在外国投资者提交安全审查材料后，有关部门应当首先审查该投资是否属于安全审查的范围，而后才能进入实质性审查阶段。该阶段在2021年实施的《外商投资安全审查办法》第七条（是否需要进行安全审查的决定）中得到了集中体现。在实体层面，金光纸业与永辉超市一样，均为外商投资企业，因此，其拟进行的收购均为外商投资企业在境内的再投资，这反映了安全审查涵盖的投资类型的广泛性，即不仅包括外国投资者在境内直接开展的投资（如凯雷），也包括通过外商投资企业间接开展的投资（如永辉超市和金光纸业），从而反映了安全审查的不可规避性。

二、案例中折射出的问题：透明度有待提高

前述案例对于理解我国国家安全审查的运行有所助益，比如，可以帮助投资者（在一定层面上）了解：第一，实际控制权的含义；第二，重要领域系非穷尽性列举；第三，除国防安全外，国家经济安全也属于国家安全审查的内容，但对于何为国家经济安全仍不明晰；第四，外商投资不仅包括该外商直接开展投资的情况（如凯雷等），也包括外国投资者通过其在中国境内设立的外商投资企业开展再投资的情况（如永辉超市等）。但是，自2011年以来的十余年内，为公众所知的案例寥寥可数，暴露出了我国外商投资安全审查制度中的透明度有待提高。其不甚透明之处如下所示。

（一）国家安全的含义不明晰

在外商投资安全审查制度中，国家安全的含义是其中最重要的实

体因素。但是,纵观我国的外商投资安全审查制度立法可以发现,不同规范中的安全审查因素有各自的侧重(见表 2-3)。

表 2-3　不同规范中的安全审查因素对比

法律依据	安全审查因素
《外国投资者并购境内企业暂行规定》(2003 年)	存在其他严重影响……国家经济安全等重要因素
《关于外国投资者并购境内企业的规定》(2006 年、2009 年)	存在影响或可能影响国家经济安全因素
《国务院办公厅关于建立外国投资者并购境内企业安全审查制度的通知》(2011 年)	1. 对国防安全,包括对国防需要的国内产品生产能力、国内服务提供能力和有关设备设施的影响 2. 对国家经济稳定运行的影响 3. 对社会基本生活秩序的影响 4. 对涉及国家安全关键技术研发能力的影响
《外国投资法(草案征求意见稿)》	1. 对国防安全,包括对国防需要的国内产品生产能力、国内服务提供能力和有关设备设施的影响,对重点、敏感国防设施安全的影响 2. 对涉及国家安全关键技术研发能力的影响 3. 对涉及国家安全领域的我国技术领先地位的影响 4. 对受进出口管制的两用物项和技术扩散的影响 5. 对我国关键基础设施和关键技术的影响 6. 对我国信息和网络安全的影响 7. 对我国在能源、粮食和其他关键资源方面长期需求的影响 8. 外国投资事项是否受外国政府控制 9. 对国家经济稳定运行的影响 10. 对社会公共利益和公共秩序的影响 11. 联席会议认为应当考虑的其他因素
《自由贸易试验区外商投资国家安全审查试行办法》(2015 年)	1. 对国防安全,包括对国防需要的国内产品生产能力、国内服务提供能力和有关设施的影响 2. 对国家经济稳定运行的影响 3. 对社会基本生活秩序的影响 4. 对国家文化安全、公共道德的影响 5. 对国家网络安全的影响 6. 对涉及国家安全关键技术研发能力的影响
《外商投资法》	影响或者可能影响国家安全的
《外商投资安全审查办法》	1. 有效预防和化解国家安全风险,根据《外商投资法》《国家安全法》和相关法律,制定本办法 2. 影响或者可能影响国家安全的

　　在制度孕育期的"三资企业法"及其配套规定中，仅仅提及了国家安全的概念，即在审查外国投资者的绿地投资时，应当将该投资对国家安全的影响列入考量，对于危害国家安全的外商投资，不予批准。彼时，我国尚未颁布《国家安全法》（直至 1993 年才颁布），因此，并不能将二者等同，也不能认为上述规则中的国家安全指的是《国家安全法》中的反分裂国家行为。

　　2003 年，《外国投资者并购境内企业暂行规定》公布，并于 2006 年被《关于外国投资者并购境内企业的规定》所替代，后于 2009 年再次修订，标志着该制度进入制度形成期。2003 年的《外国投资者并购境内企业暂行规定》中就已明确，对于外国投资者并购境内企业，虽未达到暂行规定中所列的市场营业额、市场占有率等要求，但是，如果对外贸易经济合作部和国家工商行政管理总局认为存在其他严重影响市场竞争或国计民生和国家经济安全等重要因素的，也可以要求外国投资者作出报告（第十九条）。2006 年和 2009 年修订的相关规定中，同样也仅仅针对存在影响或可能影响国家经济安全因素的情形。由此可见，此时的安全审查制度仅仅关注国家经济安全。

　　但是，鉴于外商投资需同时遵守《外商投资产业指导目录》的规定，其中禁止外商投资的、涉及国家安全（如武器弹药制造等）的事项，同样不得投资。因此，尽管当时的安全审查制度中仅仅规定了国家经济安全，但该制度并非维护国家安全的唯一制度，其他配套立法仍然可以达到保护国家安全的效果。

　　进入 2011 年的制度探索期后，《国务院办公厅关于建立外国投资者并购境内企业安全审查制度的通知》对并购安全审查的内容进行了更全面的立法，包括国防安全、国家经济安全（国家经济稳定运行）、社会基本生活秩序和技术安全（即涉及国家安全的关键技术研发能力）

四个方面。2015 年的《自由贸易试验区外商投资国家安全审查试行办法》对并购安全审查的内容进行了进一步的细化,除上述四个方面外,还将国家文化安全、公共道德以及国家网络安全纳入审查内容,体现了国家安全范围的扩大。在此势头下,2015 年《外国投资法(草案征求意见稿)》规定的安全审查因素更加广泛,包含十个方面和一个兜底性条款。详言之,在 2011 年公布的文件的基础上,细化了关于技术安全的内容,并增列了"信息和网络安全""关键基础设施""我国在能源、粮食和其他关键资源方面长期需求的影响""外国投资事项是否受外国政府控制"等新的考量内容。此外,还增列了"联席会议认为应当考虑的其他因素"这一兜底性条款,极大地扩充了安全审查的内容。

　　然而,安全审查内容不断细化的趋势在《外商投资法》和《外商投资安全审查办法》中戛然而止。《外商投资法》仅仅明确对影响或者可能影响国家安全的外商投资进行安全审查。《外商投资安全审查办法》也仅仅在第一条(立法依据)中明确:"根据《中华人民共和国外商投资法》《中华人民共和国国家安全法》和相关法律,制定本办法。"除此之外,该审查办法对安全审查的内容只字未提。

　　因此,现如今,何为安全审查制度中的国家安全? 国家安全的范围是否与《国家安全法》中的总体国家安全观相一致? 在我国就国家安全事项制定了系列立法的背景下,相关法律包括哪些内容? 以上问题并没有在《外商投资安全审查办法》中被定性。

　　从实务角度观之,在 2020 年《外商投资法》实施之后,并没有一个外商投资安全审查案例进入公众视野。此前的三个涉及国家安全的外商投资行为的案例均未作出安全审查决定。换言之,审批机构(此前的联席会议或如今的工作机制办公室)未在公开可查的案例中对国家安全的立场予以表态。此举尽管保证了审批机构的自由裁量权,但实际上也降低了透明度。

（二）审查实施情况的公开度不足

虽然我国自 2011 年就已经设立了专门的外商投资安全审查制度，却鲜有安全审查案例进入公众视野。前文所列的案例也系从上市公司、裁判文书网和互联网中梳理得出。除 2015 年《外国投资法（草案征求意见稿）》中提及"国务院外国投资主管部门应编制和公布外国投资国家安全审查指南""国务院外国投资主管部门应编制和公布外国投资国家安全审查年度报告"外，其他已经颁布实施的、有关安全审查的规定中，均没有要求编制和公布上述指南与年度报告。因此造成了学术界和实务界对我国外商投资安全审查制度运行情况的不了解，也体现了该制度程序上的透明度不足，包括以下三个方面。

1. 审查程序的启动方式及信息来源不甚明晰

纵观我国的外商投资安全审查制度，如需启动一项国家安全审查，主要有当事人（国内投资者或外国投资者）主动申报、主管机构主动启动审查、其他主体（有关机关、企业、社会团体、社会公众等认为外商投资影响或者可能影响国家安全的）提出审查建议三种方式。这三种启动方式均存在不明晰之处。

在永辉超市收购中百集团案和金光纸业收购博汇纸业案中，两公司（收购人）均是在收到发改委的通知后才进行的安全审查申报。

2. 审批机构的成员构成及其选任方式不明确

2011 年《国务院办公厅关于建立外国投资者并购境内企业安全审查制度的通知》明确，并购安全审查工作机制即联席会议制度，联席会议在国务院领导下，由发改委、商务部牵头，根据外资并购所涉及的行业和领域，会同相关部门开展并购安全审查。但是究竟哪些部门会参加到安全审查过程当中，这一问题的答案并不可知。由于不同部门的职责不同，其所考量的国家安全事项亦不相同。换言之，明确的联席会议成员构成亦可以从一个侧面确定国家安全的考量内容。

《外商投资安全审查办法》第三条的规定更为简洁,仅仅明确国家建立外商投资安全审查工作机制,负责组织、协调、指导外商投资安全审查工作。该工作机制办公室设在发改委,由发改委、商务部牵头,承担外商投资安全审查的日常工作。该工作机制除明确发改委和商务部参与外,并未规定其他部门参与审查,其规定的不明确影响了透明度。

3. 审批决定的内容与作出依据不公开

由于我国立法并不要求公开审批决定,前述案例中并未涉及审批决定(即无一作出安全审查决定),其他公开资料中也未见有审批决定的全文,因此,审查决定的内容包含哪些要素并不可知。假设工作机制办公室对某项投资作出了"附条件的通过"这一审查决定,其所附条件对于未来的、潜在投资者而言具有重要意义。这是因为所附条件是对某项危害国家安全情形的缓解,据此也可以使潜在投资者对国家安全的考量因素作出推测。审查决定的内容与作出依据的不明体现了我国外商投资安全审查制度的透明度不足。

(三)审查决定救济机制缺失

在《外商投资法》之前,我国立法并没有就安全审查决定是否为终局决定作出规定,因此是否存在救济机制并不可知。《外商投资法》第三十五条明确规定:"依法作出的安全审查决定为最终决定。"这一规定在学界也引发了争议,比如有学者指出,依法作出的决定体现了在程序上的瑕疵应当接受司法审查,相对应地,实体层面的审查决定(如国家安全的含义)不得列入审查的范围,不能接受司法裁定。①

实务中并没有作出一项公开可知的安全审查决定,那么对该决定的救济机制就更无从得知了,因此,此种学理解释是否契合该制度的

---

① 漆彤.论外商投资国家安全审查决定的司法审查[J].武汉大学学报(哲学社会科学版),2020(3):142-150.

本意尚不可知。缺少审查决定的救济机制（如司法审查或行政复议）
意味着该决定的作出缺少司法层面的监督，这也使得国家安全审查制
度的透明度进一步降低。

第三节　本章小结

　　本章从历史演进、文本分析和案例研究的角度剖析了我国的外商
投资安全审查制度。我国的外商投资安全审查制度起步较晚。现如
今，该制度不仅适用于外国投资者开展的新设和并购投资，也适用于
外国投资者以其他方式开展的投资。由于我国的外商投资安全审查
制度并不要求公开审查决定，因此，实务中对国家安全概念（或审查内
容）的考量存在一定程度的不透明性。

　　但是，在外商投资安全审查中保留一定的不透明性得到了主要国
家或经济体的认可。前言部分介绍了主要国家或经济体的外商投资
安全审查制度，由此可知，在全球视野下，外商投资安全审查制度的建
立经历了从制度形成，到制度强化，继而进入制度转化的阶段。典型的
体现是越来越多的国家或经济体通过援引安全审查或国家安全例外的
方式拒绝一项外商投资，或者附加严苛的条件方才允许一项外商投资。
现阶段，这些国家或经济体在外商投资安全审查立法中均给审批机构
保留了一定程度的自由裁量权，相应地，也均具有一定程度的不透明性。
因此，并非只有我国的外商投资安全审查制度存在透明度不足的问题。

　　在比较法的视角上，通过分析其他国家的外商投资安全审查立法
可以看出，每个国家的安全审查立法中都有一些提高透明度的规定或
做法，这些规定或做法可以供我国参考借鉴，以提升规则与制度的透
明度，从而进一步改善中国的营商环境。

第三章　外商投资安全
审查制度与透明度的关系研究

　　营造稳定、透明、可预期和公平竞争的市场环境是我国《外商投资法》及《优化营商环境条例》的重要制度导向。[①] 然而,外商投资安全审查制度却因其概念的模糊性和程序的不透明而受到质疑。提高该制度的透明度符合国际投资立法的整体趋势和投资者的广泛诉求,亦符合新时代我国改革开放的目标定位。如何在保障国家安全的前提下完善我国的外商投资安全审查制度并实现有限的透明化,这一问题亟待研究。

第一节　透明度原则在国际投资立法中的体现

　　在世界贸易组织框架中,已经广泛接受和承认了透明度对国际贸易发展的重要性。透明度原则是世界贸易组织的基石性原则,其主要协议都肯定了透明度原则。[②] 详言之,透明度原则已经作为一项基本原则被纳入《服务贸易总协定》(第三条)、《与贸易有关的投资措施协

[①]　《外商投资法》第三条及《优化营商环境条例》第四条。
[②]　沈四宝.世界贸易组织法教程[M].北京:对外经济贸易大学出版社,2005.

定》(第六条),以及《与贸易有关的知识产权协定》(第六十三条)。例如,《服务贸易总协定》要求每个成员应迅速公布(相关措施)或以其他方式公开提供信息,以及应迅速回应所有请求,但设置了某些例外。①

近年来,透明度原则开始从国际贸易法领域推广延伸到国际投资法领域。1999 年世界贸易组织贸易与投资关系工作组在报告中指出,发展中国家的外商投资条件可能会更直接地受到其缺乏预见性的外资管理体制的影响,提高这些国家外资管理体制的透明度不仅有利于吸引外国资本,也有利于鼓励和培养国内投资。② 2001 年,世界贸易组织通过的《多哈发展议程宣言》试图在"贸易与投资之间的关系"一节中起草一项多边投资协定,并指出透明度将是世界贸易组织未来投资规则的重点之一。③

一、国际投资协定中的透明度要求

目前,透明度条款在国际投资法领域已经从制度确立发展到逐步普及,义务范围也逐步扩大,已成为国际投资协定的基础性条款。我国缔结或参加的国际投资协定中的义务条款也正在接受透明度原则。

(一)透明度原则在国际投资法领域的发展

透明度,或者说信息自由,是市场监管、更有效的政府以及确保经济和技术增长的工具。④ 现如今,透明度已成为国际投资领域的一项基本原则。透明度的广泛接受和延伸适用亦是投资便利化的一个显

---

① 《服务贸易总协定》规定了四种服务提供方式,其中第三种模式(商业存在)允许通过设立商业存在的方式提供服务,故而与国际直接投资密切相关。

② Report on the Meeting of 22 and 23 March 1999:WT/WGTI/M/8 [R/OL]. (1999-05-11) [2023-09-13]. https://docs.wto.org/dol2fe/Pages/SS/directdoc.aspx? filename=Q:/WT/WGTI/M8.pdf&Open=True.

③ Ministerial Declaration Adopted on 14 November 2001:WT/MIN(01)/DEC/1 [R/OL]. (2001-11-20)[2023-09-13]. https://www.wto.org/english/thewto_e/minist_e/min01_e/mindecl_e.htm.

④ Blanton T. The World's Right to Know[J]. Foreign Policy, 2002(131):50-58.

著性标志。

在双边层面,早期国际投资协定(即 19 世纪 50 年代末至 60 年代缔结的协定)中并不包含透明度条款。透明度原则在国际投资协定中的确立在很大程度上反映在了美国《双边投资协定》范本的发展历程中。20 世纪 80 年代初,美国政府建立了一个《双边投资协定》项目规划,从自身实际出发,综合考虑与发达国家和发展中国家签订《双边投资协定》,其目的是在保护投资的同时改善东道国的投资环境,提高透明度、强化对东道国行政治理的监督即为一项重要条件和途径。[①] 因此,美国第一代投资条约范本(1983 年范本)中就确立了公开规则,这是透明度原则的核心内容。该范本规定:"各缔约方及其地方各级政府应当公布所有与在其境内的其他缔约国国民和公司投资有关的法律、法规、行政实践和程序以及裁判决定。"[②]该条款仅仅要求缔约国确保公开提供(与投资有关的)相关法律,并没有使用透明度这一概念。彼时,美国与海地(1983 年)、土耳其(1985 年)、格林纳达(1986 年)、孟加拉国(1986 年)和刚果(1990 年)缔结的《双边投资协定》中就采用了这种模式。[③]

现如今,双边投资条约中的透明度义务也从单纯的"向公众提供相关法律"的义务扩大到包含"尽可能提供对拟议措施发表意见的合理机会"等额外义务,使得利害相关方能够有机会参与到与国际投资有关的立法之中。[④] 这种义务的扩大体现了透明度义务程度的提升,

---

　[①]　叶楠. 发展中的国际投资协定透明度原则及其对中国的启示[J]. 武大国际法评论,2013(2):324-347.

　[②]　Ruttenberg V H. The United States Bilateral Investment Treaty Program: Variations on the Model[J]. University of Pennsylvania Journal of International Law,1987(1):121-143.

　[③]　Muchlinski P, Ortino F, Schreuer C, et al. The Oxford Handbook of International Investment Law[M]. Oxford: Oxford University Press,2008.

　[④]　Alvarez J E, Sauvant K P. The Evolving International Investment Regime: Expectations, Realities, Options[M]. Oxford: Oxford University Press,2011.

即不仅要求已经生效的规则公开透明,对于正在起草中的草案也提出了公开要求。

以美国 2012 年的双边投资条约范本为例,该范本被认为是当今保护投资力度最强、推进投资自由化程度最深的投资协定范本之一。该范本对透明度的规定非常详细,是对 2004 年范本的一项重大修改。[①] 第十条规定了有关投资的法律法规和决定的公布;第十一条和第十五条详细地规定了对缔约国和投资者的其他实体透明度规则;第二十八条和第二十九条规定了投资仲裁程序的透明度规则。[②]

在多边层面,外国投资者的投资对投资者母国和东道国均可能带来消极影响,因此,投资者母国和东道国也有可能对跨境投资设置投资壁垒。在这种背景下,提高投资规则的透明度、消除投资壁垒以促进投资流动的需求日益迫切。彼时,美国希望在制定国际标准方面发挥其领导作用。于是,自 1980 年初起,美国开始在多边谈判上开展游说。例如,在乌拉圭回合中,美国通过增加知识产权、服务贸易和投资等新议题的方式,以期实现拓展传统的《关税与贸易总协定》的议程范围。这一尝试最终因发展中国家和发达国家之间的重大分歧而失败。

鉴于发展中国家在世界贸易组织框架内给予的阻力较大,美国随后提议将国际投资规则的谈判转移到经济合作与发展组织(Organization for Economic Co-operation and Development,简称 OECD),以制定一个高标准模式的多边投资协定(Multilateral Agreement on Investment,简称 MAI)。在 1995 年多边投资协定谈判文本的序言中,缔约方强调公平、透明和可预测的投资制度可以补充

---

① 黄洁.美国双边投资新规则及其对中国的启示——以 2012 年 BIT 范本为视角[J].环球法律评论,2013(4):156-164.

② 叶楠.发展中的国际投资协定透明度原则及其对中国的启示[J].武大国际法评论,2013(2):324-347.

并有益于世界贸易体系。特别是,在第三节(投资者和投资的待遇)中提出了一项透明度条款。^① 不幸的是,该谈判于 1998 年 4 月结束,且不可能恢复谈判。此后,在国际层面还有多次建立多边投资协定的尝试,尽管均告失败,但仍有大量文献对此进行讨论^②,对透明度的强调已经拓展到国际投资法领域。

尽管一个多边层面的、全球统一的 MAI 宣告失败,但透明度条款却以区域性的方式逐步推广开来。比如,《能源宪章条约》(Energy Charter Treaty,简称 ECT)开篇即明确了投资环境的总体透明度要求,并设置了专门的透明度条款,规定了详细的公布义务和透明度实施机制。之后缔结的《全面与进步跨太平洋伙伴关系协定》(Comprehensive and Progressive Agreement for Trans-Pacific Partnership,简称 CPTPP)和《区域全面经济伙伴关系协定》(Regional Comprehensive Economic Partnership,简称 RCEP)均对透明度进行了大篇幅的规定^③,体现了透明度原则在国际经贸规则领域基础性地位的增强。

除此之外,国际组织如亚太经济合作组织(Asia-Pacific Economic Cooperation,简称 APEC)、东南亚国家联盟(Association of Southeast Asian Nations,简称 ASEAN)与东部和南部非洲共同市场(Common

---

① The Multilateral Agreement on Investment Draft Consolidated Text: DAFFE/MAI(98)7/REV1 [EB/OL]. (1998-04-22)[2023-09-13]. https://www.oecd.org/daf/mai/pdf/ng/ng987r1e.pdf.

② Muchlinski P T. The Rise and Fall of the Multilateral Agreement on Investment: Where Now[C]. The International Lawyer,2000(3):1033.

③ CPTPP 在序言中确认,决心为国有企业制定规则,以促进形成与私营企业公平竞争的环境、透明度以及良好商业惯例;促进透明度、良好治理和法治,消除贸易和投资领域的贿赂和腐败。除序言外,CPTPP 还在第 9 章(投资)B 节(投资者—国家间争端解决)第 24 条(仲裁程序的透明度)、第 26 章(透明度和反腐败)规定了透明度条款。RCEP 在序言中肯定了缔约方认识到良好的治理以及可预期、透明和稳定的商业环境将促进经济效率的提高和贸易与投资的发展,并在第 17 章(一般条款和例外)第三条(公布,即透明度——笔者注)和第 19 章(争端解决)第二条(目标,即为解决本协定项下产生的争端提供有效、高效和透明的规则与程序)规定了透明度。

Market for Eastern and Southern Africa,简称 COMESA)等也都肯定
了透明度原则,这些代表了相关成员国首脑或高级官员在一些透明度
问题上的观点和立场。2002 年亚太经济合作组织领导人在《APEC 领
导人关于执行透明度标准的声明》中确认了透明度的重要性,其中提
到"促进国内和国际的经济增长与金融稳定……(有助于)更公平和更
有效的治理以及提高公众对政府的信心等方面"。① 它还承诺在投资
自由化和便利化方面实施若干透明度标准。以发展中国家为主的
ASEAN 也在 2009 年签署的《东盟综合投资协定》中规定了针对缔约
国的透明度规则,体现了发展中国家对于透明度原则的认可。位于非
洲大陆的 COMESA 也在 2007 年签订的《COMESA 共同投资地区投
资协定》中规定了缔约国的透明度义务。② 2016 年,二十国集团的《全
球投资政策指导原则》也提倡开放、非歧视、透明和可预测的投资
条件。③

　　综上所述,国际投资协定和国际组织的立场均体现了透明度对于
便利国际投资的重要性。但不容忽视的是前述透明度原则允许"安全
例外"或"基本利益例外"。这种自判性的规则决定了外商投资安全审
查作为一种合理的例外,是被透明度所允许的。问题在于,这种有限
的透明度应当限制在何种范围?

(二)透明度原则对我国的约束力

　　透明度原则是国际经济法律自由化的重要部分。在国际贸易法

---

① Leaders' Statement to Implement APEC Transparency Standards[EB/OL].(2002-10-27)
[2023-09-13]. https://www. apec. org/Meeting-Papers/Leaders-Declarations/2002/2002 _ aelm/
statement_to_implement1.

② 叶楠.发展中的国际投资协定透明原则及其对中国的启示[J].武大国际法评论,2013
(2):324-347.

③ G20 Guiding Principles for Global Investment Policymaking[EB/OL].(2016-09-14)[2023-09-13].
https://www.oecd.org/daf/inv/investment-policy/G20-Guiding-Principles-for-Global-Investment-Policy
making. pdf.

及国际投资法领域,该原则对我国同样具有一定的约束力。

在国际贸易法领域,我国作为世界贸易组织的成员国,应当遵守世界贸易组织及其各多边协定中有关透明度的要求。自 2001 年加入世界贸易组织以来,我国为履行入世义务,在国内立法上也做出了透明化的努力(这些将在下文详述)。在国际组织层面,我国是 APEC、G20 等组织的成员国,因此,前文提及的有关透明度的倡议对我国的立法和司法也有影响。

在国际投资法领域,我国已经缔结了 145 个双边投资协定(其中有 22 个已终止或被替代)①,但其中涉及透明度的条款不足 10 个。这说明我国在国际投资协定中,对于透明度条款还没有形成统一的模式和健全的体系。但是,我国在国际投资法领域正在逐步接纳透明度条款。比如,我国在过去 20 余年内,与 26 个国家和地区签署了 19 个自由贸易协议(Free Trade Agreement,简称 FTA)②,其中大部分的FTA 中均包含透明度条款。③ 2020 年签订的 RCEP 中也有透明度条款,如前所述。2020 年签订的《中欧全面投资协定》(China-EU Comprehensive Agreement on Investment,简称 CAI)虽已冻结,但也包含了大量的透明度条款。④

由此可见,近年来,中国正在积极接纳透明度条款,一些投资条约的内容和缔约谈判中已经涉及透明度条款。⑤ 在未来的缔约和履约实

---

① 详见 UNCTAD 网站,网址是 https://investmentpolicy. unctad. org/international-investment-agreements/countries/42/china.

② 我国已与 26 个国家和地区签署 19 个自贸协定,贸易额占比 35%左右[EB/OL]. (2022-02-17)[2023-09-06]. http://finance. people. com. cn/n1/2022/0217/c1004-32354223. html.

③ 中国与格鲁吉亚签订的 FTA 中不包含透明度条款。

④ CAI 在序言中肯定了双方均认识到国际投资透明度对利益相关方的重要性,并在以下部分规定了不同情形下的透明度条款,分别是:第二节(投资自由化)第四条和第六条之二,第三节(监管框架)第二小节和附件,第四节(投资与可持续发展)第五条,以及第五节(争端解决)第十九条。

⑤ 朱明新. 联合国国际贸易法委员会"投资仲裁透明度规则"评析[J].武大国际法评论,2017(1):119-137.

践中，必将涉及透明度条款的履行、解释及例外问题（特别是国家安全例外）。诚然，自身不透明就无法在国际投资条约的商签中要求其他国家透明，因此，提高透明度也是我国近年立法体制改革的重要内容之一。

二、我国外商投资国内立法中的透明度原则

透明度原则与我国外商投资立法的发展息息相关，并且长期受到国内学者的关注。学界的研究焦点包括入世承诺履行、负面清单制定和《外商投资法》实施三个方面，完美契合了我国外商投资立法进程中的三座里程碑。国内外的研究动态更加证明，透明度原则在国际投资法领域的适用范围继续扩大，及至外资准入管理这一国内立法层面，进一步凸显了透明化的趋势。

（一）入世承诺的履行

我国学界对透明度原则的理论研究起源于国际贸易法领域，在理论层面已有深入探讨。透明度原则是世界贸易组织的一项基本原则，强调成员方贸易政策的及时公开与容易获得，是国际贸易可预见性的关键。

囿于世界贸易组织对透明度这个国内问题无权作出实质性规定的困境，世界贸易组织明智地通过合理的程序设计，使透明度规则的落实超然于政治格局和文化价值的纷争之外，从而将价值问题转换为程序问题，打破了政治僵局和利益对立。详言之，世界贸易组织有关透明度的制度几乎全部都是程序性的，比如，贸易法规和政策的及时公布、及时通知，贸易政策的审议和登记，以及涉及规则变化情况时应及时通知世界贸易组织等。由此可见，世界贸易组织尊重各成员方意愿，且无意为成员方设置国际最低标准的"实体"评价标准，而仅仅设

置了最低标准的"程序"评价标准。① 当然,对于特殊政策信息和商业秘密,也应当设置透明度例外,这从经济学角度来说也具有合理性。②

为了保障世界贸易组织透明度原则的落实,世界贸易组织设置了两套保障机制,即贸易政策审议机制和争端解决机制。③ 前者赋予有关理事会对各成员方的相关法律法规进行定期审议的权力,后者规定世界贸易组织争端解决机构可以受理各成员方针对某成员方所提出的关于其法律法规和贸易政策不透明的诉讼。在这两项机制的保障下,世界贸易组织下的透明度要求变成了一项强制性义务。

由于世界贸易组织框架下的《服务贸易总协定》和《与贸易有关的投资措施协定》与国际投资密切相关,因此,世界贸易组织法律框架中的透明度原则与我国外商投资法的发展密切相关。在入世前后,如何在我国的外商投资立法中贯彻世界贸易组织政策法规透明度原则成为重要课题。④ 比如,透明度原则要求各成员方公开有关的法律法规和政策,因此,我国在入世前后,在承诺范围内,对有关的法律法规和政策进行了大规模的"立、改、废"活动。现如今,法律、行政法规和部门规章等在起草、修订时,均会在相应网站上公开法律、行政法规、规章草案全文,供社会公众评论。党的十八大报告中更是明确了要拓展人民有序参与立法途径。

(二)负面清单的制定

2013 年《中共中央关于全面深化改革若干重大问题的决定》中有关"建立公平开放透明的市场规则"的段落中写道:"探索对外商投资

---

① 谢晓尧.WTO 透明度:固有价值与保障机制[J].法学,2003(1):72-76.
② 陈咏梅.WTO 透明度原则的理论与实践[J].求索,2006(9):111-113.
③ 胡加祥,彭德雷.WTO 贸易政策的透明度要求:法律原则与中国实践[J].时代法学,2012(1):99-106.
④ 刘笋.论 WTO 协定对国际投资法的影响[J].法商研究(中南政法学院学报),2000(1):74-79;郭寿康.加入世界贸易组织与我国立法的有关问题[J].法学家,2001(2):3-10.

实行准入前国民待遇加负面清单的管理模式。"相较于正面清单而言，负面清单更能提高我国投资政策的透明度。这是因为负面清单能够明晰政府权力的边界，通过限制政府在投资准入领域的权力来促进对外开放和吸引外商投资，以及通过允许投资者快速获悉受限行业的方式提高透明度。

在制定负面清单时，应当将透明度原则作为指导原则，以提高负面清单的可预见性，这也符合国际化和法治化的要求。[①] 所以，尽管《中国（上海）自由贸易试验区外商投资准入特别管理措施（负面清单）（2013年）》有190项，但是该清单上所列的限制或禁止事项是按照国民经济行业分类中的产业小类制定的，因此，限制或禁止的事项非常具体和细化。[②] 因为其详细列明了国家相关法律法规和《外商投资产业指导目录》中对外资准入禁止或限制的内容，所以提高了透明度。

但同时，透明度原则亦会构成负面清单制度设计的限制。[③] 国际社会的实践表明，透明度要求负面清单兼具简洁性、确定性和稳定性的特点，冗长、模糊和立法动荡均有损负面清单的透明度。[④] 换言之，清单越长，限制越多，则需要进行解释的可能性就越大，从而会严重降低透明度。这也是有些国家（如印度尼西亚、菲律宾和泰国等）虽然采用了负面清单制度却备受诟病的原因。值得欣慰的是，我国在2013年后已经逐步缩小了负面清单的范围。目前自由贸易试验区的负面清单上仅余27条，全国性负面清单仅有31条，从某种角度来说，相当

---

① 龚柏华. "法无禁止即可为"的法理与上海自贸区"负面清单"模式[J]. 东方法学，2013(6)：137-141.

② 上海自贸区负面清单190项特别管理措施体现诚意[EB/OL]. (2013-09-30)[2023-09-06]. https://www.gov.cn/gzdt/2013-09/30/content_2498265.htm.

③ 刘征峰. 负面清单、透明度与法治原则——兼评我国自贸区外资管理的路径改革[J]. 暨南学报(哲学社会科学版)，2018(4)：121-132.

④ 张庆麟，钟俐. 外资准入负面清单管理模式比较研究——以透明度原则为视角[J]. 经贸法律评论，2019(5)：47-59.

于提高了负面清单的透明度。

（三）《外商投资法》的实施

《外商投资法》在法律层面上要求落实透明度原则，营造稳定、透明、可预期和公平竞争的市场环境（第三条）。其中第十条更是明确指出："制定与外商投资有关的法律、法规、规章，应当采取适当方式征求外商投资企业的意见和建议。与外商投资有关的规范性文件、裁判文书等，应当依法及时公布。"这些规定与我国近年签订的 FTA 和部分《双边投资协定》具有共性。[1] 例如东道国应当及时公布与外商投资有关的法律法规、政策及裁判文书等。此外，部分《双边投资协定》规定了透明度原则的例外情形，即若披露有关涉密信息会损害国家利益、公共利益或个人隐私的，则无须披露，这与外商投资安全审查亦有关联。因此，确保外商投资的规则透明成为贯彻该领域法治化的要求。[2]

综上所述，透明度原则已经从国际贸易法领域延伸至国际投资法领域，其内涵不断具体化。结合我国外商投资立法的发展可知，该原则与我国外商投资立法内容的变迁密切相关。由此可见，透明度原则具有适用于我国外商投资安全审查制度构建的前提和基础。

第二节　在外商投资安全审查制度中引入透明度原则的必要性

国际软法、主要国家立法显示，国际社会愈发重视提高外商投资安全审查制度的透明度，防范东道国以国家安全之名，行投资保护之

① 陈咏梅，何圳申.中国外商投资法的变革及其与国际协定的协调[J].国际商务研究，2019（6）：44-56.
② 刘俊海.《外商投资法》的理念升华与制度创新[J].人民法治，2019（6）：47-50.

实。在外商投资安全审查制度构建中引入该原则是必然选择。

一、国际组织之软法倡议

经济合作与发展组织、亚太经济合作组织、八国集团(Group of Eight,简称 G8)等围绕透明度原则重要性发布的指南对各国立法具有重要的参考价值。

(一)经济合作与发展组织

在软法层面,OECD 试图努力提高投资政策制定的透明度。早在1986 年 OECD 通过的《理事会关于 OECD 成员国在公共秩序和基本安全利益考虑基础上对外资控股企业实行国民待遇的成员国措施的建议》中就已指出透明度与国民待遇和根本安全的关系,建议成员国尽可能详细地说明其将采取的措施,特别是与援助和补贴有关的措施。[1] 2003 年,OECD 发布《公共部门的透明度与国际投资者》报告,其中包含国际投资政策中公共部门的透明度问题,并建议在有关外商投资的政策中应关注国家安全例外,但是对于国家安全例外的适用必须限定在最低范围内,并确保该例外被用于合法目的。[2]

2009 年,OECD 发布的《投资接受国与国家安全相关的投资政策指南》(简称《OECD 投资政策指南》)将透明度原则应用于各成员国对国家安全的关切,给出了一个基于原则的框架,并将透明度或可预见性原则作为外商投资安全审查制度的一项基本原则,包含规则透明、投资政策变更的提前通知和协商、决定程序公正且可预见、投资政策

---

[1] Recommendation of the Council on Member Country Measures Concerning National Treatment of Foreign-Controlled Enterprises in OECD Member Countries and Based on Considerations of Public Order and Essential Security Interest [R/OL]. (1986-07-16) [2023-09-14]. https://legalinstruments. oecd. org/en/instruments/OECD-LEGAL-0226.

[2] Public Sector Transparency and the International Investor[R/OL]. [2023-09-14]. https://www.oecd. org/investment/investment-policy/18546790. pdf.

措施披露等内容。

详言之,在《OECD 投资政策指南》中,OECD 承认东道国政府拥有考虑或采取旨在保障国家安全的投资政策(包括措施)的主权,但这种权力应遵循不歧视、政策透明和结果可预测、措施相称和执行机构负责的原则。^① 值得注意的是,"透明度/可预测性"是《OECD 投资政策指南》中的四项原则之一,该原则指出了保护敏感信息和透明度必要性之间的利益冲突,即虽然保持敏感信息的保密性符合投资者和政府的利益,但监管目标和做法应尽可能透明,以增加结果的可预测性。

此外,《OECD 投资政策指南》建议,东道国政府在外商投资安全审查过程中,可以通过如下措施提升该制度的透明度。

第一,编纂和出版。主要法律和相关规则应编纂成文,并以方便的形式向公众提供(例如在公共登记册或互联网上提供)。审查过程中使用的评估标准应向公众公开。

第二,事先通知。政府应当采取措施,将修改投资政策的计划通知相关主体。

第三,咨询。政府在考虑修改投资政策时,应征求有关各方的意见。

第四,程序的公平性和可预测性。对外国投资的审查程序应有严格的时间限制。投资者提供的商业敏感信息应受到保护。在可能的情况下,应考虑制定规则,规定如果在特定时间范围内未采取行动限制或限制交易,则交易应获得批准。

第五,披露投资政策的实施情况是确保问责制的第一步。政府应确保充分披露投资政策的实施情况(例如通过新闻稿、年度报告或提

---

① Guidelines for Recipient Country Investment Policies Relating to National Security: Recommendation Adopted by the OECD Council on 25 May 2009 (Hereinafter "OECD Guidelines") [R/OL]. (2009-05-25)[2023-09-14]. https://www.oecd.org/daf/inv/investment-policy/43384486.pdf.

交议会的报告），同时保护商业敏感和机密信息。①

　　上述建议为提高外商投资安全审查的透明度提供了可操作的措施。第一，指出了法律编纂的重要性，并重申了相关监管信息（法律法规，尤其是评估标准）应该公开，建议公开的途径包括公共登记处与互联网。第二，由于外商投资项目通常耗时较长且数额巨大，监管规则的调整将对利益相关方造成重要影响，因此，《OECD 投资政策指南》强调了事先通知和咨询利益相关方的重要性。第三，鉴于投资者尤为关注审查时限、时限经过的后果以及投资信息的安全性，《OECD 投资政策指南》在公平性和可预测性上明确了审查程序应当设置严格的时间限制。对于时限的经过，《OECD 投资政策指南》提出了时限经过意味着交易获准这一"缺省规则"，该规则体现了外商投资安全审查是一种针对外商投资的"例外"规定，也体现了外商投资自由化的基本立场，同时明确了投资者提供的商业敏感信息应受到保护。第四，《OECD 投资政策指南》建议设置安全审查的监督机制，披露投资政策是确保问责制的第一步。因此，政府应当在保护商业敏感和机密信息的前提下，通过新闻稿、年度报告或提交议会的报告等方式充分披露投资政策实施情况，为问责制奠定基础。

　　通过上述解读可知，OECD 的上述建议主要是程序性安排而非实质性安排，比如，其建议公开评估标准（程序性安排）而非代为明确评估标准的具体内涵（实质性安排）。这一做法是国际经贸领域广泛采用的巧妙设计，即程序透明度经常被用来增加或确保实质性透明度。例如，透明度是世界贸易组织的一项重要法律义务，该标准或原则正

---

　　① Guidelines for Recipient Country Investment Policies Relating to National Security: Recommendation Adopted by the OECD Council on 25 May 2009（Hereinafter "OECD Guidelines"）[R/OL].（2009-05-25）[2023-09-14]. https://www.oecd.org/daf/inv/investment-policy/43384486.pdf.

是通过程序设计(例如通知要求)来实现的①,这种程序性安排增加了成员方法律环境的实质性透明度。

综上所述,《OECD 投资政策指南》体现了防止保护主义的立场,避免东道国以国家安全为由给外国投资者设立保护主义壁垒。它试图通过其指导方针影响东道国国内法规的制定。然而,这种影响的程度不应被夸大,原因有二。第一,2009 年,在通过《OECD 投资政策指南》时,OECD 是一个由 30 个发达国家组成的政府间经济组织。这一性质表明该指南的重点主要是维护这些国家的关切,而这些国家(相较于发展中国家而言)并不需要努力吸引外国直接投资。② 这一点从前文提到的事实也可看出,由于发展中国家和发达国家之间的严重分歧,美国在世界贸易组织中未能推进其有关投资的提案,因此才试图通过 OECD 推荐其相关投资议案。第二,《OECD 投资政策指南》仅仅是具有软法性质的原则,不产生法律义务,因此无法强制执行,该原则甚至对 OECD 的成员国都没有强制约束力。

(二)亚太经济合作组织

2003 年,《APEC 领导人关于执行透明度标准的声明》提出,透明度有助于实现更加公平有效的管理,概括反映了 APEC 成员方对透明度原则的立场。在"贸易和投资自由化、便利化中的透明度"部分,该声明明确提出了贸易和投资政策中有关透明度的一般原则,包括但不限于:第一,法律法规及行政裁决应当尽快公布或者通过互联网、官方刊物等方式公开,使相关人士及其他经济体能够知悉这些法律法规和行政裁决;第二,在可能的情况下,预先公布其拟制定或变更的法律法

---

① 谢晓尧(2003)认为,囿于世界贸易组织对透明度这个国内问题无权作出实质性规定的困境,世界贸易组织明智地通过合理的程序设计,将价值问题转换为程序问题,打破了政治僵局和利益对立。

② Baum A. Investment Screening for Developing Asia[J]. Yale Journal of International Affairs,2020(15): 57-77.

规，并为利害关系人提供发表意见的机会；第三，针对有关个人或另一经济体的请求，努力迅速提供有关法律法规的信息；第四，在相关程序启动时，给予利害关系人合理的通知；第五，如有需要，每个经济体将确保建立适当的国内程序，以便能够迅速审查和纠正有关本标准所涵盖事项的最后行政行动（出于敏感审慎理由而采取的行动除外）。①

（三）八国集团

八国集团在 2007 年和 2008 年的文件中设定了不具有约束力的国际标准，以限制国家安全理由的适用。两文件明确，G8 致力于减少国家对外国投资的限制，这种限制应当是非常有限的，且应当主要适用于涉及国家安全的情况，并且在这种情况下，也应当遵循透明度、可预测性、非歧视性、相称性和问责制等原则。②

二、主要国家的立法和政策③

自 OECD 于 2009 年发布《OECD 投资政策指南》以来，OECD 成员国在实践层面采取了多种办法增加安全审查制度的透明度，并呈现出不同的透明化程度。迄今为止，虽然透明度原则的实施不如后两项

---

① Leaders' Statement to Implement APEC Transparency Standards[EB/OL]. (2002-10-27)[2023-09-13]. https://www. apec. org/meeting-papers/leaders-declarations/2002/2002 _ aelm/statement _ to _ implement1.

② Growth and Responsibility in the World Economy：Summit Declaration [R/OL]. (2007-06-07) [2023-09-14]. http://www. mofa. go. jp/policy/economy/summit/2007/worldeconomy. pdf；G8 Summit 2008. G8 Hokkaido Toyako Summit Leaders Declaration：World Economy [R/OL]. (2008-07-08)[2023-09-14]. https://www. mofa. go. jp/policy/economy/summit/2008/doc/doc080714_en. html.

③ 本部分主要参考 OECD 于 2021 年发布的题为"投资审查制度的透明度、可预测性和问责制"的研究报告. Transparency，Predictability and Accountability for Investment Screening Mechanisms：Research Note by the OECD Secretariat[R/OL]. (2021-05-21)[2023-09-14]. https://www. oecd. org/daf/inv/investment-policy/2009-Guidelines-webinar-May-2021-background-note. pdf. 该报告详细列举了 OECD 成员在提高透明度上采取的不同方法，提供了非常全面的方法库。

原则(即相称性和问责制)成功①,但是 OECD 成员国安全审查制度的总体趋势是更加透明的。

公平、透明、清晰和可预见的投资监管框架是投资者作出投资决策的关键决定因素,因此,公开、透明、清晰和可预见的投资政策有助于提升东道国的投资环境,进而有利于东道国的可持续发展。《OECD 投资政策指南》中强调,上述投资监管框架是可以与一个国家的根本安全利益相协调的。因此,《OECD 投资政策指南》一方面肯定了对敏感信息加以保密符合投资者和政府的利益,也在另一方面要求投资监管框架和做法应当尽可能透明,以提高审查结果的可预测性。进一步地,该指南还提出了在法典化、规则公开可获知性以及利益相关方的磋商和参与等方面的建议。自 OECD 于 2009 年发布《OECD 投资政策指南》以来,OECD 的很多成员国都在制定或修改其有关安全审查的立法时参考了该指南中的建议,并在实践中探索出了一系列方法来落实这些建议。

2021 年,OECD 发布了题为"投资审查制度的透明度、可预测性和问责制"的研究报告,其中非常详尽地呈现了 OECD 成员国为提升各国安全审查制度的透明度和可预测性所采取的方法,提供了提升和衡量安全审查制度透明度的可行途径。

(一)规则的法典化

对与基本安全利益相关的投资政策规则进行法典化是确保外国投资者的透明度和可预测性的首要步骤。不同国家实现该规则法典化的途径与程度不同,主要体现在以下三个方面。

1. 实体层面:规则的细化程度

纵观安全审查制度的发展可以看出,初期的安全审查规则内容相

---

① Baum A. Investment Screening for Developing Asia[J]. Yale Journal of International Affairs,2020(15):57-77.

对模糊，缺少对审查标准、审查程序、法律责任的规定，而近年来新制定或修改的规则普遍更加细化，对相关概念、审查主体、审查程序、审查期限以及对潜在投资者来说重要的事项都进行了规制。这一趋势大致可以从安全审查规则的条文长度中看出。比如：奥地利 2011 年最早在《外国贸易法》中仅有一条篇幅为 2 页的规定，但在 2020 年的《投资控制法》中，相关规定已经有了 15 页的篇幅；德国最初的安全审查制度发布于 2004 年，长度不足半页，而在 2013 年的版本中已经扩充至 1.5 页，最新的修订已经长达 10 页。①

更细化的规则可以使潜在投资者提前了解其是否需要接受审查以及审查不通过的不利后果，但这并不意味着东道国的审批机构没有任何自由裁量权。这是因为即使是最详尽的规则也不总是绝对清晰的，仍然需要审批机构加以解释和评估，并在信息不对称的情境下进行适用。此外，规则是滞后的，立法者无法在制定规则时预测所有未来的可能性，这也给审批机构进行解释、扩充留下了空间。

2. 程序层面：规则的完整程度

规则的完整程度是指规则是否涵盖了审批过程（或审批实践）中所涉及的各个方面，主要涉及如何在程序层面建立更完整、完善的规则。尽管 OECD 各成员国的做法并不相同，但整体趋势是促使此类规则更加全面。一个典型的改革实例是涉及缓解协议适用的可能性及其具体内容的规则。所谓缓解协议或措施，是指通过给投资者设定特定义务的方式，将拟开展投资的风险水平降低到可以接受的水平，从而允许一项投资的开展。

在实践中，许多国家或司法管辖区都采用了这种方式或安排，但

---

① Transparency, Predictability and Accountability for Investment Screening Mechanisms: Research Note by the OECD Secretariat[R/OL]. (2021-05-21)[2023-09-14]. https://www.oecd.org/daf/inv/investment-policy/2009-Guidelines-webinar-May-2021-background-note.pdf.

极少有国家在立法中制定明确的规则，一般仅仅是立法中承认这种方式或安排的可能性。比如，《加拿大投资法》第 25.4（1）（b）条授予了加拿大总督在投资决定中附加这类缓解条件的权力，可以要求非加拿大投资者给女王提供一份书面的、涉及该投资的且被总督认可的承诺，或者按照总督命令中所明确的条款实施该投资。在斯洛文尼亚的相关立法中，也仅仅是提到了这些缓解协议的适用问题。① 美国尽管在 2007 年的《外国投资和国家安全法》中才明确了该项权力，但在实践中早已经开始行使这项权力，换言之，在 2007 年以前，对缓解协议并没有法律规定，但实践中已然采纳此做法。

　　近年来，有一些国家或司法管辖区开始在其安全审查规则体系中明确该缓解协议的具体内容。比如，法国于 2019 年至 2020 年初在立法中引入了该制度的详细规定，包括：在涉及《国防法》、两用物资、与赌博相关等情况下可以适用缓解协议，在适用缓解协议时应当遵循的比例原则的内涵，以及可以附加的条件（如转让部分或全部股权等）；对缓解协议适用的情形、遵循的基本原则和可以附加的条件进行了规定。挪威的《国家安全法》（2019 年 1 月 1 日生效）指出，如果一项收购可能会带来使国家安全利益受到威胁的重大风险，则国王可以决定不进行此项收购，或者为此项收购的实施设定条件，根据《执法法》第 13 章，此决定是可以强制执行的决定②，从而在法律上确定了该条件的作出主体及其可强制执行性。在美国，财政部投资安全办公室于 2018 年发布的一项临时措施中，已经更新了有关缓解协议的某些规则，这

① Transparency，Predictability and Accountability for Investment Screening Mechanisms：Research Note by the OECD Secretariat［R/OL］．（2021-05-21）［2023-09-14］．https://www.oecd.org/daf/inv/investment-policy/2009-Guidelines-webinar-May-2021-background-note.pdf.

② Transparency，Predictability and Accountability for Investment Screening Mechanisms：Research Note by the OECD Secretariat［R/OL］．（2021-05-21）［2023-09-14］．https://www.oecd.org/daf/inv/investment-policy/2009-Guidelines-webinar-May-2021-background-note.pdf.

些规则在财政部于 2020 年 1 月 17 日发布的两项最终法规中被确定下来。这些规则中就包含了缓解协议的适用问题，其中增加了告知此类协议适用情况的合规计划要求。

3. 非法律因素对审查结果的影响程度

法典化有助于提升安全审查的透明度。问题在于，该法典是不是作出审查决定时的唯一依据。比如，政府领导人发表的公开声明是否对审查决定有影响？换言之，政府领导人发表这些公开声明的目的可能就是阻止不受欢迎的外资收购交易。这一问题在 2006 年 OECD 召开的圆桌会议（投资自由、国家安全和战略行业）上已有涉及。详言之，政治领导人（包括最高领导人）发表言论时，通常存在一些可能发生的外资并购项目，这些言论可能对外商投资产生抑制作用。这是因为一个高度宣传的并购案件可能引起投资者的恐慌，以至于他们将面临法律手段以外的、有组织的抵抗力量。在这种情况下，政府实际上是通过非法律手段（或正式监管框架以外的其他手段）对外商投资产生影响。

（二）规则的公布与宣传

2009 年的《OECD 投资政策指南》不仅建议成员国在立法中列出与基本安全利益相关的投资政策规则，而且还呼吁成员国公布和宣传这些规则，以确保规则使用者可以获悉这些规则。在规则的公布和宣传方面，不同 OECD 成员国采取的方式不同。

1. 以广泛使用的语言提供最新的综合立法

所谓综合立法，是指将变动后的规则整合到原文本中，从而提供最新的、可理解的规则文本。在提供该文本的程度和时间上，OECD 成员国各不相同。OECD 成员国的语言具有多样性，因此，他们至少会以 26 种不同的官方语言发布一项立法，其中一些语言在其他国家并不被广泛使用。如果以广泛使用的语言公布一项规则，就可以帮助投资者了解审查规则的基本原则。对于那些本国官方语言不被其他国家广泛使用的国家而言，在公布和传播一项法律时，将面临双重挑战。因此要以广泛使用的语言提供最新翻译的综合性文本。

2. 公布所有相关信息以帮助了解规则及其应用

尽管 OECD 发布的 2009 年《OECD 投资政策指南》只明确要求安全审查规则的公布，但是了解这些规则及其实际应用的间接信息对潜在外国投资者同样具有价值。比如：审查流程图和时间表可以帮助投资者明晰审查程序；年度报告或其他统计资料可以为投资者了解审查实践提供参考；不具有法律约束力的指导说明或其他解释性材料可以使用简单的语言，从而为投资者提供有关该审查的概括或见解性参考；有关规则变更计划的信息能够给投资者提供信息，以了解政策的未来走向和内容。

有些国家已经建立了信息中心，在某个特定的网站上公开这些信息。比如：澳大利亚外国投资审查委员会（Foreign Investment Review Board，简称 FIRB）的官网上就公布了有关国家利益审查的立法、解释、指导说明和年度报告；法国有专门的网站用以公布有关审查规则、解释和统计数据的信息；德国在一系列网站上发布了有关审查的解释性资料，提供了有关立法和改革的链接地址；意大利的一个信息中心公布了审查的实施情况报告；西班牙设有专门的网页以公布相关信息；美国也同样在网站上提供了有关美国外国投资委员会运行程序的信息。

当然，在大多数情况下，这些国家仅仅以其官方语言提供上述信息。同时，这些网站还存在一个问题，即不能将共存规则集合在一起。详言之，为了维护一个国家的基本安全利益，在某些特殊情况下，一项拟开展的投资可能会受到不同监管机构的多次审查。这是因为在不同的政策领域可能存在由不同的监管机构负责的、在不同时期设定的审查机制。上述信息中心目前还不能将这些叠加使用的规则整合在一起。

3.行政当局通过举办相关资讯活动扩大知晓面

对于一些关注投资立法的群体而言,政府可以假定他们已经了解应当适用的法律,在许多国家,法律顾问就发挥了类似的功能,帮助潜在客户(受众)理解该国的法律。尽管如此,一些政府还是努力通过开展培训和资讯活动,或者通过参加第三方组织的资讯活动等方式来传播有关新规则的信息。比如:捷克当局曾组织线上会议,介绍其尚未生效的安全审查机制;法国负责审查管理的官员曾在律师事务所组织的活动中讲话;欧盟官员也曾在学术活动中介绍其安全审查制度。通过这些方式,政府可以传播有关新规则的信息,扩大新规则的知晓范围。

(三)事先告知及征询利害关系人意见

一般而言,国际投资项目很复杂且往往耗时较长。因此,对于投资者和潜在投资者而言,规则的确定性或者对规则变更的可能预测至关重要。同时,全面地了解这些规则也是提高投资合规性的重要途径。2009年《OECD投资政策指南》强调了事先告知公众(含潜在投资者)规则变更计划的重要性,并呼吁各国政府在规则变更过程中征询利益相关方的意见。这一规定已经得到了OECD成员国的广泛认同。

1.普遍情形下的规则与做法

有些OECD成员国已经就立法过程中的意见征询制定了一般性的规则,要求与利害关系人就所有拟议立法及其变化进行事先协商(如加拿大、韩国、西班牙)或事先告知(如澳大利亚、美国)。也有一些国家仅仅在投资政策的制定或变更方面有此要求,比如欧盟的安全审查立法(即《欧盟外国直接投资审查条例》)在颁布18个月后才生效——这不仅为其他成员国修订本国立法预留了时间，而且给投资者预留了充分的时间以应对该变化。

如何与利害关系人进行事先协商或事先告知也有不同的方法，比如：第一，该程序是基于一项法律义务还是一项行政实践；第二，哪些主体可以在协商（会议）中提出意见（是特定的利益相关者还是一般公众）；第三，立法机构在何时征询意见，以及相关主体在哪个环节或阶段可以提出意见；第四，主导协商（会议）过程的主体是政府（如部际联席会议）还是一个独立专家组；第五，协商是定期举行还是长期有效；第六，在协商（会议）中搜集到的意见是否需要公布。

有的国家就某些立法进行宏观的意见征询。比如，2020 年 4 月 24 日至 5 月 22 日，爱尔兰政府向公众征询有关投资安全审查制度的意见，就是否基于安全和公共秩序引入投资审查机制征询意见。2019 年，新西兰就《2005 年海外投资法》的改革建议进行了公众意见的征询。有些国家就具体监管提案进行意见征询。比如：德国就其近年的一系列立法和监管改革征询了利益相关者的意见，并在网站上记录了其收到的关于该主题的意见；美国就与《外国投资风险审查现代化法案》相关的法规实施文本中的拟议规则进行了几次公开征询意见，内容涉及生产、设计、测试、制造或开发关键技术等问题。还有些国家就特定行业进行意见的征询。比如，英国在 2020 年 11 月至 2021 年 1 月间举行了一次公众意见征询，以确定哪些部门将被列入《2019—2021 年国家安全和投资法案》要求的强制通知的部门。

2. 特殊时期的挑战和限制

尽管在一般情况下，事先告知和协商的优点相当明显，但在一些特殊情况中，紧急事态的发生将挑战政府完全践行这一规则的能力。比如，2020 年初的新冠疫情危机及其引发的经济动荡就构成了这一紧急事态或特殊情况。在此特殊时期，很多 OECD 成员国采取了暂时性的改革措施。

政府在制定政策时需要调和众多限制因素，例如快速响应紧急情况与咨询和告知利益相关者就有可能是冲突的。一些 OECD 成员国的实践表明，以下方法可以部分消解因规则调整带来的冲击，比如，努力与利益相关者沟通规则变更的合理性，限制例外规则的适用时间，或者在早期就为投资规则的变化埋下伏笔。

（四）程序的公正性和可预测性

除了安全审查规则的制定，《OECD 投资政策指南》还关注规则的实施，即在程序层面，其安全审查制度是如何被实施的。因此，该指南强调审查程序的公正性和可预测性。从投资者的角度出发，尽管审查的结果是不确定的，但是程序的公正性和可预测性对于投资者而言至关重要，比如拟进行的投资是否需要接受审查、审查程序如何、审查标准有哪些、审查期限、投资者需要提供哪些信息、审查机构如何保护其商业敏感信息等。

1.适用规则和审查标准的明确性

为了实现 OECD 在透明度和可预测性方面的监管目标，需要明确相关监管规则是否适用于特定的交易，以及如何对这些交易的重要因素进行解释。

第一，明确特定交易是否需要审查以及适用哪些规则。安全审查制度的相关立法和规则中一般规定了触发安全审查的门槛，也给潜在投资者和政府创设了相应的义务。在大多数情况下，潜在投资者可以根据上述立法和规则的框架判断其拟开展的投资是否触发了安全审查。

但是，在某些情况下，这种判断可能比较困难。比如，安全审查规则中对行业分类的描述可能与目标公司的产品或服务不一致，导致无法确定某项投资是否触发安全审查以及适用哪些规则。而在某些情况下,投资者可能难以评估审查机构对某项交易敏感度的评价,即使是股权比例这种相对简单的标准也可能存在不确定性,因为审查机构可能会将某些安排视为规避策略,从而将其纳入股权比例的计算范围。事实上,这种不确定性几乎是必然的,因为规则是抽象的,而案例是特定的具体事实。

很多政府已经采取了一些措施来限制这种不确定性,这也是为什么近年来新制定或修订的安全审查规则的篇幅趋于更长的原因,其目的即是给潜在投资者和监管机构提供更清晰的信息。为了进一步减少这种不确定性,有些政府还会提供有关规则的解释和制度实施情况的信息。比如,2020 年澳大利亚在外国投资审查委员会(即 FIRB)这一官方网站上公布了《指导意见 8:国家安全审查》[①],而加拿大在 2021年公布了《国家安全审查投资指南》[②]。还有些国家公布了有关监管目标以及有关实施情况的统计数据等。这些指南、解释性文件或实施情况对帮助投资者和监管机构掌握该审查制度大有裨益。

诚然,一些制定时间较早的审查规则往往比较笼统。比如,仅仅规定在某一特定领域进行的、威胁国家安全的交易可能会被禁止,但缺少对审查标准的进一步阐释,这有待通过未来的立法完善。

2. 对审查标准进行解释

安全审查规则在适用时存在不确定性,部分原因是国家安全或基本安全等概念是宽泛且不断演变的。事实上,受地理、历史、经济或政治等因素的影响,每个国家对这些概念的理解都不尽相同。为了减轻概念的不确定性对透明度和可预测性的影响,许多国家已经采取了一

---

① Guidance Note 8: National Security Test[EB/OL]. (2021-01-01)[2023-09-13]. https://foreigninvestment. gov. au/sites/firb. gov. au/files/guidance-notes/G08-Nationalsecurity. pdf.

② Guidelines on the National Security Review of Investments[EB/OL]. (2021-03-24)[2023-09-14]. https://ised-isde. canada. ca/site/investment-canada-act/en/investment-canada-act/guidelines/guidelines-national-security-review-investments.

些行动以明确表达其对国家安全或基本安全的关切。具体方法包括以下几个方面。

第一,将广义的概念分解为特定的公共利益或者对特定的公共利益进行风险阐述。比如,波兰2015年的《投资管制法》第11.1条界定了审查标准的含义,即确保履行波兰共和国承担的与维护波兰共和国领土的独立和完整相关的义务,确保自由和人权与公民权利、公民安全和环境保护得到应有的保障,防止导致波兰共和国不可能或难以履行《北大西洋公约》规定的义务的活动或现象的发生,防止社会或政治可能扭曲波兰共和国对外关系的活动或现象的发生,确保波兰共和国的公共秩序与安全,以及满足人民的不可或缺的需求,以保护人民。

第二,在规则或政策中列举安全审查的具体考量因素。加拿大在《国家安全审查投资指南》(2021年发布)中非穷尽性地列举了11项考量因素,比如:投资对加拿大国防能力和利益的潜在影响,包括但不限于国防工业基础和国防设施;投资对加拿大境外敏感技术或专有技术转让的潜在影响,包括投资是否提供与敏感技术的研究、设计或制造相关的非公共领域的信息;投资对加拿大关键基础设施安全的潜在影响,其中,关键基础设施是指对加拿大人的健康、安全、安保或经济福祉,以及对政府有效运作至关重要的流程、系统、设施、技术、网络、资产和服务;该投资能访问的敏感个人数据是否可能被用来损害加拿大的国家安全,包括但不限于个人可识别的健康或遗传信息(如健康状况或基因检测结果)、生物识别(如指纹)、财务(如机密账户信息,包括支出和债务)、通信(如私人通信)、地理位置或者有关政府官员的个人数据等。① 日本、德国等也在立法中提供了类似的清单。

---

① Guidelines on the National Security Review of Investments[EB/OL]. (2021-03-24)[2023-09-14]. https://ised-isde. canada. ca/site/investment-canada-act/en/investment-canada-act/guidelines/guidelines-national-security-review-investments.

第三，援引外部法律渊源及其解释进行界定。比如：葡萄牙在有关立法中明确，保护战略资产应尊重葡萄牙在世界贸易组织有关公约、法案、协议或决定中承担的国际法义务；匈牙利也在立法中明确，满足基本社会需求的安全是指《欧洲联盟运作条约》第 36 条、第 52 条第 1 款和第 65 条第 1 款的规定。[①]

当然，有关安全审查的实践和裁决也能给投资者提供信息，但是大多数的决策及其理由并不向公众公开。

3.保护商业敏感信息

审查程序的公正性意味着交易各方（特别是潜在的收购方以及目标企业）可以信赖监管机构会谨慎处理商业敏感信息，避免向未经授权的人过度泄露或者披露信息。当然，保护商业敏感信息并不意味着完全不公开，但是公开这些信息应当与确保法律效力、保护其他公共利益（如问责制）相称。

有关保护商业敏感信息的规则可能包含在安全审查规则中，也可能包含在刑法等其他规则中。比如，奥地利、捷克、韩国、美国和英国的安全审查规则中就包含了此类信息保护的要求。[②] 在实践中，规则制定者可能对哪些信息可以披露给公众或其他国家机构有不同的理解。但是，某些规则已经可以使投资者预料到信息披露的必然性，比如要求在审查决定中披露信息、作为问责制或报告机制的一部分披露，或者根据国际合作规则披露信息。在这些情况下披露的具有商业敏感性的信息是合法且合理的。

---

① Transparency，Predictability and Accountability for Investment Screening Mechanisms：Research Note by the OECD Secretariat[R/OL].（2021-05-21）[2023-09-14]. https://www.oecd.org/daf/inv/investment-policy/2009-Guidelines-webinar-May-2021-background-note.pdf.

② Transparency，Predictability and Accountability for Investment Screening Mechanisms：Research Note by the OECD Secretariat[R/OL].（2021-05-21）[2023-09-14]. https://www.oecd.org/daf/inv/investment-policy/2009-Guidelines-webinar-May-2021-background-note.pdf.

4. 审查时限的可预测性与时限经过的效果确定性①

一项商业交易是具有时限性的，因此，对投资相关方而言，审查所需时间的可预测性至关重要，构成公正和可预测的投资审查程序中的重要组成部分。在有关审查时限的立法中，一般应明确如下内容。

第一，明确地规定审查时限。目前，OECD 成员国的主要安全审查机制中都对审查过程设置了明确的时限，但是对于一些最敏感的行业或交易类型以及在一些早期制定且未经实质性修改的审查机制中，却缺少了这样的时限规定。一些 OECD 成员国（如加拿大、美国）设置了相对较短的时限，但是允许在个案需要时予以延长，虽然这种方法并不总能让企业预测到作出决策之前所需花费的总时间，但是它要求主管当局确保需要延长的个案的透明性。

第二，审查时限的开始、暂停和重启。确定审查程序的预期结束日期不仅需要了解审查程序的时限，还需要了解时限何时开始计算以及哪些情况下需要暂停时限的计算或者重启时限的计算。如果这些规则所依据的事件须经过当局的认可，则其会给审查程序带来一些不确定性。当然，在实践中，审批机构也可以通过其他方式对时限产生影响，比如在时限即将耗尽的情况下建议投资者撤回申请文件并重新提交，从而达到重启时限的效果。

第三，审查时限经过的后果。投资相关方在确保该时限得到重视或严格遵守的影响力有限，因此《OECD 投资政策指南》建议在立法中确认时限经过的效果，即如果在规定的时限内，审批机构或政府未采取行动限制或调整交易条件，则意味着批准这项交易。明确审查时限经过的后果将加快审查程序的进程，这在一些具有敏感性的案件审查

---

① Transparency, Predictability and Accountability for Investment Screening Mechanisms: Research Note by the OECD Secretariat[R/OL]. (2021-05-21)[2023-09-14]. https://www.oecd.org/daf/inv/investment-policy/2009-Guidelines-webinar-May-2021-background-note.pdf.

中更为重要,因为在这种情况下会存在难以解决的利益冲突,政府可能推迟决策的作出。澳大利亚、奥地利、芬兰、德国、墨西哥、葡萄牙、立陶宛等OECD成员国均已经在安全审查制度或政策中引入了该规则,即沉默表示同意的规则。

(五)规则实施情况的披露①

《OECD投资政策指南》建议成员国积极采取措施,实现确保规则实施情况的透明度和问责制的目标。事实上,透明度和问责制的首要要求便是及时、准确地公开或披露安全审查规则的实施情况。与此同时,信息披露可以帮助公众和潜在投资者更加清晰地理解安全审查的规则及其适用情况,为当局提供解释规则实施情况的机会,从而提高可预测性。

指南提出了一些披露政策实施情况的方法,如新闻稿、年度报告或提交议会的报告等。其中,新闻稿以新闻的方式进行个案披露,而年度报告或提交议会的报告则是以涵盖一段时间的报告进行综合(或整体)披露。

1. 披露方式的多样性

OECD成员国披露其投资政策实施情况的方法多种多样,反映了披露目标、披露途径、信息受众、利益平衡等多重考量。

第一,立法是否明确规定了信息披露机制的内容(如芬兰、德国、匈牙利、立陶宛、波兰等OECD成员国没有此类规则)。

第二,这种披露是基于法律规定(如澳大利亚、加拿大、法国等要求在年度报告中公布),还是行政惯例(如澳大利亚此前还在FIRB网站上以新闻稿的形式公布审查决定)。

---

① Transparency, Predictability and Accountability for Investment Screening Mechanisms: Research Note by the OECD Secretariat[R/OL]. (2021-05-21)[2023-09-14]. https://www.oecd. org/daf/inv/investment-policy/2009-Guidelines-webinar-May-2021-background-note. pdf.

第三，这种披露是主动提供还是应要求提供的（比如，芬兰曾基于研究机构和国际组织的要求而提供此类信息，法国特定的议会委员会可以要求提供信息）。

第四，哪些受众可以获悉此类信息（一般公众、某些议会成员，或是兼而有之）。

第五，实施情况是及时公布，还是以月度、年度报告的方式公布。当然，有的国家同时采用这两种方式。

第六，对个案信息的披露程度（比如加拿大要求披露投资者的名称和位置、被收购或新设立的企业名称和位置以及该企业所经营的经济活动）。

第七，在综合（或整体）披露的情况下，是按照何种标准予以分类的（比如，美国是按照投资者的国籍来划分的，法国按照成员是否为欧盟成员国来划分，而意大利则是根据不同的产业进行划分的）。

第八，在披露时是否提供有关背景信息，比如外商投资政策信息、某个产业的投资趋势等。

第九，有关投资交易的细节是否公布，以及这些细节在多大程度上进行了匿名化处理。

第十，有关实施情况是否一直处于公开状态（比如奥地利在公开一段时间后将下架此类信息）。

有些国家会同时采用多个机制公开上述信息。同时，除根据专门的安全审查机制要求公开信息外，此类信息还可以从其他渠道获得，比如在议会的预算程序（如加拿大、美国）、影响评估（如法国）、立法理由（如芬兰、德国）、参与安全审查的特定机构的报告（如澳大利亚安全情报组织）、议会调查询问（如德国）等。这些渠道中所包含的信息有时比专门的安全审查机制所要求公开的信息还要详细、及时。

2.披露政策调整的有限性

在过去的十年间,OECD 成员国在披露政策上的发展变化缓慢。传统上向公众或议会提供综合(或整合)信息的国家仍然倾向于延续其做法(如澳大利亚和美国)。只有少数国家(如加拿大、意大利、奥地利、法国和英国)改变了此前的做法,开始在年度报告中披露或将披露投资实施情况的信息。这可能是因为此前这类案件较少,所以了解该制度运行情况的需求也并不迫切。近年来,受到政策格局变化、安全审查机制改革或引进、案件数量的增加以及公众对该领域的关注增加等因素的影响,对此类信息的披露产生了更大的需求。

第三节　本章小结

上一章分析了我国外商投资安全审查制度的实践情况。从为数不多的案例中可以看出,我国当前的安全审查制度并不要求公开审查决定或年度报告,因此该制度的实施情况并不可知。此外,实践中对某些重要概念的内涵如何解读亦不确定,这体现了该制度存在着透明度不足的问题。

从国际软法、主要国家立法以及我国在立法和国际投资协定中的立场进行分析,在我国的外商投资安全审查制度中引入该原则是必然选择。第一,在国际软法层面,诸多国际组织(如 APEC、OECD、G8 等)发表的有关透明度原则与国际投资关系的声明或建议中均肯定了透明度原则有益于促进国际投资自由化,建议在外商投资立法,甚至是安全审查制度中落实透明度原则。这些国际组织的声明或建议体现出国际社会对提高安全审查制度透明度的重视,以防范东道国以国家安全的名义进行实质上的投资保护。

第二，主要国家的立法（特别是 OECD 成员国的立法）显示，OECD 国家为安全审查透明度的推进付出了很多努力。典型的体现是其在立法和实践中积极践行《OECD 投资政策指南》所建议的透明度/可预测性原则，运用不同方法提高本国或本司法管辖区安全审查制度的透明度。详言之，不同国家选择从规则的法典化、规则的公布与宣传、事先告知及征询利害关系人意见、程序的公正性和可预测性以及规则实施情况的披露五个方面以不同的透明化方法和程度努力达到 OECD 所建议的透明度要求。尽管这些规则仍然不能做到完全透明，即投资者据此不能完全确定其投资是否需要审查、不能保证投资审查最终所需要的时间、不能确切预测审查的结果，但整体上，透明的、可预期的规则还是给予了投资者信心。诚然，这些国家在提高透明度中所采用的方法也为我国提供了很好的方法库。

第三，从我国在国际经贸领域对透明度原则的立场可知，透明度原则具有适用于我国外商投资安全审查制度的前提和基础。我国作为世界贸易组织的成员国，已经在与贸易有关的立法中肯定和执行了透明度原则，在国际投资法领域亦然。在国际投资法领域，我国落实透明度原则的体现主要有：执行与入世承诺有关的投资承诺、制定负面清单以及实施外商投资法。这三个领域与我国外商投资立法演进过程中的三座里程碑完全契合，体现了透明度原则在外商投资立法中的普遍适用性。

第四，我国的外商投资相关立法已经接受了透明度原则。《外商投资法》在法律层面要求落实透明度原则，营造稳定、透明、可预期和公平竞争的市场环境。因此，增加安全审查制度的透明度符合《外商投资法》的价值目标，有利于回应外国投资者和外国政府对我国安全审查制度透明度的质疑，从而保障"引进来"战略的实施。

第五，我国近年新签订的国际投资协定也正在接受透明度原则。

典型的体现是近年签订的 FTA 中均包含透明度条款。作为国际经贸法律自由化的重要部分,透明度原则必然是未来缔约和履约实践中不可规避的问题。诚然,透明度原则亦有例外,即国家安全例外或根本安全例外等。对于这些条款的解读也将影响我国在国际投资协定和FTA 中的履约问题,因此,探讨安全审查制度的透明度也是未来必然会面临的挑战。

由此可见,我国的安全审查制度中应当引入透明度原则,通过提高透明度,进一步实现投资的便利化和自由化,提高可预期性和可归责性,优化我国的营商环境。然而,国家安全的重要性和政治法律化属性决定了该制度的透明度必然是有限度的。比如,模糊的审批标准、可适度调整的审查时限等可以保障我国在审查外商投资时保有适度的灵活性。如何在一定程度上减少灵活性带来的副作用,以及如何在合适的广度和深度上完善我国的安全审查透明化机制,亟待进一步研究。

第四章　外商投资安全审查之国家安全的含义及其明晰路径

　　国家安全审查制度的本质是审查外国投资者的投资活动是否会危害东道国的国家安全，因此在外商投资安全审查制度中，作为审批制度之实体标准的国家安全占据核心地位。但是对于国家安全的概念，《外商投资安全审查办法》中并没有明确其定义。

　　有学者提出，国家安全审查是具有法律形式的政治范畴，国家安全概念的模糊性导致法律无法确定统一的审查标准，审查机关的审查标准会根据国家利益需求的变化而变化，进而留给了审查机关更大的自由裁量权。而目前各国也都没有给出确定的概念，普遍认为其属于自由裁量的范围，适用于自决原则。① 也有学者分析认为，国家安全概念的宽泛与模糊性可能带来四个方面的问题：第一，反对外国投资者的人可能利用国家安全模糊性作出不当解释；第二，审查机构属于行政机关，行政权对经济自由开放市场的强势介入将造成商业上的不确定性，可能阻碍有益的外国投资；第三，持续将外资审查作为贸易保护的工具可能招致其他国家采取对等原则等报复性措施；第四，如果安

---

　　① 漆彤.论外商投资国家安全审查决定的司法审查[J].武汉大学学报(哲学社会科学版)，2020(3)：142-150.

全审查决定是基于政治敌意作出的,则可能影响与其他国家的国际合作和外交政策目标。[①] 因此,增强国家安全审查的透明度,缓解公众对于外国投资的担忧,并为潜在的投资并购者提供审查指引显得非常有必要。[②]

诚然,审批标准的不明确给自由裁量权预留了空间,继而可能导致审批结果的不确定性、外商投资的流失以及政治力量对投资的直接干预,但是自由裁量权的存在同时也为审批机构提供了灵活性,否则将束缚审批机构行使职能。因此,如何解读国家安全的内涵是保障国家经济主权的方式,也是审批机构行使自由裁量权的体现。

本章从国内有关国家安全的立法这一规则角度入手,继而从公开可知案例中分析其适用情况或实践解读,从而较全面地揭示了国家安全的内容。国家安全的法律性和政治性决定了其透明度必然是有限的。在此基础上,建议参考其他国家的安全审查制度设计,以明确国家安全概念在安全审查制度中的内涵。

第一节　我国有关国家安全的规定[③]

在我国,有关国家安全的规定分布在各个立法层级,包括由全国人民代表大会制定和修改的宪法、全国人民代表大会及其常务委员会制定的法律、国务院制定的行政法规、国务院有关部门制定的部门规

---

① Carroll J F F. Back to the Future: Redefining the Foreign Investment and National Security Act's Conception of National Security[J]. Emory International Law Review,2009(1):167-200.

② 王东光. 国家安全审查:政治法律化与法律政治化[J]. 中外法学,2016(5):1289-1313.

③ 本书仅探讨我国在国内立法和实践层面对国家安全的立场,不涉及我国在国际层面对国家安全的立场。后者可参见 Zhou W, Jiang H, Chen Z. Trade vs. Security: Recent Developments of Global Trade Rules and China's Policy and Regulatory Responses from Defensive to Proactive[J]. World Trade Review,2023(2):193-211.

章和地方政府制定的地方政府规章等。除此之外，还有具有法律约束力的行政规范性文件。

一、宪法及其修正案

对任何一个国家而言，维护本国的国家安全都是一个永恒的话题。《宪法》作为我国的根本大法，是治国安邦的总章程，具有最高的法律地位、法律权威和法律效力，是制定其他法律的依据，其内容具有连续性和稳定性。

我国在第一部《宪法》(1954 年)中就已经明确："中华人民共和国的武装力量属于人民，它的任务是保卫人民革命和国家建设的成果，保卫国家的主权、领土完整和安全"(第二十条)，其中阐述了武装力量对于国家安全的核心保障作用，将国家安全作为与国家主权和领土完整同等重要的概念，属于传统意义上的国家安全概念。同时，《宪法》(1954 年)中肯定了国家经济发展对国家安全的重要作用，即"国家用经济计划指导国民经济的发展和改造，使生产力不断提高，以改进人民的物质生活和文化生活，巩固国家的独立和安全"(第十五条)。《宪法》(1975 年)、《宪法》(1978 年)、《宪法》(1979 年修正)和《宪法》(1980 年修正)中均坚持了这一立场，尽管措辞上略有调整，但均肯定了中华人民共和国武装力量的根本任务是保卫国家的主权、领土完整和安全，发展经济的目的之一是巩固国家的独立和安全。

《宪法》(1982 年)对与国家安全有关的内容作出了较大调整。第一，在序言部分肯定了"中国人民和中国人民解放军战胜了帝国主义、霸权主义的侵略、破坏和武装挑衅，维护了国家的独立和安全，增强了国防"，这是对传统的国家安全、独立和国防安全的肯定。第二，在正文中再次肯定了武装力量的主要任务是巩固国防等(第二十九条)。第三，增加了公民维护祖国的安全、荣誉和利益的义务，不得有危害祖国的安全、荣誉和利益的行为的规定（第五十四条），结合序言之内容，肯定了中国公民在维护国家安全上的义务和贡献。第四，明确了公民通信自由和通信秘密与国家安全的关系，即除因国家安全或者追查刑事犯罪的需要，由公权力机关依法检查外，任何组织或者个人不得以任何理由侵犯公民的通信自由和通信秘密（第四十条）。《宪法》（1988年修正）延续了上述规定。

《宪法》（1999年修正）整体上承袭了此前的立法和表述，但修改了此前关于危害国家安全的表述，明确界定了叛国属于危害国家安全的犯罪活动，即"国家维护社会秩序，镇压叛国和其他危害国家安全的犯罪活动，制裁危害社会治安、破坏社会主义经济和其他犯罪的活动，惩办和改造犯罪分子"。在1982年、1988年、1990年和1993年宪法中，采用的是"国家维护社会秩序，镇压叛国和其他反革命的活动，制裁危害社会治安、破坏社会主义经济和其他犯罪的活动，惩办和改造犯罪分子"的说法，并没有指明二者之间的关系。《宪法》（2004年修正）和《宪法》（2018年修正）均在国家安全问题上沿袭了《宪法》（1999年修正）中的规定。

在梳理我国《宪法》及其历次修正的基础上可以看出，国家安全的含义逐步丰富，从起初仅仅阐明武装力量对于国家安全的保障，逐步扩充到公民也有保护国家安全的义务以及不得从事危害祖国安全的行为，且国家具有镇压叛国和其他危害国家安全的犯罪活动的权力。这一变化不仅扩充了保护国家安全的义务主体，而且增加了保障措施（即构成犯罪），体现了国家安全的重要性。

二、以《国家安全法》为核心的国家安全法律体系

《国家安全法》是我国在国家安全领域的基本法律，旨在维护国家安全，保护国家利益和人民安全，促进国家发展和社会稳定。我国第

一部《国家安全法》颁布于 1993 年。在《宪法》(1982 年)明确了中华人民共和国公民和中华人民共和国武装力量具有维护祖国安全义务的基础上，《国家安全法》重申了这一规定，并进一步将义务主体扩展至各政党和各社会团体及各企业事业组织，强调所有人均有维护国家安全的义务(第三条)，任何组织和个人进行危害中华人民共和国国家安全的行为都必须受到法律追究(第四条)。在 1993 年《国家安全法》中，还专门列举了危害我国国家安全的行为，具体内容如下所示。

本法所称危害国家安全的行为，是指境外机构、组织、个人实施或者指使、资助他人实施的，或者境内组织、个人与境外机构、组织、个人相勾结实施的下列危害中华人民共和国国家安全的行为：

（一）阴谋颠覆政府，分裂国家，推翻社会主义制度的；

（二）参加间谍组织或者接受间谍组织及其代理人的任务的；

（三）窃取、刺探、收买、非法提供国家秘密的；

（四）策动、勾引、收买国家工作人员叛变的；

（五）进行危害国家安全的其他破坏活动的。

根据《中华人民共和国国家安全法实施细则》(现已失效)第三条之规定，"境外机构、组织"包括境外机构、组织在中华人民共和国境内设立的分支(代表)机构和分支组织，因此该法同样适用于外商投资企业。上述危害国家安全的行为在很大程度上可以等同为间谍活动，且上述列举为非穷尽性列举，以兜底性条款的方式确保了危害国家安全行为的周延性，亦即国家安全含义的周延性。该含义在《国家安全法》(2009 年修正)中得到保留。

这些间谍行为现已被 2014 年颁布实施的《反间谍法》(该法于 2023 年修订)吸收并加以扩充。该法明确了反间谍工作的任务和原则，规定了反间谍工作的范围和方式，加强了对间谍活动的打击和防范。《反间谍法》除了规制 1993 年《国家安全法》列举的危害国家安全的间谍行为外,还将"为敌人指示攻击目标"一并列入间谍行为的范围①,并在《中华人民共和国反间谍法实施细则》中进行了细化,以便更好地履行维护国家安全、反对间谍活动的职责。

2015 年,我国重新颁布了《国家安全法》。该法明确了国家安全的内涵和范围,规定了国家安全工作的组织体系和职责分工。它要求各级政府、军队、企事业单位、社会组织和公民都要履行保护国家安全的责任,要求建立健全国家安全信息收集、分析和处理的体系,及时发现、评估和应对各种安全威胁与风险。

《反间谍法》拓展了国家安全的概念,明确了国家安全工作应当坚持总体国家安全观。2014 年 4 月 15 日,习近平总书记在中央国家安全委员会第一次会议上指出:"当前我国国家安全内涵和外延比历史上任何时候都要丰富,时空领域比历史上任何时候都要宽广,内外因素比历史上任何时候都要复杂,必须坚持总体国家安全观,以人民安全为宗旨,以政治安全为根本,以经济安全为基础,以军事、文化、社会安全为保障,以促进国际安全为依托,走出一条中国特色国家安全道路。"②

贯彻落实总体国家安全观,必须既重视外部安全,又重视内部安全,对内求发展、求变革、求稳定、建设平安中国,对外求和平、求合作、

---

①　《中华人民共和国反间谍法》(2023 年修订)中的第四条规定,"本法所称间谍行为,是指下列行为:(一)间谍组织及其代理人实施或者指使、资助他人实施,或者境内外机构、组织、个人与其相勾结实施的危害中华人民共和国国家安全的活动;(二)参加间谍组织或者接受间谍组织及其代理人的任务,或者投靠间谍组织及其代理人;(三)间谍组织及其代理人以外的其他境外机构、组织、个人实施或者指使、资助他人实施,或者境内机构、组织、个人与其相勾结实施的窃取、刺探、收买、非法提供国家秘密、情报以及其他关系国家安全和利益的文件、数据、资料、物品,或者策动、引诱、胁迫、收买国家工作人员叛变的活动;(四)间谍组织及其代理人实施或者指使、资助他人实施,或者境内外机构、组织、个人与其相勾结实施针对国家机关、涉密单位或者关键信息基础设施等的网络攻击、侵入、干扰、控制、破坏等活动;(五)为敌人指示攻击目标;(六)进行其他间谍活动。间谍组织及其代理人在中华人民共和国领域内,或者利用中华人民共和国的公民、组织或者其他条件,从事针对第三国的间谍活动,危害中华人民共和国国家安全的,适用本法"。

②　习近平:坚持总体国家安全观 走中国特色国家安全道路[N].人民日报,2014-04-16(1).

求共赢、建设和谐世界；既重视国土安全，又重视国民安全，坚持以民为本、以人为本，坚持国家安全一切为了人民、一切依靠人民，真正夯实国家安全的群众基础；既重视传统安全，又重视非传统安全，构建集政治安全、国土安全、军事安全、经济安全、文化安全、社会安全、科技安全、信息安全、生态安全、资源安全、核安全等于一体的国家安全体系；既重视发展问题，又重视安全问题，发展是安全的基础，安全是发展的条件，富国才能强兵，强兵才能卫国；既重视自身安全，又重视共同安全，打造命运共同体，推动各方朝着互利互惠、共同安全的目标相向而行。①

　　上述内容强调了总体国家安全观，并阐述了总体国家安全观的基本内涵、指导思想和贯彻原则，体现了我国政府对国家安全的高度重视。随后，2015 年《国家安全法》以法律的形式明确了总体国家安全观的内涵。该法首先明确了国家安全的含义，系指"国家政权、主权、统一和领土完整、人民福祉、经济社会可持续发展和国家其他重大利益相对处于没有危险和不受内外威胁的状态，以及保障持续安全状态的能力"（第二条），这是我国首次在立法中明确国家安全的含义。此外，该法第二章详细列举了国家在不同领域保护国家安全的责任。这些领域涵盖政治安全（第十五条）、人民安全（第十六条）、国土安全（第十七条）、军事安全（第十八条）、经济安全（第十九条）、金融安全（第二十条）、资源能源安全（第二十一条）、粮食安全（第二十二条）、文化安全（第二十三条）、科技安全（第二十四条）、网络信息安全（第二十五条）、社会安全（第二十九条）、生态安全（第三十条）、核安全（第三十一条）、新兴领域安全（第三十二条）、国家海外利益安全（第三十三条）等。同时，还规定了民族领域、宗教领域维护国家安全的任务（第二十六至第二十七

---

① 中共中央党史和文献研究院.习近平关于总体国家安全观论述摘编[M].北京:中央文献出版社,2018.

条)，以及防范、处置恐怖主义、极端主义的任务(第二十八条)。①

特别地，《国家安全法》同样肯定需要建立国家安全审查和监管的制度和机制，对影响或者可能影响国家安全的外商投资、特定物项和关键技术、网络信息技术产品和服务、涉及国家安全事项的建设项目，以及其他重大事项和活动，进行国家安全审查，有效预防和化解国家安全风险(第五十九条)。这一制度与彼时的外商并购中的安全审查制度相配合，并系统体现于 2021 年颁布的《外商投资安全审查办法》之中。

在上述许多领域中，我国已经颁布了单独的法律，共同构成了我国的国家安全法律体系，比如《中华人民共和国国防法》(2020 年修订)、《中华人民共和国军事设施保护法》(2021 年修订)、《中华人民共和国食品安全法》(2021 年修订)、《中华人民共和国网络安全法》(简称《网络安全法》)、《中华人民共和国农产品质量安全法》(2022 年修订)、《中华人民共和国核安全法》、《中华人民共和国反恐怖主义法》(2018 年修正，简称《反恐怖主义法》)、《中华人民共和国生物安全法》、《中华人民共和国数据安全法》(简称《数据安全法》)等。

除了全国性的国家安全法和特定领域的安全立法，我国还于 2020年颁布了《中华人民共和国香港特别行政区维护国家安全法》，要求香港特别行政区设立维护国家安全委员会，负责香港特别行政区维护国家安全事务，承担维护国家安全的主要责任，并接受中央人民政府的监督和问责(第十二条)。该法适用于任何在香港特别行政区内实施本法规定的犯罪；犯罪的行为或者结果有一项发生在香港特别行政区内的，就认为是在香港特别行政区内犯罪(第三十六条)。这些罪行包括但不限于分裂国家、颠覆国家政权、恐怖活动、勾结外国或者境外势

---

① 郑淑娜.中华人民共和国国家安全法解读[M].北京：中国法制出版社，2016.

力危害国家安全等(第三章)。根据其犯罪情节,可以处以有期徒刑、无期徒刑、驱逐出境、罚金,以及责令公司、团体等法人或非法人组织暂停运作或者吊销其执照或者营业许可证等处罚(第三章)。

三、涉及外商投资国家安全问题的其他规范

除了上述专门针对国家安全的立法外,我国也有不少法律法规涉及外商投资中的国家安全问题。第二章阐释的外商投资安全审查相关规则即为典型,这里不再赘述。此处仅列举其他涉及该问题的立法,比如《反垄断法》(2007 年颁布,2022 年修正)第三十八条明确:"对外资并购境内企业或者以其他方式参与经营者集中,涉及国家安全的,除依照本法规定进行经营者集中审查外,还应当按照国家有关规定进行国家安全审查。"该条是我国首次在法律层面明确对外商的并购投资进行国家安全审查,同时,该条也明确了国家安全审查和经营者集中是两个并行的程序,互不影响。2008 年《中华人民共和国企业国有资产法》第五十七条规定,在审查外国投资者收购国有资产方面,要求"国有资产向境外投资者转让的,应当遵守国家有关规定,不得危害国家安全和社会公共利益"。

按照《外商投资法》的规定,外商投资企业的组织形式、组织机构及其活动准则,具备法人资格的,适用《公司法》的规定。《公司法》(2018 年修正)第二百一十三条规定:"利用公司名义从事危害国家安全、社会公共利益的严重违法行为的,吊销营业执照。"此条同样禁止外商投资企业利用公司名义从事危害国家安全的行为,并以吊销营业执照这一资格处罚的方式确保外商投资企业遵守我国有关国家安全的规定。这意味着即便是已经实施的外商投资,其行为危害国家安全的,仍然需要接受处罚。

《中华人民共和国刑法》(简称《刑法》)设有专门的一章(即第二编第

一章)规制危害国家安全罪,包含背叛国家罪,分裂国家罪,煽动分裂国家罪,武装叛乱、暴乱罪,颠覆国家政权罪,煽动颠覆国家政权罪,资助危害国家安全犯罪活动罪,投敌叛变罪,叛逃罪,间谍罪,为境外窃取、刺探、收买、非法提供国家秘密、情报罪,资敌罪共计 12 个罪名。根据《刑法》的属地管辖权规定,对于犯罪的行为或者结果有一项发生在我国领域内的,就认为是在我国领域内犯罪(第六条),因此,虽然该章规定并非专门适用于外国投资者及外商投资企业的、危害国家安全的行为,但《刑法》的属地管辖权属性同样足以威慑外商投资中危害我国国家安全的行为,且不论该行为是发生在外商投资开展之前还是之后。

2021 年颁布的《中华人民共和国反外国制裁法》是在总体国家安全观的指导下制定的。对于任何国家以任何借口、任何方式干涉我国内政的行为,均可以采取反制措施(第三条)。同时,也可以对下列人员、组织采取反制措施:第一,列入反制清单个人的配偶和直系亲属;第二,列入反制清单组织的高级管理人员或者实际控制人;第三,由列入反制清单个人担任高级管理人员的组织;第四,由列入反制清单个人和组织实际控制或者参与设立、运营的组织(第五条)。进一步地,对于外国国家、组织或者个人实施、协助、支持危害我国主权、安全、发展利益的行为,需要采取必要反制措施的,参照本法有关规定执行(第十五条)。这些组织或人员中可能涉及外商投资企业及其管理人员,因此对于外商投资中的国家安全问题同样有影响。

在一些特定部门的法规中也涉及国家安全问题。例如,外商投资企业可以从事如下活动,但不得危害国家统一、主权、领土完整,不得危害国家安全,不得损害国家荣誉和利益,不得泄露国家秘密、颠覆国家政权、破坏国家统一:营业性演出①,提供互联网信息服务②,运营中

---

① 《营业性演出管理条例》(2020 年修订)第二十五条。
② 《互联网信息服务管理办法》(2011 年修订)第十五条。

外合作人才中介机构①，出版、制作、复制、进口、批发、零售、出租音像制品②，出版、印刷或者复制、进口、发行出版物③，经营娱乐场所④等。

由此可见，我国有关国家安全的规定涵盖了从宪法到法律再到行政法规和部门规章的各个层次。具体而言，《宪法》作为我国的根本法，其明确了我国对于国家安全的基本定位，以《国家安全法》为核心的一系列法律在法律层面形成了我国的国家安全体系，其他法律法规也在不同行业领域提出维护国家安全的要求。这些法律法规从规则层面肯定了外商投资与国家安全的关系，进一步地，其在实践层面的应用和解读为理解我国对国家安全的具体含义提供了方向。

第二节　我国有关国家安全的公开案例

商务部、发改委在外商投资国家安全审查制度中发挥了核心作用，其有关国家安全的概念的解读是最直接相关的理解。然而，第三章分析的案例表明，目前两部门并没有就何为危害国家安全的外商投资作出界定，为数不多的可查案例也是由于协议期限届满、收购人主动放弃收购等原因而无需审查机构作出审查决定。因此，本节将从其他部门对国家安全内涵的解读中试图发现其内涵的共性与差异。

我国目前并没有官方网站整理、汇总有关国家安全的实践案例，因此，本节搜集了相关部门的官方网站、最高人民法院公报、裁判文书网等公开可查的案例，并在其基础上进行了整理和解读。本节所涉案

---

① 《中外合资人才中介机构管理暂行规定》（2015年修订）第四条。
② 《音像制品管理条例》（2020年修订）第三条。
③ 《出版管理条例》（2020年修订）第二十五条。
④ 《娱乐场所管理条例》（2020年修订）第十三条。

例均为公开可查案例。这种尝试有助于理解我国在国内实施相关立法时对于国家安全含义的阐释。通过对比可以获知的案例能够发现，不同立法以及不同的法律实施机构在保护国家安全时的侧重点有所不同，换言之，对于国家安全含义的理解并不相同，这或许是不同的机构职能或立法价值使然，但也揭示出我国立法和实践中有关国家安全含义理解的不一致性，或者说，侧重点不同。

这种不一致性恰恰要求在外商投资安全审查制度中澄清国家安全的内涵，以提高该制度的透明度。反面观之，如果各个立法和各个实务部门对于国家安全内涵的理解完全一致、相互统一，则无须在外商投资安全审查制度中作此说明。

一、最高人民法院公开可查案例中对国家安全的解读

最高人民法院曾三次公布涉及国家安全的典型刑事案件。2018年4月，最高人民法院公布了三起涉及国家安全的典型刑事案件。[①]2019年4月，最高人民法院又公布了四起涉及国家安全的典型刑事案件。[②] 2021年12月，最高人民法院发布"平安中国建设第一批典型案例"，包含涉及国家安全和公共安全的案件共五起，其中三起涉及公共安全和一起涉及国家安全的案件已于2018年发布。[③]

这几起案件系依据《国家安全法》《反间谍法》《中华人民共和国军事设施保护法》《反恐怖主义法》《刑法》的规定判决。这些案例对国家安全的概念进行了解释和阐明，有助于社会公众和实务部门理解与把

---

① 三起涉国家安全典型案例[EB/OL]. (2018-04-16)[2023-09-06]. https://www.court.gov. cn/zixun/xiangqing/90482.html.

② 全民国家安全教育典型案例及相关法律规定[EB/OL]. (2019-04-15)[2023-09-06]. https://www.court.gov.cn/zixun/xiangqing/151722.html.

③ 最高法发布平安中国建设第一批典型案例[EB/OL]. (2021-12-31)[2023-09-06]. https://www.court.gov.cn/zixun-xiangqing-339541.html.

握国家安全的内涵，帮助他们正确理解法律、准确适用法律。相关案情及涉及的国家安全内容如下。

（一）为境外刺探、非法提供国家秘密①

该案由最高人民法院于 2019 年公布。本案基本案情为：被告人黄某某通过 QQ 与一位境外人员结识，后多次按照对方要求到军港附近进行观测，采取望远镜观看、手机拍摄等方式，搜集军港内军舰信息，整编后传送给对方，以获取报酬。至案发，黄某某累计向境外人员报送信息 90 余次，收取报酬 5.4 万元。经鉴定，黄某某向境外人员提供的信息属一项机密级军事秘密。

法院经依法审理，依照《刑法》第一百一十条（为境外窃取、刺探、收买、非法提供国家秘密、情报罪）的有关规定②，认为被告人黄某某无视国家法律，接受境外人员指使，积极为境外人员刺探、非法提供国家秘密，对黄某某以为境外刺探、非法提供国家秘密罪判处有期徒刑五年，剥夺政治权利一年，并处没收个人财产人民币 5 万元。

在《刑法》中，第一百一十条所列之罪名属于分则第一章（即危害国家安全罪）。由此可见，在本案中，最高人民法院对于国家安全的界定与《刑法》关于危害国家安全罪中的国家安全含义是一致的。

（二）资助危害国家安全犯罪活动③

本案即最高人民法院工作报告中所指的李某某资助危害国家安

---

① 全民国家安全教育典型案例及相关法律规定［EB/OL］.（2019-04-15）［2023-09-06］. https://www.court.gov.cn/zixun/xiangqing/151722.html.

② 《刑法》第一百一十一条（为境外窃取、刺探、收买、非法提供国家秘密、情报罪）规定："为境外的机构、组织、人员窃取、刺探、收买、非法提供国家秘密或者情报的，处五年以上十年以下有期徒刑；情节特别严重的，处十年以上有期徒刑或者无期徒刑；情节较轻的，处五年以下有期徒刑、拘役、管制或者剥夺政治权利。"

③ 最高法发布平安中国建设第一批典型案例［EB/OL］.（2021-12-31）［2023-09-06］. https://www.court.gov.cn/zixun-xiangqing-339541.html；最高法工作报告案例盘点：坚决维护国家安全和社会稳定［EB/OL］.（2022-03-09）［2023-09-06］. https://www.court.gov.cn/zixun/xiangqing/350141.html.

全犯罪活动案。李某某,曾用名李某祥,男,1955 年出生于上海,后加入伯利兹籍,但长期在国内经商。2009 年,李某某在某西方大国参加一场反华活动时,结识了反华分子杨某某。此后,李某某在明知杨某某从事危害我国国家安全犯罪活动的情况下,长期资助杨某某实施相关犯罪活动。其中,2016 年至 2019 年间,李某某以现金或者支票方式资助杨某某 10 余万美元,折合人民币 100 余万元。

一审法院经审理查明,被告人李某某明知杨某某在境外实施危害我国国家安全的犯罪活动但仍向杨某某提供资助,资助杨某某实施了一系列危害我国国家安全的犯罪活动,给我国的国家安全造成严重危害,其行为符合刑法规定的资助危害国家安全犯罪活动罪的构成要件,依法应以资助危害国家安全犯罪活动罪定罪处罚。依据《刑法》第一百零七条(资助危害国家安全犯罪活动罪),判处有期徒刑十一年,并处没收个人财产人民币 200 万元。一审宣判后,李某某提出上诉。二审法院裁定:驳回上诉,维持原判。

在《刑法》中,第一百一十条所列之罪名属于分则第一章(即危害国家安全罪)。由此可见,在本案中,最高人民法院对于国家安全的界定与《刑法》关于危害国家安全罪中的国家安全含义是一致的。

(三)涉及恐怖主义、极端主义的违法犯罪活动[①]

1. 昆明火车站"3·01"暴恐案

该案由最高人民法院于 2018 年公布。本案基本案情为:2014 年 3 月 1 日,一伙暴徒在昆明火车站持刀砍杀无辜群众,造成 31 人死亡,141 人受伤,其中 40 人重伤。法院经依法审理,依照《国家安全法》《反恐怖主义法》《刑法》的有关规定,以组织、领导恐怖组织罪和故意杀人

---

① 三起涉国家安全典型案例[EB/OL].(2018-04-16)[2023-09-06].https://www.court.gov.cn/zixun/xiangqing/90482.html.

罪数罪并罚判处依斯坎达尔·艾海提、吐尔洪·托合尼亚孜、玉山·买买提死刑，以参加恐怖组织罪和故意杀人罪数罪并罚判处帕提古丽·托合提无期徒刑。

2. 张某某宣扬恐怖主义、极端主义案

该案由最高人民法院于 2018 年公布。本案基本案情为：2016 年初，张某某通过手机移动上网下载暴力恐怖视频和图片。2016 年 2 月至 2016 年 10 月间，张某某先后将下载的部分暴力恐怖视频和图片上传至 QQ 空间，供他人浏览。法院经依法审理，依照《国家安全法》《反恐怖主义法》《刑法》的有关规定，认定被告人张某某犯宣扬恐怖主义、极端主义罪，判处有期徒刑二年三个月，并处罚金人民币 5000 元。

综上所述，上述两案依据的是《国家安全法》第二十八条（国家反对一切形式的恐怖主义和极端主义）、《反恐怖主义法》第四条（国家反对一切形式的以歪曲宗教教义或者其他方法煽动仇恨、煽动歧视、鼓吹暴力等极端主义，消除恐怖主义的思想基础）和第七十九条（组织、领导、参加恐怖活动组织……依法追究刑事责任），以及《刑法》第一百二十条（组织、领导、参加恐怖组织罪）、第一百二十条之三（宣扬恐怖主义、极端主义、煽动实施恐怖活动罪）的规定。在《刑法》中，上述两罪名属于分则第二章（即危害公共安全罪），与第一章（危害国家安全罪）并列。由此可见，最高人民法院对于国家安全的界定所依据的是《国家安全法》，与《刑法》关于危害国家安全罪中的国家安全含义并不一致。

（四）涉及邪教组织的违法犯罪活动①

该案由最高人民法院于 2018 年公布，后于 2021 年公布了更多细

---

① 三起涉国家安全典型案例［EB/OL］.（2018-04-16）［2023-09-06］. https://www.court.gov.cn/zixun/xiangqing/90482.html；最高法发布平安中国建设第一批典型案例［EB/OL］.（2021-12-31）［2023-09-06］. https://www.court.gov.cn/zixun-xiangqing-339541.html.

节,对其裁判理由和典型意义进行了详细说明。本案基本案情为:张帆、张立冬、吕迎春、张航、张巧联及张某(时年 12 岁)均系"全能神"邪教组织成员。吕迎春、张帆、张立冬明知"全能神"系已经被国家取缔的邪教组织,仍然纠合教徒秘密聚会,制作、传播邪教组织信息,发展邪教组织成员,或者为上述行为提供便利条件,破坏国家法律、行政法规实施。2014 年 5 月 28 日,为宣扬邪教、发展成员,张帆、张立冬、吕迎春、张航、张巧联及张某在山东招远一家麦当劳快餐厅内向周围就餐人员索要电话号码,遭被害人吴某某拒绝,张帆、吕迎春遂共同指认吴某某为"恶灵",并伙同张立冬、张航、张巧联及张某将吴某某残忍杀害。

法院经依法审理,依据《国家安全法》和《刑法》的有关规定,以故意杀人罪、利用邪教组织破坏法律实施罪数罪并罚判处张帆、张立冬死刑,判处吕迎春无期徒刑;以故意杀人罪判处张航有期徒刑十年,判处张巧联有期徒刑七年。

本案依据的是《国家安全法》第二十七条(国家依法取缔邪教组织,防范、制止和依法惩治邪教违法犯罪活动)和《刑法》第三百条(组织、利用会道门、邪教组织、利用迷信破坏法律实施罪)的规定。邪教组织与正常的宗教具有本质区别,邪教组织的本质是反社会、反人类的,是欺世盗名、蛊惑人心、危害社会的恶魔。在《刑法》中,第三百条所列之罪名属于分则第六章(即妨害社会管理秩序罪),与第一章(危害国家安全罪)、第二章(危害公共安全罪)并列。由此可见,最高人民法院对于国家安全的界定所依据的是《国家安全法》,与《刑法》关于危害国家安全罪中的国家安全含义并不一致。

（五）涉及军事设施、军事通信的违法犯罪行为[①]

1.周某破坏军事设施案

该案由最高人民法院于2019年公布。本案基本案情为：2016年4月间，被告人周某先后三次采用破坏性手段盗窃中国人民解放军某部队油料转运站配电间内电缆线，致使配电间内的配电柜遭受破坏，配电间不能为库区油料转运输送泵房提供电力支撑，无法完成担负的战备油料转运任务。经鉴定，被盗电缆线共计价值人民币409元。

法院经依法审理认为，被告人周某明知是军事设施而予以破坏，其行为已构成破坏军事设施罪。鉴于案发时周某系未成年人，认罪、悔罪态度较好，社会危害性较小，依法可以宣告缓刑。依照《刑法》第三百六十九条第一款的规定，对周某以破坏军事设施罪判处有期徒刑八个月，缓刑一年。

2.张某某破坏军事通信案

该案由最高人民法院于2019年公布。本案基本案情为：被告人张某某组织工人对某招待所楼顶太阳能进行拆除时，将中国人民解放军某部队的军事通信光缆损毁，造成军事通信阻断。随后部队维护人员赶到现场进行紧急抢修，并告知张某某待军事通信光缆损毁事宜处理完后再行施工。后张某某自行组织工人再次施工，并再次将同一位置的军事通信光缆损毁，造成军事通信阻断。张某某在明知是军事通信光缆且在未向部队报告取得同意的情况下，擅自对损毁的光缆进行熔接，造成国防通信线路中断120分钟，经鉴定两次损毁的军事光缆恢复费及线路中断造成的阻断费合计人民币294300元。

法院经依法审理认为，被告人张某某作为施工管理人员，明知是

---

① 全民国家安全教育典型案例及相关法律规定[EB/OL].（2019-04-15）[2023-09-06]. https://www.court.gov.cn/zixun/xiangqing/151722.html.

军事通信设施,仍然违章作业,造成军事通信线路损毁,并私自熔接该通信线路,致使军事通信中断,其行为已构成破坏军事通信罪。鉴于张某某到案后如实供述自己的罪行,部队的经济损失已得到赔偿,故予以从轻处罚。依照《刑法》第三百六十九条第一款的规定,对张某某以破坏军事通信罪判处拘役三个月。

3.王某某过失损坏军事通信案

该案由最高人民法院于 2019 年公布。本案基本案情为:被告人王某某在北京市海淀区某驾校停车场内雇用铲车司机,在未告知铲车司机地下有国防光缆的情况下让其驾驶铲车施工,将中国人民解放军某总部某通信团埋在该驾校停车场地下的一根一级国防光缆挖断。

法院经依法审理认为,被告人王某某过失损坏军事通信设施,造成严重后果,其行为已构成过失损坏军事通信罪。鉴于王某某到案后如实供述自己的罪行,认罪态度较好,且积极赔偿因犯罪行为而造成的经济损失,故酌情予以从轻处罚,并宣告缓刑。依照《刑法》第三百六十九条第二款的规定,对王某某以过失损坏军事通信罪判处拘役六个月,缓刑六个月。

综上所述,上述三个案件依据的是《刑法》第三百六十九条(破坏武器装备、军事设施、军事通信罪;过失损坏武器装备、军事设施、军事通信罪)的规定。该条所列之罪名属于分则第七章(即危害国防利益罪),与第一章(危害国家安全罪)、第二章(危害公共安全罪)并列。由此可见,最高人民法院对于国家安全的界定所依据的是《国家安全法》,与《刑法》关于危害国家安全罪中的国家安全含义并不一致。

(六)启示

我国的国家安全日是每年的 4 月 15 日,是我国设立的宣传国家安全意识和加强国家安全防范的重要日子。最高人民法院在 2018 年、2019 年、2021 年一共公布了八起涉及国家安全的案例,公布这些案例是为了提高公众对于国家安全的认识和意识,向公众传达国家安全的重要性。

最高人民法院认定的涉及国家安全的八个典型案例中,前两起所涉罪名分别为"为境外窃取、刺探、收买、非法提供国家秘密、情报罪"和"资助危害国家安全犯罪活动罪",属于《刑法》第二编第一章(危害国家安全罪)下所列的罪名,亦属于《国家安全法》中所界定的危害国家安全的行为。实际上,在裁判文书网上公开可查的案例中,也全部是以"为境外窃取、刺探、收买、非法提供国家秘密、情报罪"定罪的案件。① 由此可见,二者在基础上是统一的。

然而,其余六起案例所涉罪名分别为"组织、领导、参加恐怖组织罪""宣扬恐怖主义、极端主义、煽动实施恐怖活动罪""组织、利用会道门、邪教组织、利用迷信破坏法律实施罪""破坏武器装备、军事设施、军事通信罪""过失损坏武器装备、军事设施、军事通信罪"。虽然这些行为属于违反《国家安全法》的行为,但是分别属于《刑法》分则第二章(即危害公共安全罪)、第六章(即妨害社会管理秩序罪)、第七章(即危害国防利益罪)下所列的罪名。由此可见,在这些案件中,《刑法》中的国家安全的内涵与《国家安全法》中的是不一致的。

不同部门法的立法目的和原则有所不同,其所针对的领域和适用对象亦有所不同,因此,同一概念(如国家安全)在不同的部门法、领域可能有不同的解读。

二、网络安全审查办公室对国家安全的解读:网络安全和个人数据安全

自 2021 年 7 月以来,网络安全审查办公室根据《国家安全法》《网

---

① 根据《中华人民共和国刑事诉讼法》第一百八十三条的规定,"人民法院审判第一审案件应当公开进行。但是有关国家秘密或者个人隐私的案件,不公开审理……"因此,在裁判文书网上检索到的案例均为涉及减刑的刑事裁定书。

络安全法》《网络安全审查办法》，先后对"滴滴出行""运满满""货车帮""BOSS直聘"，以及知网和美光公司（Micron）实施网络安全审查。

（一）"滴滴出行"案

2021年7月2日，国家互联网信息办公室（简称网信办）发布通报，由网络安全审查办公室按照《网络安全审查办法》对"滴滴出行"实施网络安全审查，审查期间"滴滴出行"应用程序停止新用户注册。[①]"滴滴出行"成为《网络安全审查办法》实施以来首家接受审查的企业。

7月4日和7月9日，经检测核实，"滴滴出行"和"滴滴企业版"等多款应用程序确实存在严重违法违规收集使用个人信息问题。国家互联网信息办公室依据《网络安全法》相关规定，通知应用商店下架"滴滴出行"和"滴滴企业版"等多款应用程序（均由北京小桔科技有限公司开发），要求"滴滴出行"认真整改存在的问题，切实保障广大用户的个人信息安全。[②] 7月16日，国家互联网信息办公室会同公安部、国家安全部、自然资源部、交通运输部、税务总局、市场监管总局等部门联合进驻滴滴出行科技有限公司（简称滴滴公司），开展网络安全审查。[③] 此后，国家互联网信息办公室进行了调查询问、技术取证，责令滴滴公司提交相关证据材料，对本案证据材料进行了深入核查分析，并充分听取了滴滴公司意见。[④]

2022年7月21日，经查实，滴滴全球股份有限公司违反《网络安

---

① 网络安全审查办公室关于对"运满满""货车帮""BOSS直聘"启动网络安全审查的公告[EB/OL].(2021-07-05)[2023-09-06].http://www.cac.gov.cn/2021/07/05/c_1627071328950274.htm.

② 关于下架"滴滴出行"App的通报[EB/OL].(2021-07-04)[2023-09-06].http://www.cac.gov.cn/2021/07/04/c_1627016782176163.htm;关于下架"滴滴企业版"等25款App的通报[EB/OL].(2021-07-09)[2023-09-06].http://www.cac.gov.cn/2021/07/09/c_1627415870012872.htm.

③ 国家互联网信息办公室等七部门进驻滴滴出行科技有限公司开展网络安全审查[EB/OL].(2021-07-16)[2023-09-06].http://www.cac.gov.cn/2021/07/16/c_1628023601191804.htm.

④ 国家互联网信息办公室有关负责人就对滴滴全球股份有限公司依法作出网络安全审查相关行政处罚的决定答记者问[EB/OL].(2022-07-21)[2023-09-06].http://www.cac.gov.cn/2022-07/21/c_1660021534364976.htm.

全法》、《数据安全法》、《中华人民共和国个人信息保护法》（简称《个人信息保护法》）的违法违规行为事实清楚、证据确凿、情节严重、性质恶劣，应当从严从重予以处罚。国家互联网信息办公室依据《网络安全法》、《数据安全法》、《个人信息保护法》、《中华人民共和国行政处罚法》（简称《行政处罚法》）等法律法规作出行政处罚，对滴滴全球股份有限公司处人民币 80.26 亿元罚款，对滴滴全球股份有限公司董事长兼首席执行官程维、总裁柳青各处人民币 100 万元罚款。① 至此，"滴滴出行"案告一段落。2023 年 1 月 16 日，在报网络安全审查办公室同意后，"滴滴出行"恢复新用户注册，重新上架。

经查，"滴滴出行"存在 16 项违法事实，包括违法收集用户手机相册中的截图信息、过度收集乘客人脸识别信息、在未明确告知乘客的情况下分析乘客出行意图信息等八个方面。更为重要的是，在此前的审查中还发现，滴滴公司存在严重影响国家安全的数据处理活动，拒不履行监管部门的明确要求，阳奉阴违、恶意逃避监管等其他违法违规问题。其违法违规运营给国家关键信息基础设施安全和数据安全带来严重的安全风险隐患。详细信息因涉及国家安全，依法不公开。②

---

① 国家互联网信息办公室对滴滴全球股份有限公司依法作出网络安全审查相关行政处罚的决定[EB/OL].（2022-07-21）[2023-09-06]. http://www.cac.gov.cn/2022-07/21/c_1660021534306352.htm.

② 一是违法收集用户手机相册中的截图信息 1196.39 万条；二是过度收集用户剪切板信息、应用列表信息 83.23 亿条；三是过度收集乘客人脸识别信息 1.07 亿条、年龄段信息 5350.92 万条、职业信息 1633.56 万条、亲情关系信息 138.29 万条、家和公司打车地址信息 1.53 亿条；四是过度收集乘客评价代驾服务时、应用程序后台运行时、手机连接桔视记录仪设备时的精准位置（经纬度）信息 1.67 亿条；五是过度收集司机学历信息 14.29 万条，以明文形式存储司机身份证号信息 5780.26 万条；六是在未明确告知乘客情况下分析乘客出行意图信息 539.76 亿条、常驻城市信息 15.38 亿条、异地商务/异地旅游信息 3.04 亿条；七是在乘客使用顺风车服务时频繁索取无关的电话权限；八是未准确、清晰地说明用户设备信息等 19 项个人信息处理目的。国家互联网信息办公室有关负责人就对滴滴全球股份有限公司依法作出网络安全审查相关行政处罚的决定答记者问[EB/OL].（2022-07-21）[2023-09-06]. http://www.cac.gov.cn/2022-07/21/c_1660021534364976.htm.

(二)"运满满""货车帮"和"BOSS 直聘"案

在"滴滴出行"被实施网络安全审查后,网络安全审查办公室于 2021 年 7 月 5 日对"运满满""货车帮""BOSS 直聘"三家企业实施网络安全审查,并要求其在审查期间停止新用户注册。[①] 其中,"运满满"是国内首家基于云计算、大数据移动互联网和人工智能技术开发的货运调度平台,致力于为公路运输物流行业提供高效的管车配货工具,同时为车找货(配货)、货找车(托运)提供全面的信息及交易服务。"货车帮"针对卡车日常支出占比 20% 以上的油品业务,与 2000 多家油站合作,利用大数据,支持加油站智能推荐、加油路线规划、热点加油站错峰加油机制设定等服务。"BOSS 直聘"产品的核心是"直聊+精准匹配",通过将在线聊天功能引入招聘场景,让应聘者和用人方直接沟通,应用人工智能、大数据等前沿技术,提高雇主与人才的匹配精准度,从而缩短求职招聘时间,提升求职招聘效率。

由此可见,三家企业与"滴滴出行"一样,均为利用网络平台、移动平台和大数据功能设计的产品,在产品运行过程中收集了大量个人信息。此外,与"滴滴出行"一样,三家企业均随母公司于 2021 年 6 月在美国上市。2022 年 6 月,三家企业均恢复新用户注册,这些企业也将采取有效措施,切实保障平台设施和大数据安全,维护国家安全。需要注意的是,2022 年 2 月 15 日修订生效后的《网络安全审查办法》较之此前的规则,更加关注海外上市企业中的个人信息保护问题。该办法明确规定:"掌握超过 100 万用户个人信息的网络平台运营者赴国外上市,必须向网络安全审查办公室申报网络安全审查"(第七条)。

(三)同方知网案

2022 年 6 月 24 日,国家互联网信息办公室在约谈同方知网(北

[①] 网络安全审查办公室关于对"运满满""货车帮""BOSS 直聘"启动网络安全审查的公告[EB/OL]. (2021-07-05)[2023-09-06]. http://www.cac.gov.cn/2021-07/05/c_1627071328950274.htm.

京)技术有限公司负责人后，对知网启动网络安全审查。知网(英文名称是 China National Knowledge Infrastructure，简称 CNKI)是一个学术平台，主要业务是向高校、科研院所、公共图书馆等用户销售网络数据库服务，同时提供学术不端检测等增值服务。该平台掌握着大量个人信息和涉及国防、工业、电信、交通运输、自然资源、卫生健康、金融等重点行业领域的重要数据，以及我国重大项目、重要科技成果和关键技术动态等敏感信息。① 同方知网(北京)技术有限公司的经营范围是：互联网数据服务；网络与信息安全软件服务；技术服务、技术开发、技术咨询、技术交流、技术转让、技术推广；信息技术咨询服务；出版物批发。由 2022 年国家市场监督管理总局行政处罚决定书可知，该公司与同方知网数字出版技术股份有限公司和《中国学术期刊(光盘版)》电子杂志社有限公司共同运营知网，三家公司共同决策、实施了滥用市场支配地位的行为受到了行政处罚。②

后经查实，CNKI 运营的手机知网、知网阅读等 14 款应用程序存在违反必要原则收集个人信息、未经同意收集个人信息、未公开或未明示收集使用规则、未提供账号注销功能、在用户注销账号后未及时删除用户个人信息等违法行为。2023 年 9 月 1 日，国家互联网信息办公室依据《网络安全法》《个人信息保护法》《行政处罚法》等法律法规，

---

① 网络安全审查办公室对知网启动网络安全审查[EB/OL]. (2022-06-24)[2023-09-06]. http://www.cac.gov.cn/2022-06/24/c_1657686783575480.htm.

② 当事人实施不公平高价和限定交易的滥用市场支配地位行为，排除、限制竞争的主观意图和实际危害明显，情节较为严重、持续时间较长，社会反应强烈。根据《反垄断法》第五十七条、第五十九条规定和《行政处罚法》第五条、第三十二条规定，综合考虑当事人违法行为的性质、程度、持续时间和消除违法行为后果的情况，同时考虑当事人能够按照要求深入自查并积极整改等因素，对当事人作出如下处理决定：(一)责令停止违法行为。1.停止独家合作行为，不得限制学术期刊出版单位、高校等与其他竞争性平台开展学术资源合作。2.不得实施不公平的高价行为，应以公平、合理、无歧视的价格在中国境内销售中文学术文献网络数据库服务。(二)对当事人处以 2021 年度中国境内销售额 17.52 亿元 5% 的罚款，共计 8760 万元。详见《2022 年国家市场监督管理总局行政处罚决定书》。

综合考虑知网违法处理个人信息行为的性质、后果、持续时间,特别是网络安全审查情况等因素,对知网依法作出网络安全审查相关行政处罚的决定,责令停止违法处理个人信息行为,并处人民币 5000 万元罚款。①

（四）美光公司案

2023 年 3 月 31 日,网络安全审查办公室按照《网络安全审查办法》,对美光公司在华销售的产品实施网络安全审查②,并于 5 月 21 日作出审查决定。美光公司是全球最大的半导体储存及影像产品制造商之一。

审查发现,美光公司产品存在较严重的网络安全问题隐患,会对我国关键信息基础设施供应链造成重大安全风险,影响我国国家安全。为此,网络安全审查办公室依法作出不予通过网络安全审查的结论。按照《网络安全法》等法律法规,我国国内关键信息基础设施的运营者应停止采购美光公司产品。此次对美光公司产品进行网络安全审查,目的是防范美光公司的产品危害国家关键信息基础设施安全,是维护国家安全的必要措施。中国坚定推进高水平对外开放,只要遵守中国法律法规要求,欢迎各国企业、各类平台产品服务进入中国市场。③

综上所述,网络安全审查办公室对上述六家公司的审查所依

---

① 国家互联网信息办公室对知网（CNKI）依法作出网络安全审查相关行政处罚[EB/OL].(2023-09-06)[2023-09-10].http://www.cac.gov.cn/2023/09/06/c_1695654024248502.htm.

② 关于对美光公司在华销售产品启动网络安全审查的公告[EB/OL].(2023-03-31)[2023-09-06].http://www.cac.gov.cn/2023/03/31/c_1681904291361295.htm.此前在 2018 年 7 月 3 日,福州市中级人民法院曾裁定对美国芯片巨头美光公司发出诉中禁令。美光半导体销售（上海）有限公司立即停止销售、进口十余款 Crucial 英睿达固态硬盘、内存条及相关芯片,并删除其网站中关于上述产品的宣传广告、购买链接等信息。同时裁定美光半导体（西安）有限责任公司立即停止制造、销售、进口数款内存条产品。

③ 美光公司在华销售的产品未通过网络安全审查[EB/OL].(2023-05-21)[2023-09-06].http://www.cac.gov.cn/2023/05/21/c_1686348043518073.htm.

据的主要是《网络安全法》和《网络安全审查办法》。在对"滴滴出行"、同方知网和美光公司作出的审查决定中，均得出了其行为危害国家安全的结论。上述审查的目的是确保我国的关键信息基础设施供应链安全。

三、部分机构对国家安全的理解

（一）原国家新闻出版广电总局禁止类似 Pokémon GO 游戏开发

Pokémon GO 是 2016 年在海外上市的一款增强现实（Augmented Reality，简称 AR）手机游戏。它使用移动设备的 GPS 定位，捕捉、训练和交换宠物小精灵（称为 Pokémon），这些宠物小精灵看起来就像是在玩家的真实世界中。这款游戏在海外推出后，许多中国公司开始寻求开发结合 AR 技术和基于位置的服务（Location Based Service，简称 LBS）的游戏。

在此背景下，原国家新闻出版广电总局在被问及对在中国开展相关业务的立场时表达了对国家安全和人民生命财产安全的担忧，其在考察了该游戏的海外实践和相关案例后认为，这类游戏在运营中存在较大的社会风险，比如对地理信息安全的威胁、对社会交通安全和消费者人身安全的威胁等。鉴于此，出于对国家安全和人民生命财产安全的高度负责，在评估意见形成之前，暂不受理和审批"增强现实技术＋基于位置的服务"型游戏。①

（二）天津市某区原规划和国土资源管理局拒绝政府信息公开

天津市高级人民法院公开的一则参考性案例中也涉及了国家安

---

① 广电总局暂不受理审批 LBS＋AR 类型游戏［EB/OL］.（2017-01-11）［2023-09-06］. https://www.toutiao.com/article/6374173668951458305/?wid=16918261319322017.

全问题。在本案中,原告高某向被告天津市某区原规划和国土资源管理局提交申请表,申请公开某建设用地规划许可证所需的六份文件,包括标明拟建项目用地范围的现势地形图,要求提供该文件 1∶1 比例的复制件(复印件)并逐页加盖政府信息公开专用章,该申请后来被被告拒绝。理由是该信息涉及国家秘密,公开后可能危及国家安全、公共安全、经济安全、社会稳定,因此依法不予公开。原告认为被告未依法履行政府信息公开职责,侵害了原告依法获得政府信息的合法权益,于是提起诉讼,请求判令撤销被告作出的告知书,并判令被告重新做出行政行为。

在法院作出的生效判决中,维持了被告不予公开现势地形图的决定。其主要理由是该现势地形图中明确标示了国防军事设施、通信设施、电力设施及公路路面铺设材料属性,故被告关于该项政府信息涉及不能公开内容的主张成立。并且上述内容与其他内容交织在一起,不存在通过简单的技术处理进行屏蔽就能达到消弭危害国家安全、公共安全的可能。故被告告知申请人上述政府信息涉及国家秘密,公开后可能危及国家安全、公共安全、经济安全、社会稳定,据此决定对该项政府信息不予公开的行为并无不当。[①]

(三)个别基层人民法院对国家安全内涵的过度扩大

裁判文书网中公开了三起将《国家安全法》作为裁判依据的案件,分别是初某金与中国大地财产保险股份有限公司大庆中心支公司、吴某庆机动车交通事故责任纠纷一案,李某勇等与赵某生、隆德县金华林场机动车交通事故责任纠纷一案和倪某与王某机动车交通事故责任纠纷一案。

[①]　天津高院参考性案例 8 号——高文香诉天津市滨海新区规划和国土资源管理局政府信息公开案[EB/OL]. (2017-12-19)[2023-09-06]. https://splcgk. court. gov. cn/gzfwww/qwal/qwalDetails?id=ff8080816054b67501606c575d1c0e09.

这三起案件均为涉及交通事故责任的纠纷，依照《国家安全法》第七十六条、《中华人民共和国侵权责任法》和《中华人民共和国民事诉讼法》之规定作出判决。《国家安全法》第七十六条规定："国家加强国家安全新闻宣传和舆论引导，通过多种形式开展国家安全宣传教育活动，将国家安全教育纳入国民教育体系和公务员教育培训体系，增强全民国家安全意识。"

笔者认为，交通安全并不属于《国家安全法》第二章所列的 16 种国家安全类型。这种法律援引体现出司法裁判机关对于《国家安全法》中的国家安全概念的不理解。如果将此类案件均视为违反《国家安全法》的范畴，必将带来对国家安全内容泛化的指责与困境。

四、小结

本节从实践角度探究了不同机构、不同立法对于国家安全概念的解读是否一致。换言之，本节试图探讨不同机构、不同立法对国家安全含义的强调或侧重点是否相同。如果所有法律和实践对于国家安全含义的理解是统一的，那么也有理由相信《外商投资安全审查办法》对国家安全含义的理解是与之相统一的。但是，实践案例分析并不能得出这一结论。比如，最高人民法院对国家安全的解读与《国家安全法》中的概念是几乎一致的，包括涉及为境外刺探、非法提供国家秘密，资助危害国家安全犯罪活动，涉及恐怖主义、极端主义、邪教组织的违法犯罪活动，（过失）破坏军事设施、军事通信等行为。

但是这与《刑法》中的危害国家安全罪（第二编第一章）是不统一的。进一步地，在网络安全审查办公室以及其他部门对国家安全的解读中也可以发现，不同部门对于国家安全的理解有不同的侧重，这是与它们的机构职能或目标任务相统一的。换言之，不同的部门对于国家安全的含义理解存在一定的差异。对于危害国防安全的行为属于危害国家安全的范畴这一点已经基本达成共识。而对于其他国家安全的定义则有不同的解读,特别是个别法院甚至对于交通安全问题也将《国家安全法》列为援引依据,这无疑是对《国家安全法》适用范围的过度扩大。当然,《网络安全法》是否属于《外商投资安全审查办法》中的其他法律这个问题也是存疑的。

综上所述,从立法和实践中可以发现,我国有关国家安全的立法和实践对于国家安全这一概念的侧重点不同,由此导致它们对于国家安全这一概念的解读并不一致,因此无法得出《外商投资安全审查办法》中的国家安全的确定含义。换言之,既然不同的立法和实践中的国家安全含义是不统一的,那么也就需要对《外商投资安全审查办法》中的国家安全作出一定的解读,帮助外国投资者和实务工作者理解国家安全在《外商投资安全审查办法》中的含义。

第三节　提高国家安全含义之透明度的路径探讨

提高国家安全含义的透明度有助于增强投资者的信心并提高投资决定的公正性和可预测性,有助于增强公众对外商投资国家安全审查程序的理解和监督,确保审查程序的合理性和合法性,改善我国的外商投资环境。详言之,投资者在了解国家安全的含义后,能够更好地了解审查的要求和标准,也能够相对准确地预测审批决定,从而更好地评估投资可能性,以更好地规划和作出投资决策,提前做好准备,避免违规行为。与此同时,在了解国家安全的含义后,投资者和公众也可以更好地进行监督和问责,避免审批机构的偏袒或歧视,从而减少不公正的行为。在此基础上,投资者将更有信心相信审批决定是公正和合理的,增强投资者对审批机构的信任,确保国家安全审查的合理性和合法性，对于切实维护国家安全和提升我国的外商投资环境具有重要价值。

一、我国此前立法中采取的透明化方式

（一）此前的透明化方式：部门规章＋穷尽性列举

2003年《外国投资者并购境内企业暂行规定》中规定，对外贸易经济合作部和国家工商行政管理总局可以要求外国投资者对存在其他严重影响市场竞争或国计民生和国家经济安全等重要因素的进行报告。此后，我国的外商投资安全审查相关规则，包括2015年《外国投资法（草案征求意见稿）》一直采用的是在立法中列举（并购安全）审查内容的方式，明确外商投资国家安全审查的标准（或国家安全在该制度中的含义）。[①] 不同的是，《外国投资法（草案征求意见稿）》试图在法律层面采用非穷尽性列举的方式，即在十项审查内容外还包括了一项兜底条款（联席会议认为应当考虑的其他因素），而其他已生效规定中均系在部门规章甚至规范性文件中以穷尽性列举的方式实现透明化。[②]

然而，这种做法并没有在《外商投资安全审查办法》中延续下来，而是仅仅在第一条明确，本办法系根据《外商投资法》《国家安全法》和相关法律制定。此举似乎意味着《外商投资安全审查办法》中的国家安全指向《国家安全法》，但并没有加以明确，因此不得不说是透明度上的不足。

---

① 详见第二章第三节。

② 《外国投资者并购境内企业暂行规定》和《关于外国投资者并购境内企业的规定》明确审查内容为国家经济安全；《国务院办公厅关于建立外国投资者并购境内企业安全审查制度的通知》明确了四项审查内容；《自由贸易试验区外商投资国家安全审查试行办法》明确了六项审查内容。

（二）延续此前的透明化方式的利弊

延续此前的做法，在部门规章层面以穷尽性列举的方法阐明审查内容更容易获得公众的认同和接受。通过保留已有的立法方式可以保持体系的相对稳定性，同时，通过对过去立法的评估和总结可以发现其中的问题与不足，并在新的立法中加以改进，从而提高立法的质量和效果。

但是，延续以往的立法方式也存在一些缺点，比如，部门规章的修订也需要严格遵守《中华人民共和国立法法》规定的修订程序，耗时较长，加之穷尽性列举限制了国家安全的考量因素，因此无法及时适应新的问题和挑战，也就不能有效应对新出现的国家安全考量。

二、可参考的其他透明化路径

不同国家或经济体均肯定国家安全的含义应当具有模糊性，但同时也采用了一系列方式提高外商投资安全审查制度的透明度。具体表现在主要国家或经济体均设立了相关网站并使用官方语言对相关信息予以公布，但同时保有一定的模糊性以应对新的挑战。

（一）成文法中的非穷尽性列举

美国和欧盟在其外商投资安全审查相关规则（即成文法）中明确了国家安全审查的具体考量因素，但是均采用了非穷尽性列举的方式。

1. 美国

美国 1988 年颁布的《埃克森—佛罗里奥修正案》、1993 年颁布的《伯德修正案》以及 2007 年颁布的《外国投资与国家安全法》均未明确国家安全的概念，而是一步步对这一概念进行要素化。美国 1988 年颁布的《埃克森—佛罗里奥修正案》并没有对国家安全下定义，但是列举了审查时应当考虑的五个因素。① 这些因素与国防安全密切相关。2007 年颁布的《外国投资与国家安全法》在《埃克森—佛罗里奥修正案》的基础上增加了美国外国投资委员会应当考虑的六项因素，且以兜底性条款的形式非穷尽性地列举了用于判断外资并购交易是否会对其国家安全构成威胁时应当考虑的因素。② 在十一项考量因素中，包含一项兜底性条款（即第十一项），即其他总统或美国外国投资委员会认为适当、普遍以及与特定审查和调查程序有关的因素。该兜底性条款的设置很好地平衡了考量因素的公开性与国家安全含义的开放性，实现了国家安全含义的有限透明化。2018 年修订的《外国投资风险审查现代化法案》进一步细化和拓展了外资安全

---

① 第一，预期的国防要求所需要的国内生产；第二，国内产业满足国防需求的能力，包括人力资源、产品、技术、材料以及其他供应和服务的提供；第三，外国公民对国内产业和商业活动的控制，及其对美国满足国家安全需求的能力的影响；第四，并购交易对支持恐怖主义或扩散导弹技术或生化武器的国家出售军事物质、设备、技术的潜在影响；第五，并购交易对美国国家安全领域里的技术领先地位的潜在影响。韩龙，沈革新.美国外资并购国家安全审查制度的新发展[J].时代法学，2010（5）：93-103.

② 第一，国防需求所需要的国内生产；第二，国防部长判断某个案件对美国利益构成地区军事威胁；第三，国内产业用以满足国防需求的能力，包括人力资源、产品、技术、材料及其他供给和服务；第四，外国公民对国内产业和商业活动的控制给其满足国防需求能力所带来的影响；第五，交易对向支持恐怖主义或从事导弹技术、化学和生物武器扩散国家出口军事物资、设备或技术产生的潜在影响；第六，对美国关键的基础设施包括主要能源资产造成潜在的在国家安全方面的影响；第七，对于美国关键技术的造成潜在的在国家安全方面的影响；第八，交易是否属于隐藏着外国政府控制的交易；第九，是不是国有企业进行并购，以及该国有企业所属国是否有在防止核扩散、反恐、技术转移方面的不良记录；第十，并购对于能源和重要资源以及原材料供给的长期影响；第十一，其他总统或美国外国投资委员会认为适当、普遍以及与特定审查和调查程序有关的因素。邵沙平，王小承.美国外资并购国家安全审查制度探析——兼论中国外资并购国家安全审查制度的构建[J].法学家，2008（3）：154-160；王小琼，何焰.美国外资并购国家安全审查立法的新发展及其启示——兼论《中华人民共和国反垄断法》第 31 条的实施[J].法商研究，2008（6）：11-21.

审查中应当考虑的因素。^① 由此可见,美国在立法中采用列举的方式明确了国家安全的审查标准,并辅之以弹性条款,以便对国家安全予以更周延的保护。

2. 欧盟

2020 年 10 月 11 日,《欧盟外国直接投资审查条例》开始实施,这是首次在欧盟构建起基于安全或公共秩序的外商投资安全审查框架。^② 在此之前,欧盟并没有统一的外商投资安全审查框架,也没有相互之间的协调或合作框架,而是由各成员国单独考量外商投资对成员国国家安全的影响。^③《欧盟外国直接投资审查条例》第 4 条列举了判

---

① 美国《外国投资风险审查现代化法案》进一步拓展和细化了对外资安全审查中应当考虑的因素,包括:第一,相关管辖交易是否涉及所谓的特别关注国家,即(以行动)显示出或者表示通过获得一项关键技术或者关键基础设施从而挑战美国在国家安全相关领域中的领先地位;第二,外国政府或者外国主体以累积的方式对关键基础设施、能源资产、关键材料或者关键技术的控制,或者在这些领域中新近的交易模式对国家安全的潜在影响;第三,外国投资者此前遵守美国法律法规的历史;第四,外国投资者通过对美国工商业活动的控制对美国满足国家安全需要的能力在质和量上的影响,包括必要的人力资源、产品、技术、材料和其他供给与服务;第五,相关交易多大程度上直接或者间接地暴露美国公民可识别的信息、基因信息或者其他敏感数据,而外国政府或者其他主体可能以威胁国家安全的方式利用这些数据;第六,相关交易是否可能加剧或者导致新的网络数据脆弱性,或者会导致某一外国政府极大地取得针对美国实施恶意网络攻击的能力,包括所有旨在影响联邦选举结果的活动。张怀岭,邵和平. 对等视阈下外资安全审查的建构逻辑与制度实现[J]. 社会科学,2021 (3):40-52;漆彤,汤梓奕. 美国《2018 年外国投资风险审查现代化法案》介评[J]. 经贸法律评论,2019 (3):79-90.

② 廖凡. 欧盟外资安全审查制度的新发展及我国的应对[J]. 法商研究,2019(4):182-192.

③ 截至 2017 年 9 月欧盟外资安全审查立法草案公布之时,在 28 个欧盟成员国中,奥地利、丹麦、芬兰、法国、德国、意大利、拉脱维亚、立陶宛、荷兰、波兰、葡萄牙、西班牙和英国 13 个成员国设置有全面或者针对具体行业的安全审查机制。其后,匈牙利于 2018 年 10 月立法要求对特定行业的外国投资进行审查,此法于 2019 年 1 月生效。

断影响安全或公共秩序可能性的考量因素。[①] 需要说明的是,欧盟列举的这些考量因素同样是非穷尽性的。[②] 此点与美国的做法一致,既明确界定了哪些要素是国家安全的重要考量指标,又设置了兜底性条款,同样实现了国家安全含义的有限透明化。

(二)政策性文件

1. 澳大利亚

澳大利亚的外商投资准入审批制度设立于 20 世纪 70 年代初,旨在减少澳大利亚政府对日渐增多的外资所有权所产生的担忧。自设立以来,该审批制度已经根据市场变化及历届政府的不同担忧进行了诸多调整,从总体上看,这些调整表现出放开外商投资政策的趋势。[③] 其中最重要的一项自由化措施是 1986 年引入的国家利益审查。国家利益审查采取消极审查标准,即澳大利亚政府只有在能够证明一项投资与澳大利亚的国家利益相悖时,才能拒绝该项投资或对该项投资附加条件,否则将视为允许该项投资。2015 年,澳大利亚依据《外国收购与接管法》制定《外资收购法修正案》和《外资并购和收购条例》,对

---

① 董静然,顾泽平.美欧外资安全审查法律制度新发展与中国之应对[J].国际商务研究,2020(5):74-85.《欧盟外国直接投资审查条例》第 4 条列举了判断影响安全或公共秩序可能性的考量因素。在确定某项外国投资有无可能影响安全或公共秩序时,成员国和欧盟委员会可以重点考虑该投资对如下方面的潜在影响:第一,关键基础设施,无论有形或无形,包括能源、交通、水、卫生、通信、媒体、数据处理或存储、航空航天、国防、选举和金融基础设施、敏感设施,以及用于这类基础设施的土地和不动产;第二,关键技术及军民两用物品,包括人工智能、机器人、半导体、网络安全、航空航天、国防、能源存储、量子及核技术,以及纳米技术和生物技术;第三,关键输入品的供应,包括能源、原材料和食品;第四,获取或控制包括个人数据在内的敏感信息的能力;第五,媒体的自由与多元。不仅如此,《欧盟外国直接投资审查条例》第 4(2)条还规定,成员国和欧盟委员会在作出决定时可以特别考虑如下因素:第一,外国投资者是否通过所有权结构或重大资助等方式,直接或间接地受到外国政府(包括政府机构或武装部队)控制;第二,外国投资者是否已经卷入影响某一成员国安全或公共秩序的活动;第三,是否存在外国投资者从事非法或犯罪活动的严重风险。

② 廖凡.欧盟外资安全审查制度的新发展及我国的应对[J].法商研究,2019(4):182-192.

③ Foreign Investment Policy in Australia-A Brief History and Recent Developments[R/OL].[2023-09-14].https://treasury.gov.au/sites/default/files/2019-03/round5-4.pdf;赵海乐.国家安全还是国家利益——美澳外资审查比较研究对我国的启示[J].国际经贸探索,2018(6):109-120.

投资准入框架进行了实质性修订,并进一步推进了监管外资行为的立法进程。① 2020 年,澳大利亚国会审议并通过了《外国投资改革(保护澳大利亚国家安全)修正案》,该修正案提出强制审查与国家安全业务相关的所有投资,引入国家安全审查,授权外国投资审查委员会审查与国家安全业务相关的所有投资。

然而,澳大利亚的既有立法中并未对何为国家利益或国家安全作出法律界定,而是采用以政策性文件的方式加以说明。详言之,《外国投资审批政策》对国家利益的含义提供了指导性意见。② 《外国投资审批政策》提供了一份非穷尽的国家利益考量清单,每年更新一次,以帮助潜在的外国投资者了解澳大利亚的外资准入审批制度。其中,国家安全属于国家利益考量的一部分。详言之,该政策列举了适用于所有部门的五项国家利益考量,包括国家安全(即一项投资对澳大利亚保护自身战略和安全利益能力的影响程度)、竞争、澳大利亚政府的其他政策(如税收和环境政策)、对经济和社区的影响以及投资者的品格。③ 自通过《外国投资改革(保护澳大利亚国家安全)修正案》以来,澳大利亚政府又在《指导意见 8:国家安全审查》中对国家安全的含义予以明确。如果一项投资需要接受国家利益审查,则其无须进行国家安全审

---

① 曹子煌,邓乐佳,张劲.论亚太地区的外国资本进入审查机制——基于中国、澳大利亚、新加坡的比较分析[J].鲁东大学学报(哲学社会科学版),2021(5):78-85.

② Australia's Foreign Investment Policy 2022[EB/OL].(2022-01-14)[2023-09-13]. https://foreigninvestment. gov. au/sites/firb. gov. au/files/2022-01/Australias_ Foreign_ Investment_Policy-20220114. pdf.

③ 具体包括:第一,国家安全。一项投资对澳大利亚保护自身战略和安全利益的能力的影响程度。第二,竞争。投资实施后投资者的影响力,即该投资者是否将获得对澳大利亚某一商品或服务的市场定价和生产的控制,以及对全球性产业结构将造成何种影响。第三,澳大利亚政府的其他政策。如税收和环境政策。第四,对经济和社区的影响。投资者在多大程度上开发项目以确保澳大利亚公民获得公平回报、收购资金的性质、投资实施后澳大利亚主体在被投资企业的参与水平、员工利益、债权人等利益相关者的利益等。第五,投资者的品格。投资者的商业透明度(澳大利亚政府会特别考察外国投资者的公司治理情况),以及投资者遵守澳大利亚法律和此前的外商投资审查决定的程度。

查，以避免重复审查。①

　　该指导意见除了通过"列举＋文字阐释"的方式解读了相关概念外，还创新性地采用了示例的方式帮助投资者了解国家安全的含义。比如，外国投资者开展国家安全业务的，必须通过国家安全审查。如果一项业务全部或部分在澳大利亚开展，且其业务涉及如下几种情形之一，则被认为是国家安全业务：存储或者可以访问被列为澳大利亚保护性安全政策框架所认定的受保护级别或更高级别的信息或其他国家的类似信息；存储或维护澳大利亚国防军、国家情报机构或国家情报机构的代理机构收集的有关国防和情报人员的个人信息，该信息如果被访问，则可能会损害澳大利亚的国家安全……在"列举＋文字阐释"的基础上，《指导意见8：国家安全审查》进一步提供了两个示例，使投资者可以更加直观地理解该制度。

　　第一，FDCA公司是一家外国公司，意图收购DDC公司10％以上的股份（即开展直接投资）。DDC公司的业务范围中包含向澳大利亚国家情报机构提供数据中心服务，因此，DDC公司存储的信息属于受保护级别之上。由于DDC公司存储的信息已被澳大利亚保护性安全政策框架归类为受保护或更高级别的信息，因此DDC公司的业务被视为国家安全业务。FDCA公司在投资开展前必须通知财政部长，在通过审批后方能开展投资。

　　第二，一家大型时尚出口公司的回馈计划收集了大量顾客信息，包括顾客的采购习惯等信息。其中，某些顾客可能是澳大利亚国防军或国家情报机构的成员。但是这些信息与他们的工作无关，且这些信息也不是因为他们的工作单位才被收集的，因此，该时尚出口公司的业务不属于国家安全业务。

---

　　① Guidance Note 8：National Security Test[EB/OL]. (2021-01-01)[2023-09-13]. https://foreigninvestment.gov.au/sites/firb.gov.au/files/guidance-notes/G08-Nationalsecurity.pdf.

综上所述,澳大利亚在准入审批程序中采取的是国家利益或国家安全审查之消极标准。其在立法中并没有对审批标准的明确界定,而是通过制定指导性文件的方式,作出了指引性的、非穷尽性的规定。此外,指导意见还通过"列举＋文字阐释＋示例"的方式,为投资者了解国家安全的具体因素提供了更直观的途径。

采用政策性文件的优势是非常明显的,即政府可以通过灵活的规则来控制外国投资,而不受僵化的规则制约。[①] 这或许是因为国家利益和国家安全对澳大利亚外商投资准入审批制度的重要意义,才导致澳大利亚政府使用政策性文件而不是法律文件来对其含义进行指导,确保在审查外国投资对澳大利亚国家利益的影响时,财政部长拥有足够的灵活性和自由裁量权。但同时因为这些灵活的规则并不具有强制性,所以其只能作为参考性资料而存在,并不能提升政府的可归责性。这也显示了澳大利亚政府在提高国家安全含义透明度方面的努力,尽管其透明化程度仍然是有限的——灵活的规则不具有强制性。

2. 加拿大

加拿大在《国家安全审查投资指南》(2021 年发布)中非穷尽性地列举了具体的 11 项考量因素。比如,审查的内容包括但不限于投资对加拿大国防能力和利益的潜在影响,其中包含国防工业基础和国防

---

① Australia's Foreign Investment Policy: A Guide for Investors [R/OL]. (1986-12-16) [2023-09-14]. https://parlinfo.aph.gov.au/parlInfo/search/display/display.w3p;query=Id%3A%22publications%2Ftabled papers%2FHSTP02959_1982%22;srcl=sml.

设施。① 由此可见，加拿大的《国家安全审查投资指南》采取了保守的做法，即不仅列举的考量因素是非穷尽性的，而且基于各考量因素的行业或部门列举同样是非穷尽性的。这种制度安排同样体现了国家安全含义的有限透明化。

（三）援引性规定②

有些国家并没有在立法中明确国家安全的含义，但是将其指向了外部的法律渊源及其解释，以提升透明度。比如：葡萄牙在有关立法中明确，保护战略资产应尊重葡萄牙在世界贸易组织有关公约、法案、协议或决定中承担的国际法义务；匈牙利也在立法中明确，满足基本社会需求的安全是指《欧洲联盟运作条约》第 36 条、第 52 条第 1 款和第 65 条第 1 款的规定。这种规则存在一定的被动性，即国家对于相关概念的阐述受制于外部的立法。

（四）立法界定国家安全的含义

有的国家将广义的国家安全含义分解为特定的公共利益或者对特定的公共利益进行风险阐述，以提升透明度。比如，波兰《投资管制法》界定了审查标准的含义，即确保履行波兰共和国承担的与维护波兰共和国领土的独立和完整相关的义务，确保自由、人权和公民权利、

---

① 具体包括：（i）投资对加拿大国防能力和利益的潜在影响，包括但不限于国防工业基础和国防设施；（ii）投资对加拿大境外敏感技术或专有技术转让的潜在影响，包括投资是否提供与敏感技术的研究、设计或制造相关的非公共领域的信息……（vi）投资对加拿大关键基础设施安全的潜在影响，其中关键基础设施是指对加拿大人的健康、安全、安保或经济福祉以及政府有效运作至关重要的流程、系统、设施、技术、网络、资产和服务……（xi）该投资有可能访问的敏感个人数据可能被用来损害加拿大的国家安全，包括但不限于个人可识别的健康或遗传信息（例如健康状况或基因检测结果）、生物识别（例如指纹）、财务（例如机密账户信息，包括支出和债务）、通信（例如私人通信）、地理位置或者有关政府官员的个人数据等。Guidelines on the National Security Review of Investments [EB/OL]. (2021-03-24) [2023-09-14]. https://ised-isde.canada.ca/site/investment-canada-act/en/investment-canada-act/guidelines/guidelines-national-security-review-investments.

② Transparency, Predictability and Accountability for Investment Screening Mechanisms: Research Note by the OECD Secretariat[R/OL]. (2021-05-21)[2023-09-14]. https://www.oecd.org/daf/inv/investment-policy/2009-Guidelines-webinar-May-2021-background-note.pdf.

公民安全和环境保护得到应有的保障，防止导致波兰共和国不可能或难以履行《北大西洋公约》规定的义务的活动或现象的发生，防止社会或政治可能扭曲波兰共和国对外关系的活动或现象的发生，确保波兰共和国的公共秩序与安全，以及满足人民不可或缺的需求，以保护人民。

（五）采访或宣讲推介等

前文已经述及，有些国家（比如欧盟、法国）负责审查事宜的政府官员会在第三方组织的活动（比如律师事务所组织的实务讲座或学术活动）中介绍安全审查制度。当然，通过媒体采访或答记者问的方式也可以实现类似的效果。

三、小结

本节从比较法的视角探讨了提高国家安全含义之透明度的不同路径。我国此前针对外商投资安全审查的立法采用的是"部门规章＋穷尽性列举"的方式。此举存在一定的劣势。2015 年《外国投资法（草案征求意见稿）》试图在保留原有模式的基础上加以完善，故而建议采用"法律＋非穷尽性列举"的方式。但是该草案征求意见稿中的建议并没有被《外商投资法》或《外商投资安全审查办法》所采纳。《外商投资安全审查办法》第一条肯定了《外商投资法》《国家安全法》和其他法律是本办法的制定依据，但其他法律的范围并不明确，这也导致国家安全这一概念的指向不明确。

其他国家或经济体采取了多种透明化的方式，使用官方语言在特定网站上公开有关信息。尽管各国对于国家安全或考量因素的规定不同，但是在透明化路径上提供了有益参考。美国和欧盟作为外商投资最青睐的目的地，在其立法中以非穷尽性列举的方式明确了需要考量的安全审查因素。立法的滞后性从美国在距离 1988 年《埃克森—佛罗里奥修正案》近 20 年后才在 2007 年的《外国投资和国家安全法》中增加了六项外商投资安全审查因素中可见一斑，而非穷尽性列举（或兜底性条款）的方式有助于解决滞后性的问题，同时也能确保国家安全的全面覆盖性。

澳大利亚和加拿大并没有在立法中明确国家安全或国家利益的概念，但是通过政策性文件的方式非穷尽性地列举了安全审查的考量因素。澳大利亚还通过示例的方式进一步提高了审查因素的直观性。两国的这种做法既能给投资者指导，又能迅速作出修改，但是该规则并不具有强制性，因此只能作为参考性资料而存在，并不能提升政府的可归责性。为确保政策的透明度和可预测性，政策的变更亦不能过于频繁。比如澳大利亚每年更新一次《外国投资审批政策》。

还有一些国家采用了援引性规定、立法界定国家安全含义、采访或宣讲推介的方式，而这些方式各具利弊。援引性规定存在一定的不确定性和被动性，受制于外部规则的立法和实践，比如世界贸易组织对于根本安全例外的理解或将影响该国的立场。尽管有的国家（如波兰）在立法中界定了国家安全的含义，但是该界定仍然十分宽泛，因此，给予投资者的透明度仍然是有限的。采访或者宣传推荐的方式与其他方式并不冲突，是一种可以普遍采取的方式。

第四节　本章小结

《外商投资安全审查办法》并没有对国家安全的内涵作出清晰的界定，而是笼统地在第一条指出，该办法是依据《外商投资法》《国家安全法》及相关法律制定的，因此何为国家安全仍是困扰外国投资者和实务工作者的主要问题。

在第一节对我国有关国家安全的规定进行梳理的基础上可以发现，《国家安全法》及相关法律（如果以涉及国家安全问题为标准）的范围是非常广泛的。不同的法律是基于不同的立法初衷和立法价值，因此各个法律的规制对象和立足点有所不同。这也就意味着不同的法律对于国家安全之外延的界定是有一定差异的。

第二节从实践角度部分地探究了不同机构、不同规定对于国家安全概念的解读是否一致。通过对比解读有关国家安全的公开案例可以发现，我国有关国家安全的立法和实践对于国家安全内涵的解读是不一致的，因此无法得出《外商投资安全审查办法》中的国家安全的确定含义。因此迫切需要对该含义或考量要素进行一定的解读，以帮助外国投资者和实务工作者理解国家安全在《外商投资安全审查办法》中的含义。

第三节对比分析了我国和其他国家或经济体所采取的透明化的方式。研究发现，我国此前的"部门规章＋穷尽性列举"的方式存在一定的弊端。我国固然可以延续此前的方法，但是建议适当予以完善。比如采用非穷尽性列举的方式，这可以有效应对新出现的国家安全风险，此举与美国和欧盟所采取的方式类似。此外，也可以考虑采用政策性文件的方式（如澳大利亚和加拿大），通过非法律性的指引提升透明度，帮助投资者了解国家安全的含义，并辅之以示例，从而进一步提升其透明度。如果直接援引《国家安全法》这一立法，则可以同时实现对国家安全的界定和对考量因素的明确。因此，可在《外商投资安全审查办法》中直接明确，在进行国家安全审查时，应当参照《国家安全法》进行审查。当然，采访或宣传推介的方式也可以并行采用。

第五章　外商投资安全
审查的程序及其完善路径

程序性规则是保障实体性规则得以实施的重要手段。从历史角度纵向分析我国外商投资安全审查制度的发展历程可以发现,该制度的程序规则在这个过程中是逐步完善的,包括审批机构、审批范围、审批流程、审批决定的种类以及审批决定的监督执行。然而,从比较法的角度观之,却发现该制度实施层面的透明度仍有所缺失。其中,最为明显的两例是审查结果的公开机制和审查决定的救济或监督程序。

本章从我国外商投资安全审查制度的程序规则角度出发,全面呈现其透明化程度,继而从比较法的视角分析其在审查结果的披露和审查决定的救济或监督程序上的不足。在此基础上建议我国通过年度报告或个案公开的方式提高规则实施情况的透明度。同时,当投资者对审批决定不满时,应考虑为其提供适当的救济程序。

第一节　审查程序的透明化程度概述

通过分析我国外商投资安全审查制度的演进可以发现,该制度在程序层面的透明化程度逐步提高，主要体现在审批范围的明确、审批机构的设置、审批流程的完善和审批决定的监督四个方面。

第一，《外商投资安全审查办法》的审查范围更加明确。一是在界定需要提交审查的投资类型方面，该办法涵盖了外国投资者直接或间接在中国境内开展的所有类型的投资，包括新设投资、并购投资以及其他方式的投资（第二条）。这一范围比 2011 年《国务院办公厅关于建立外国投资者并购境内企业安全审查制度的通知》和《商务部实施外国投资者并购境内企业安全审查制度的规定》中所规定的范围更广且更全面，这两个规定仅仅适用于外国投资者以并购方式开展的投资。2016 年，"三资企业法"不再对新设外商投资企业的行为进行全面审查。2020 年《外商投资法》代替"三资企业法"，规定在全国实施准入前国民待遇加负面清单的管理方式。因此，在当前的外商投资管理体制下，外商投资安全审查机制对于保障我国国家安全的重要性明显增加。但是，《外商投资安全审查办法》并没有像 2015 年《自由贸易试验区外商投资国家安全审查试行办法》一样细化其他方式的投资类型[①]，这一规定为审批机构保留了一定的自由裁量权，以应对外商投资类型未来发展之变化。因此，《外商投资安全审查办法》将最主要的两个投资类型（即新设和并购）纳入审查范围，并且明确对新设方式的投资同样适用，提升了该制度的透明度。二是在审查范围中，《外商投资安全审查办法》保持了此前的做法，同样将审查范围明确为两类外商投资，即外国投资者在军工相关领域的投资，以及外国投资者投资某些重要（重大或关键）领域的企业并可能获得实际控制权的投资。当然，《外商投资安全审查办法》对此进行了一些细节上的调整，比如细化了军工相关企业的内容，拓展了重要（重大或关键）领域的范围。但

[①]　即外国投资者通过协议控制、代持、信托、再投资、境外交易、租赁、认购可转换债券等方式投资。

是，《外商投资安全审查办法》在规定重要（重大或关键）领域时，采用了"以及其他重要领域"这一兜底性条款的说法，既保留了一定的自由裁量权，也为应对未知形势预留了空间，实现了有限透明化。

第二，《外商投资安全审查办法》新设立了工作机制办公室，负责组织、协调和指导外商投资安全审查工作（第三条）。该办公室设在发改委，接受发改委和商务部的联合监管。这种共同牵头的安排与2011年《国务院办公厅关于建立外国投资者并购境内企业安全审查制度的通知》中的外国投资者并购境内企业安全审查部际联席会议类似，但是工作机制办公室的权力更广。详言之，一是工作机制办公室是安全审查工作的联络点，负责接受投资者或境内相关当事人（以下统称当事人）的申报（第四条）、回答当事人的咨询（第五条）、书面通知当事人审查决定的内容（第九条）等。二是工作机制办公室是进行安全审查的审查机构，负责决定是否需要进行安全审查、一般审查或特别审查（第七至第八条）。三是工作机制办公室还负责监督审查决定的执行情况：对于附加条件通过安全审查的外商投资，可以对附加条件的实施情况进行核实（第十三条）；对于投资者实施申报范围内的外商投资但拒不申报的，对于提供虚假材料、隐瞒有关信息骗取通过安全审查的，对于未按照附加条件实施投资的，均可以责令限期恢复到投资前的状态（如处分股权或资产以及采取其他措施）（第十六至第十八条），并且应当将当事人的上述行为作为不良信用记录纳入国家有关信用信息系统，实施联合惩戒（第十九条）。遗憾的是，该办法并未明确工作机制办公室的人员组成及决策方式。

第三，《外商投资安全审查办法》对安全审查的流程进行了系统的完善。在启动方式上，不仅包含此前设置的由当事人主动申报（第四条）和由有关机关、企业、社会团体、社会公众等向工作机制办公室提出进行安全审查的建议（第十五条），还新增了工作机制办公室责令申报这一规定(第十六条),即外商投资属于安全审查规定的申报范围但当事人未提交安全审查申请的,由工作机制办公室责令限期申报(第十六条)。在收到当事人的申报后,工作机制办公室将进行初步审查以决定是否需要开展安全审查(第七条),继而开展一般审查。如果经一般审查认为申报的外商投资影响或可能影响国家安全的,则需进行特别审查(第八条)。进一步地,该机制明确了各审查阶段的时间、补充提供材料的时间不计入审查期限等规定(第七至第十条)。这些程序性事项的明确极大地提高了该机制的透明度。

第四,《外商投资安全审查办法》在确保安全审查决定的实施方面制定了严厉的处罚规则。如果投资者出现以下情况,将被责令改正以及恢复至投资开始前的状态,甚至可能被纳入国家有关信用信息系统:一是未向工作机制办公室申报而实施审查范围内的外商投资的(第十六条);二是向工作机制办公室提交虚假材料或者隐瞒相关信息(第十七条);三是不遵守工作机制办公室规定的附加条件(第十八条)。

整体而言,我国外商投资安全审查制度在规则层面的透明度明显提高。然而,从比较法的视角观之,我国在规则实施层面的透明度与其他国家差距较大。一是我国的《外商投资安全审查办法》并不要求公开安全审查的结果,详言之,不要求以个案公开的方式或以年度报告的方式公开安全审查的结果。这一点在第二章的案例分析部分已有阐释。其他国家或经济体(如美国、欧盟、澳大利亚、加拿大等)则通过年度报告的方式,较全面地呈现了其安全审查制度的实施情况,提高了透明度。二是我国《外商投资安全审查办法》规定的用以监督安全审查决定的机制仍有不足,不仅缺少年度报告等监督方式,而且缺少对投资者的司法救济措施,较难实现对审查决定的监督。而在其他一些国家或经济体中则存在此类救济措施,例如,美国存在立法监督和司法监督（即在实务中肯定了对程序性事项的救济措施），欧盟已经在区域层面引入了救济措施。这两个方面的透明度不足将严重影响投资者对于我国外商投资安全审查制度的透明性和可预见性的评价。因此，本章将主要从比较法的视角探讨如何在这两个方面提升透明度。

第二节　审查实施情况的披露机制

除 2015 年《外国投资法（草案征求意见稿）》中建议编制和公布安全审查年度报告外①，其他正式实施的、有关外商投资安全审查制度的部门规章或者规范性文件均不要求编制和公布年度报告，也不要求公开审查结果。这两种公开方式的区别是，年度报告是对一段时间内该制度实施情况的总结，而审查结果的公开则更强调对个案的公开。虽然存在区别，但二者的关系是十分密切的。但是纵观其他主要国家或经济体的立法能够发现，要求公开审查结果或者年度报告的不在少数。

OECD 的投资政策指南建议成员国采取措施确保规则实施情况的透明度和问责制。比如，针对个案审查情况发布新闻稿，这是一种及时、迅速的方式；也可通过年度报告等周期性报告的方式进行综合、整体的披露。很多 OECD 国家都建立了安全审查制度实施情况的披露机制，比如，欧盟和美国的年度报告制度，澳大利亚对个案发表新闻稿等。这些方式都可以为公众和潜在的投资者提供理解安全审查的规则及其适用情况的机会，为当局提供解释该实施情况的机会，从而提高透明度和可预测性。

---

① 国务院外国投资主管部门应编制和公布外国投资国家安全审查年度报告。

一、年度报告

在审查实施情况方面,欧盟、美国、加拿大、澳大利亚等主要经济体都通过年度报告的方式向议会和公众披露其安全审查制度的实施情况。尽管披露的内容有较大差别,但都有助于投资者了解此制度的实施情况,从而辅助投资者作出投资决策。此处以欧盟和美国的年度报告为例予以说明。

(一)欧盟

欧盟自 2020 年 10 月全面实施《欧盟外国直接投资审查条例》。2021 年 11 月,欧盟委员会发布首份外资审查年度报告。[①] 2022 年 9 月 1 日,欧盟委员会向欧洲议会和欧洲理事会提交了关于欧盟外国直接投资审查的第二份年度报告。这份年度报告也是欧盟全面实施《欧盟外国直接投资审查条例》以来第一个覆盖整个日历年度的年度报告。该报告是在 27 个成员国的安全审查报告和其他数据的基础上形成的,包括四章,分别是流入欧盟的外国直接投资的趋势和数据(第一章)、成员国的立法发展情况(第二章)、成员国的外国直接投资审查实施情况(第三章)和欧盟的外国直接投资合作机制运行情况(第四章)。[②]

透过这份年度报告可以发现,27 个欧盟成员国中有 25 个成员国已经建立或更新了各自国家的外国直接投资审查机制,或者已经开展磋商或立法程序,预计将制定新的审查机制或对现有机制进行修订。

---

① 欧委会发布首份外资审查年度报告[EB/OL].(2021-11-25)[2023-09-06]. http://eu.mofcom.gov.cn/article/jmxw/202111/20211103220821.shtml.

② Report from the Commission to the European Parliament and the Council: Second Annual Report on the Screening of Foreign Direct Investments into the Union[R/OL].(2022-09-01)[2023-09-14]. https://ec.europa.eu/transparency/documents-register/detail?ref=COM(2022)433&lang=en.

换言之,除了两个欧盟成员国(保加利亚、塞浦路斯),其他的欧盟成员国都已经建立或者正在建立外国直接投资审查机制。表 5-1 概述了 27 个成员国 2021 年的立法情况和进展。

表 5-1　欧盟成员国的外商投资安全审查机制的立法现状①

立法现状	成员国
已经在国家层面制定了外国直接投资安全审查机制	奥地利、芬兰、马耳他、波兰、葡萄牙、斯洛文尼亚、西班牙
已经修改了现有的外国直接投资安全审查机制	法国、德国、匈牙利、意大利、拉脱维亚、立陶宛
已经开展磋商或立法程序,预计将更新现有的外国直接投资安全审查机制	荷兰、罗马尼亚
已经在国家层面实施新的外国直接投资安全审查机制	捷克、丹麦、斯洛伐克
已经开展磋商或立法程序,预计将制定新的外国直接投资安全审查机制	比利时、克罗地亚、爱沙尼亚、希腊、爱尔兰、卢森堡、瑞典
公开报道中未见相关计划	保加利亚、塞浦路斯

2021 年,欧盟成员国各自的审批机构总计收到 1563 份投资审查申请。其中,71%不需要进入审查阶段,29%展开了正式审查。在进入正式审查的交易中,有 73%获得了无条件批准,23%为附条件或附缓解措施通过,1%的投资被拒绝,3%的投资者主动撤销了投资申请。相较于上一年而言,进入审查的案件比例有所增加,获得无条件批准的比例下降(2020 年为 79%),获得附条件或附缓解措施通过的交易大量增加(2020 年为 12%),被拒绝的投资比例略有下降(2020 年为 2%)。但是报告认为,欧盟仍然对外国直接投资保持开放,在保证安全和公共秩序的前提下,成员国仅仅在一项交易会构成非常严重的威

---

　　① Report from the Commission to the European Parliament and the Council: Second Annual Report on the Screening of Foreign Direct Investments into the Union [R/OL]. (2022-09-01) [2023-09-14]. https://ec. europa. eu/transparency/documents-register/detail?ref=COM(2022)433&lang=en.

胁时才会否决这项交易。①

就欧盟设立的外国直接投资合作机制而言,2022年年度报告与2021年年度报告中得出的关键结论是相同的。

第一,欧盟的合作机制继续运转良好。在2021年,成员国通报欧盟的投资交易共有414起,绝大多数(约为86%)在第一阶段规定的15个自然日内结案(即速度非常快)②;只有11%的通报案件(上一份报告涵盖期间为14%)在第二阶段结案;欧盟委员会只在不到3%的案件中给出了意见。

第二,虽然大多数案件在第一阶段规定的15个自然日内得到了快速评估,但考虑到成员国需要时间对委员会提供额外信息的要求进行答复,进入第二阶段的案件的持续时间有显著差异,而这往往取决于被要求提供信息的投资者。要求提供这些信息是为了更好地评估目标公司的重要性或投资者带来的潜在威胁,要求提供的信息通常包括以下一项或多项:一是目标公司的产品和/或服务的数据;二是所涉及的任何产品可能出现军民两用的情况;三是客户、替代供应商和市场份额;四是交易后投资者对目标公司的影响;五是目标公司的知识产权组合和研发活动;六是投资者及其策略的其他界定性特征。

第三,根据《欧盟外国直接投资审查条例》通报欧盟的案件所涉及的主要争议行业为信息通信技术、制造业、金融活动和批发零售业,最终投资者的来源地为美国、英国、中国、开曼群岛和加拿大,基本反映

---

① Report from the Commission to the European Parliament and the Council: Second Annual Report on the Screening of Foreign Direct Investments into the Union[R/OL]. (2022-09-01)[2023-09-14]. https://ec. europa. eu/transparency/documents-register/detail?ref=COM(2022)433&lang=en.

② 根据《欧盟外国直接投资审查条例》第6条:有外资安全审查机制的成员国在进行任何外资安全审查时,必须尽早向欧盟委员会及其他成员国通报并提供相关信息;通报中可以包括一份其认为安全或公共秩序可能受此影响的成员国的名单,并说明该项外国投资有无可能属于《欧盟合并控制条例》的适用范围。欧盟委员会及其他成员国应当在收到通知后的15日内,通知审查国看其是否意欲发表意见或评论,并可以要求后者提供额外信息,而审查国应尽力提供此类额外信息。廖凡. 欧盟外资安全审查制度的新发展及我国的应对[J]. 法商研究,2019(4):182-192.

了总体投资情况和最终投资者的来源。

第四，成员国通报的大量案件涉及该条例第 4 条所列举的一项或多项考虑因素，包括关键基础设施、技术和两用项目、敏感信息的获取，以及政府可能对外国投资者的所有权或控制产生的影响。①

综上所述，欧盟的年度报告汇总了欧盟成员国的安全审查情况和欧盟合作机制的实施情况，从统计数据角度提供了全面的信息。特别是在欧盟的合作机制第二阶段所需提供的材料方面，为投资者提供了一些实务操作信息。年度报告中指出，在 2021 年欧盟成员国约有 100 项交易被附加了条件或缓解措施，但是年度报告中并没有明确这些附加的条件或缓解措施，如能进一步明确，则更有助于投资者开展投资。下文所阐释的美国年度报告在这一点上值得肯定。

（二）美国

在《外国投资和国家安全法》颁布之前，美国外国投资委员会常以保密为由不积极回应国会质询，导致国会对安全审查机制的运行情况了解较少。② 为了增加国会的监督权力，《外国投资和国家安全法》明确要求美国外国投资委员会向国会报告个案审查情况并提交年度报告。这种报告是事后报告，《外国投资和国家安全法》并不要求美国外国投资委员会在案件审理终结之前通知国会或向国会报告。③ 对个案审查情况的报告要求美国外国投资委员会在审查完成一项交易后向国会提交书面报告，阐明美国外国投资委员会就该交易采取的行动和

---

① Report from the Commission to the European Parliament and the Council: Second Annual Report on the Screening of Foreign Direct Investments into the Union[R/OL]. (2022-09-01)[2023-09-14]. https://ec.europa.eu/transparency/documents-register/detail?ref=COM(2022)433&lang=en.

② 蒲红霞，葛顺奇.美国的外资安全审查制度与我国企业跨国并购的对策[J].国际贸易，2018 (3)：51-55.

③ 邵沙平，王小承.美国外资并购国家安全审查制度探析——兼论中国外资并购国家安全审查制度的构建[J].法学家，2008(3)：154-160.

在审查中所考虑到的安全审查因素。年度报告则要求美国外国投资委员会在每年 7 月 31 日前向国会提供详尽的年度报告,阐明每年的审查情况。收到报告的国会高级成员可以对相关交易或缓解协议的实施情况进行质询,从而起到立法监督的效果。上述信息可能涉密,但是对于非涉密的版本,应当向公众开放,从而有助于投资者预判该制度对其未来投资的可能影响。

1. 年度报告的内容

根据《外国投资和国家安全法》的要求,美国外国投资委员会提交的年度报告应当包括如下信息。

第一,上一年度投资者提交的所有申请和美国外国投资委员会在此期间完成审查或调查的交易,包括交易各方的基本信息、所有相关人员的业务活动或产品性质、任何投资者撤回投资的信息,以及总统根据要求作出的任何决定或采取的行动。

第二,关于投资者提交申请的数量、美国外国投资委员会进行调查的数量、投资者撤回投资申请的数量和总统作出决定或采取行动的数量的单项信息、累计信息和趋势信息。

第三,已提交申请涉及的业务部门以及投资来源国的总量信息和趋势信息。

第四,投资者向美国外国投资委员会撤回投资申请后的后续信息,比如,是否重新提交了申请,还是放弃了此交易。

第五,美国外国投资委员会用于减轻(或缓和)对于拟议投资的国家安全担忧的安排和条件的种类,包括讨论美国外国投资委员会和任何牵头机构用于确定此类安排或条件得以遵守的情况的方法。

第六,详细讨论涵盖交易对美国国家安全或关键基础设施的所有可察觉的不利影响,美国外国投资委员会将在提交下一次报告之前的审议中尽可能地考虑这些不利影响。

2023 年 7 月 31 日，美国外国投资委员会向国会提交了 2022 年美国外国投资委员会年度报告，年度报告的内容十分详尽。除包含上述信息外，还对投资母国、投资行业、投资决定的类型等分别进行了统计分析。

以附加的缓解措施和条件为例，美国的并购安全审查制度允许美国外国投资委员会通过在交易上附加条件的方式减轻该交易可能对美国国家安全产生的负面影响，继而准予一项并购交易，因此缓解措施和条件对于维护美国国家安全具有重要价值，在实践中经常被美国外国投资委员会使用。2022 年，美国外国投资委员会在 52 项交易中采取了这种缓解措施和条件，约占 2022 年申报投资交易总数的 18%，其中有 41 项交易在投资者与美国相关部门签署缓解协议后通过了美国外国投资委员会的审查。

对于《外国投资和国家安全法》生效以来施加的缓解措施和条件，财政部长（即美国外国投资委员会的主席）为每项缓解措施和条件分别指派了至少一个美国政府机构作为牵头机构，以监督该缓解措施和条件的遵守与实施情况。该牵头机构代表美国外国投资委员会履行监督职责，并定期向美国外国投资委员会报告。年度报告显示，这些政府机构均已认真履行了其监督职责。

2022 年商讨与通过的缓解措施和条件要求拟开展交易所涉及的企业采取特定的、可验证的行为，包括：第一，禁止或限制某些知识产权、商业秘密或技术信息的转移或共享；第二，与美国政府或其承包商就处理当前或未来合同中涉及的美国政府客户信息以及其他敏感信息建立准则和规定；第三，确保只有特定授权人员才能访问某些技术、系统、设施或敏感信息；第四，确保某些设施、设备和经营只能处于美国境内；第五，在更改数据存储位置之前，需要通知美国政府并获得美国政府的无异议决定；第六，限制某些人员的招聘和雇用；第七，建立公司安全委员会、投票信托和其他机制，以限制外国投资者的影响力和确保合规性，包括任命由美国政府批准的安全官员和/或董事会成员，以及符合针对安全政策、年度报告和独立审核的要求；第八，在他国国民访问美国企业之前，提前通知安全官员、第三方监督者或相关美国政党，并获得批准；第九，存在满足用户安全需求的协议（安全协议），以确保出售给美国政府的产品或软件的完整性；第十，当美国企业的所有权发生变更时，通知相关客户或相关美国政党；第十一，确保在固定时间内对美国政府供应的连续性，在作出某些商业决策之前通知并咨询美国政府，当公司决定退出某项业务时给美国政府预留某些权利；第十二，如果一项商业计划可能影响美国政府供应或引发国家安全考虑因素的，则应当召开会议讨论这项商业计划；第十三，将某些敏感的美国资产排除在交易之外；第十四，确保只有获得授权的供应商才能提供某些产品或服务；第十五，在外国投资者提高企业所有权份额前，需要通知相关美国政党并获得批准；第十六，要求外国收购方剥离全部或部分美国业务。①

通过分析这些附加的缓解措施和条件以及美国外国投资委员会在受管辖交易中发现的对国家安全或关键基础设施造成的不良影响等信息，有助于投资者提前设计投资安排，进而提升通过安全审查的可能性。因此，美国的年度报告有助于投资者了解美国并购安全审查制度的实施情况，使其能够合理预判风险②，进而有效提升了美国并购安全审查制度的透明度。

---

① Annual Report to Congress for CY 2022［R/OL］.［2023-09-14］. https://home. treasury. gov/system/files/206/CFIUS%20-%20Annual%20Report%20to%20Congress%20CY%202022_0. pdf.

② 比如2023年7月31日，美国外国投资委员会发布2022年年度报告后，我国的律师事务所立即据此向中国投资者发出了风险提示。张国勋，王大坤，张雪晨. 2022年度CFIUS报告分析及2023年美国投资审查动态观察［EB/OL］.（2023-08-07）［2023-09-06］. https://www. zhonglun. com/Content/2023/08-07/1338385220. html.

2. 年度报告的价值：立法监督

美国国会是立法监督的典型代表，享有立法权和监督权。国会对安全审查的执行情况进行监督是通过要求美国外国投资委员会每年向其提交年度报告的方式实现的。[①] 尽管国会无权介入个案审查，但是议员可以在审查程序之外发挥影响力，如基于对国家安全利益的关注、基于议员的身份利益，以公开发表倾向性意见，甚至是通过法案的方式。然而，这种判断并无可靠的证据和严密的论证，因此其政治性更加明显，受到的约束也极为微弱。[②]

前文已经提及，美国之所以加强了对外国政府投资者跨国并购的关注，其背后的原因与美国国会的推动不无关系。1992 年，美国国会对法国企业汤姆逊无线电试图收购 LTV 钢铁公司导弹部门的提案进行了密切的关注，并担忧地认为美国总统消极运用《埃克森—佛罗里奥修正案》来保护美国的国家安全。比如，国会参议员埃克森指出，在通过《埃克森—佛罗里奥修正案》后，美国外国投资委员会对 700 个拟开展的并购投资进行了初步审查，但只有 13 个进入调查阶段，且只有 1 个拟开展的投资被美国总统否决。据此，他认为美国总统并没有积极运用《埃克森—佛罗里奥修正案》来维护美国的国家安全，批评美国外国投资委员会在保障美国国家安全方面的失职。[③] 在此基础上，《伯德修正案》增加了对外国国有企业的投资进行强制调查的要求。从这一层面来看，在当时的背景下，国会监督的目的是防止行政机关消极、懈怠地行使权力，而不是担心其过于严苛。[④]

[①] 冀承，郭金兴.美国外国投资国家安全审查制度的历史变迁、制度设计及中国的应对[J].国际贸易，2019(6)：69-78.

[②] 王东光.国家安全审查：政治法律化与法律政治化[J].中外法学，2016(5)：1289-1313.

[③] Weimer C M. Foreign Direct Investment and National Security Post-FINSA 2007[J]. Texas Law Review，2008(3)：663-684.

[④] 杨丽艳，李婷.中国外商直接投资国家安全审查法律问题研究[J].武大国际法评论，2017(2)：53-69.

　　此后,美国国会又极力反对其他国有企业在美国的投资。比如
2005 年中国国有企业中海油拟收购美国的石油公司优尼科。对于中
海油的此次投资,美国国会的负面反应极为迅速:许多国会议员写信
给当时的财政部长,敦促美国外国投资委员会审查并阻止该交易,因
为他们认为由中国的国有企业控制一家拥有大量石油储备的美国公
司将威胁美国的国家安全;更有议员和评论家提出了更为激进的观
点,认为鉴于美国对外国石油的依赖、油价上涨以及中国不断增强的
军事、政治和经济实力,美国允许中国国有企业收购美国的石油公司
是不负责任的行为。在美国国会的强烈反对下,中海油被迫撤回了该
投资申请。① 2006 年,国会极力反对阿联酋某国的国有企业迪拜港口
世界公司收购半岛—东方航运公司的申请,最终导致美国政府阻止了
该项投资。该案获得批准之前,美国国会参众两院议员都表达了对该
投资的强烈反对。其中,参议院多数党领袖、参议院少数党领袖、众议
院议长和众议院少数党领袖都公开表达了对此投资的强烈保留意见,
并举行了国会听证会。美国国会的反应最终推动了 2007 年《外国投
资和国家安全法》的通过,接受了《伯德修正案》对外国政府投资者的
国家安全审查规则,并且修改了美国外国投资委员会的审查程序,要
求美国外国投资委员会对每个国家安全审查案例进行结案汇报、机密
简报和年度报告②,进一步强化了国会对美国外国投资委员会进行广
泛监督的权力。有学者提出,《外国投资和国家安全法》规定的国会参
与和监督程序并不严苛,反而能大大增加国会的信心和认可,是一种

---

　　① Byrne M R. Protecting National Security and Promoting Foreign Investment: Maintaining
the Exon-Florio Balance[J]. Ohio State Law Journal,2006(4):849-910.
　　② 杨丽艳,李婷婷. 中国外商直接投资国家安全审查法律问题研究[J]. 武大国际法评论,2017
(2):53-69.

平衡国家安全和保持投资开放的制度设计。①

2018 年通过的《外国投资风险审查现代化法案》进一步体现了国会在安全审查程序中的监督和参与的明显意图，其对美国外国投资委员会的报告义务提出了更高、更细致的要求。② 比如，《外国投资风险审查现代化法案》要求美国外国投资委员会向国会就其评估交易的当事方、业务性质、美国外国投资委员会的审查与调查结果提交更深入、广泛的报告，其中特别新增了针对中国投资报告的部分，要求美国外国投资委员会从《外国投资风险审查现代化法案》生效起至 2026 年，每两年向国会提交一份关于中国在美国投资情况的报告，报告内容极为翔实。③ 这种报告义务进一步增加了国会对安全审查的监督。但同时也因过度向（以政党为基础运行的）国会公开而引发学界对国会政治干预的质疑。④

二、个案公开

第三章曾经提及 OECD 成员国对信息的披露程度不同。比如，加拿大要求披露投资者的名称和位置、被收购或新设立企业的名称和位置以及该企业所经营的经济活动。剖析个案信息，更好地理解安全审查制度的实施情况，以提高透明度。本书以笔者在澳大利亚的调研为

---

① Georgiev G S. The Reformed CFIUS Regulatory Framework：Mediating between Continued Openness to Foreign Investment and National Security[J]. Yale Journal on Regulation，2008(1)：125-134.

② 沈伟.美国外资安全审查制度的变迁、修改及影响——以近期中美贸易摩擦为背景[J].武汉科技大学学报(社会科学版)，2019(6)：654-668.

③ 报告的内容包括根据投资价值、规模、行业、是否来自中国政府投资和投资规律等因素对所有交易进行分类和分析，汇报由中国政府投资购买的企业名单，中国在美国直接投资企业及附属机构的数量、员工总数和估值等信息，考察投资是否符合《中国制造 2025》中的计划目标以及中国在美国直接投资与其他国家之间的对比。王碧珺，张明，衰子雅.美改革国家安全审查机制，中国投资获区别对待[EB/OL].(2018-10-11)[2023-09-06]. https://www.sohu.com/a/258872310_729263.

④ Thompson A. The Committee on Foreign Investment in the United States：An Analysis of the Foreign Investment Risk Review Modernization Act of 2018[J]. Journal of High Technology Law，2018(2)：361-406.

基础,阐明公开的个案信息体现了审批机构的立场。

（一）加拿大

目前系统规定外国投资者到加拿大投资的审批制度的法律规范是《加拿大投资法》(2021年修订)、《加拿大投资规则》(2020年修订)和《关于投资的国家安全审查条例》(2022年修订)。《加拿大投资法》要求非加拿大人在获得既有加拿大企业的控制权或建立与既有加拿大企业无关的新的加拿大企业时,必须提交通知或审查申请,而在一般情况下,只需经过通知程序即可。《加拿大投资规则》规定了非加拿大人根据该法案应提交的信息、提交信息的方式,并提供了与之相关的某些定义。《国家投资安全审查条例》规定了工业部部长和/或内阁总理在启动国家安全审查、进行审查以及在审查后就审查的投资发布具体命令以保护国家安全时必须遵守的期限要求。

根据《加拿大投资法》,加拿大政府每月在其官网上公布非加拿大人提交的通知和已经完成的审查决定。公开的信息为《加拿大投资法》中规定可以公开披露的信息,包括投资者的名称、地址及其最终控制人的国籍,加拿大企业的名称、所在城市和省份,以及简要介绍加拿大企业的商业活动。此外,还有这些信息形成的数据库,并提供了检索功能,可以根据递交的申请种类、投资者母国以及投资者最终控制人的国籍进行检索。

诚然,及时公开审查决定可以使外国投资者迅速了解东道国政府在维护国家安全上的立场,从而了解当地的投资环境,并及时调整投资策略,但也有可能引起投资者母国的注意,甚至可能触发投资者母国对其实行外交保护。

（二）澳大利亚①

1. 公开可查的案例情况综述

前文已经提到，澳大利亚财政部长（及其授权的主体）并没有义务公布审查决定或向公众解释其所作出的决定，但其确实曾经在财政部的网站上公布了一些极其重要的决定。② 这些公开的投资决定在实务操作中所占的比例很小——2008 年至 2016 年间，澳大利亚历任财政部长（或他们授权的主体）至少审查了 15 万件投资提案，但其中公开的投资提案仅 28 例。在审查的投资提案中，绝大部分为针对房地产的投资提案。③ 这些案例可以很好地反映澳大利亚政府在处理有影响力的投资时的立场和态度。因此，对这些案例的研究可以帮助理解国家利益在实务中的具体考量。

附录三汇总了澳大利亚财政部长在 2008 年至 2016 年间公开的所有投资决定，共计 28 项，以及这些投资的基本信息（如投资者、投资者的性质和投资国）与投资决定的类型。在这 28 项拟议投资中，有 20 项与中国投资者有关（包括单独发起收购要约、与其他投资者共同发起收购要约、参与竞标等情形），其中有 16 项投资与中国的国有企业有关（在澳大利亚的外商投资立法中，外国政府及其分支机构以及外国政府或其分支机构持股的企业被称为外国政府投资者——笔者注）。有三项投资涉及其他国家的政府投资者，即 2011 年新加坡交易所收购澳大利亚证券交易所的投资提案、2015 年日本邮政收购澳大利亚 Toll 货运公司的投资提案，以及 2015 年新南威尔士电力网私有

---

① 详见 Jiang H. Beaming Light on the National Interest Test: An Empirical Study of Australia's Foreign Investment Review System[J]. Asia Pacific Law Review, 2018(1): 14-35.

② 尽管相关案例目前在官网上已不可查，但相关新闻报道仍可确认这些审查决定的具体内容及审批决定所附之条件。

③ Annual Report 2014-15[R/OL]. [2023-09-14]. https://foreigninvestment. gov. au/sites/firb. gov. au/files/2016/03/FIRB-AR-2014-15. pdf.

化过程中与中国政府投资者竞争的新南威尔士电网财团(该财团中包含加拿大政府投资者,即加拿大养老基金)。

对附件所含信息的解读还可以进一步得出以下两个结论:第一,假设公布一项投资决定是因为该投资提案引发了社会的高度关注,那么,从上述公布的案例可以看出,外国政府投资(相较于外国私人投资)更能引起澳大利亚政府的格外关注。这一立场也部分反映了澳大利亚对外国政府重大投资的敏感性。换言之,澳大利亚政府特别关注外国政府投资的商业性,因此对这类投资更加谨慎。第二,在中国投资者参与的 20 项投资决定(包括初步决定和临时命令)中,有 13 项是附条件的审查决定(包括条件变更),有六项是被禁止的投资提案,其中只有一项审查决定是不附加任何条件的批准。下一部分将探讨附条件的审查决定中所附的条件并分析附加该条件的原因,而将禁止投资的审查决定留至第三部分探讨。下文的实证分析不仅可以进一步解读国家利益的具体含义,更能揭示澳大利亚对外国投资的立场。

2. 附条件的审查决定:所附条件及原因探究

前文已经述及,澳大利亚财政部长(或其授权的主体)并没有义务解释作出审查决定的理由,因此其作出决定可能的原因只能通过调研的方式窥得。笔者为此采访了诸多在此领域的专家,包括律师事务所的合伙人(他们曾经代表中国或新加坡的外国政府投资者准备了递交给 FIRB 的投资提案)、政府工作人员、投资者及目标公司的知情者,以及学术界的专家。

从下文的讨论中可以看出,澳大利亚政府对于不同的投资提案施加了不同的条件,这是因为澳大利亚政府在适用国家利益审批标准时采取的是个案审查的方式,从而根据每项投资的特殊情况进行相应的调整。[①] 现选取其中七个较为常见的附加条件予以分析。

（1）持股比例限制

有不少投资决定对外国投资者可以持有的股权比例加以限制，可以说，这是澳大利亚政府为减少外国控制（或外国投资者的持股份额）而采取的一种方法。比如：中国铝业股份有限公司（简称中铝）2008年收购力拓集团股份，澳大利亚政府对其可持有的股权设置的上限为14.99%；中国中钢集团有限公司（简称中钢）2008年收购默奇森金属有限公司时，设置的限额为49.99%；湖南华菱钢铁集团有限责任公司（2022年更名为湖南钢铁集团有限公司，简称华菱）2009年收购福特斯库金属集团的限额为17.55%；鞍钢集团有限公司（简称鞍钢）2009年收购金达尔金属有限公司的限额为36.28%；在美国伊利诺伊州狄克多市食品公司2013年意图收购澳大利亚谷物集团100%的股份时，澳大利亚财政部长拒绝了这一投资提案，并表示他倾向于允许伊利诺伊州狄克多市食品公司获得澳大利亚谷物集团不超过24.9%的股权。

这些附加条件背后的一个可能原因是减少外国控制，但实务操作的复杂性使得很难确定澳大利亚对存在控制实体的能力的理解。[②] 因此，笔者选择用股权比例这一硬性指标考察澳大利亚语境下的外国投资者对被投资实体的控制力。表5-2列举了股权比例与股东表决权的对应关系。

---

① Swan W. Speech-Australia，China and This Asian Century[EB/OL]. (2008-07-04)[2023-09-14]. https://alp.org.au/wayne-swan-archive/speeches/speech-australia-china-and-this-asian-century/.

② Voon T，Mitchell A，Munro J. Legal Responses to Corporate Manoeuvring in International Investment Arbitration[J]. Journal of International Dispute Settlement，2014(1)：41-68.

表 5-2　持股比例及相应的股东权利

持股比例	股东权利
10%	在没有重大控股财团存在的前提下,可对公司形成事实上的控制
15%	实质性权益,根据 2015 年修订前的《外国收购与接管法》,收购 15%股份的投资必须获得政府的事前批准
20%	须遵守有关收购的相关法律,外国政府投资者持有该公司 20%股份的,该公司被视为外国政府投资者实质性权益,根据 2015 年修订后的《外国收购与接管法》,收购 20%股份的投资必须获得政府的事前批准
25%	有能力阻止特别决议的通过
50%以上	有能力通过一般决议或在董事会中排除特定董事
75%	有能力通过特别决议
90%	当收购达到 90%时,收购者必须强制收购小股东权益

注:依据澳大利亚的《公司法》及《外国收购与接管法》整理得到。[1]

将表 5-2 中的持股比例与公布的决定中的持股比例限制相结合可以形成图 5-1。从图 5-1 可以看出,澳大利亚政府将外国投资者可以持有的股权份额限制为 14.99%、24.99% 和 49.99%并不是随机的,而更像是通过限制股权比例将外国投资者在目标公司的投票权限制在可以接受的水平。这意味着限制目标公司的外国控制是澳大利亚政府的国家利益考量之一。实证资料对此也表示认可,即澳大利亚政府在准入审批过程中非常担忧外国控制这一问题。联想到 20 世纪 70 年代末澳大利亚引入准入审批制度的背景(之所以引入准入审批制度,是因为日益增长的外国持股权引发了澳大利亚政府的担忧),则可以进一步得出,对外国控制的关注是出于澳大利亚政府的国家利益考量(这在重大的投资提案中尤甚),且澳大利亚政府目前仍然倾向于对外国投资者的持股权进行限制。[2]

① Hynes J. Corporate Governance:Theories,Principles and Practice[M]. Oxford:Oxford University Press,2008.

② Meredith D,Dyster B. Australia in the Global Economy:Continuity and Change[M]. Cambridge:Cambridge University Press,2012.

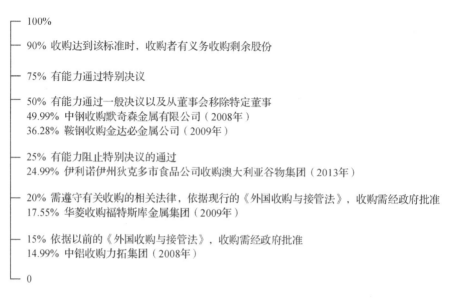

图 5-1　澳大利亚准入审批制度下的外国人控制

（2）董事权利限制

在实务中，澳大利亚政府对投资者提名的董事所享有的权利施加限制的情形也并不罕见。在已经公开的投资决定中，就包含这种类型的附加条件，即 2009 年华菱收购福特斯库金属集团一案。在这一投资决定中，华菱提名的董事必须遵守福特斯库金属集团和华菱达成的有关信息隔离的安排。特别是在定价信息对社会公开以前，不能向华菱提名的董事披露该定价信息。

附加这一条件，反映了福特斯库金属集团对华菱提名的董事对福特斯库金属集团（即目标公司）忠实义务的担忧。[①] 换言之，就是担忧国有企业（即华菱）所提名的董事在面对目标公司的利益和提名公司的利益发生冲突时如何处理的问题。在澳大利亚的公司法制度中，这

---

① Foreign Investment by State-Owned Entities［R/OL］.（2009-09-17）［2023-09-14］. http://www. aph. gov. au/Parliamentary_Business/Committees/Senate/Economics/Completed％20inquiries/2008-10/firb_09/report/index.

种区分的忠实义务已经得到了妥善处理——在没有合法授权的情况下,被提名的董事不得将提名他做董事的委任人的利益优先于(其担任董事的)公司的利益。但是,澳大利亚政府担心其他国家的公司法律制度可能还没有做到如此程度。为缓解此种担忧,福特斯库金属集团采用了信息隔离安排以减少或消除这种可能的冲突。换言之,当福特斯库金属集团寻求投资并从华菱获得投资时,福特斯库金属集团非常明确地限制了华菱的股权比例、董事会的席位和提名董事在查看公司成本上的权利……福特斯库金属集团非常明确,华菱提名的董事可以加入董事会,而且这些董事也可以参与董事会的讨论,但是,如果董事会的讨论涉及任何与福特斯库金属集团的成本或定价结构有关的事项,那么华菱提名的董事将不能列席这类讨论事项,且他们也不会被告知这类相关信息。[①]

福特斯库金属集团的上述努力得到了财政部长的认可,其有关信息隔离的私有化安排最终成为投资决定中的一项附加条件,换言之,成为被澳大利亚政府确认的正式而严格的承诺。此外,该承诺也体现了福特斯库金属集团将商业运作和客户利益分离的意图。福特斯库金属集团是澳大利亚第三大铁矿石生产商[②],华菱是其主要客户之一。在这种情况下,福特斯库金属集团(即目标公司)担忧在并购实施后,华菱作为该公司的主要客户和股东,会影响该公司的公开定价和供应,并且华菱的股东可能借由其在华菱的股权影响铁矿石的价格。通过降低华菱在目标公司的股权比例以及排除华菱参与目标公司有关成本或定价结构决策的权利这一安排,上述担忧得以缓解。

---

① Foreign Investment by State-Owned Entities [R/OL]. (2009-09-17) [2023-09-14]. http://www.aph.gov.au/Parliamentary_Business/Committees/Senate/Economics/Completed%20inquiries/2008-10/firb_09/report/index.

② Australian Okays Valin Stake in Fortescue Metals [EB/OL]. (2009-04-01) [2023-09-14]. http://www.domain-b.com/industry/mining/20090401_fortescue_metals.html.

(3)高级管理人员的经常居住地限制

在实务操作中,澳大利亚政府经常会对首席执行官、首席财务官或董事会成员的主要居住地附加条件,即要求他们的主要居住地在澳大利亚。在公开可知的案例中,有诸多这样的附加条件,其中不仅有中国政府投资者的投资提案,也有其他国家的私人投资者的投资提案。以中国政府投资者的投资提案为例,在中国五矿集团有限公司(简称五矿)于 2009 年收购 OZ 矿产公司(OZ Minerals Ltd,不包括 Prominent Hill 矿)的投资决定中,五矿被要求在收购实施后,澳大利亚运营的项目公司的首席执行官、首席财务官的主要居住地在澳大利亚,此外,还要求每个项目公司的董事中至少有两名董事的主要居住地在澳大利亚。与之不同的是 2013 年中国国家电网公司收购新加坡能源澳网公司和杰梅纳公司的投资决定。该决定同样附加了一定数量的董事会成员居住在澳大利亚这一条件,但同时要求中国国家电网公司提名的董事中有一半以上的人为澳大利亚公民且经常居住地在澳大利亚。

施加这类条件的可能原因主要有两个。第一,澳大利亚知名律师事务所的两名合伙人以及常驻澳大利亚的一名中国国有企业高层透露,董事的经常居住地在澳大利亚意味着该董事能够更加深入地了解澳大利亚法律法规中有关董事职责、公司治理、公司运营方面的规定。董事的经常居住地在澳大利亚还意味着他们至少有机会从了解澳大利亚法律和董事职责的专业人士处获得咨询意见。而董事对澳大利亚公司法及其他规则的理解将使澳大利亚政府更加放心。类似的逻辑同样适用于对首席财务官的经常居住地要求。首席财务官在公司的财务运作中起着至关重要的作用,因为首席财务官负责确保公司的财务账簿合法合规,所以没有任何一家公司敢冒险让不具备这一能力的人担任这一职务。要求他们居住在澳大利亚意味着他们了解澳大利亚(及当地)的财务报表及其需求,这一点至关重要,因为各国有不同的会计制度,了解中国(或其他任何国家)的会计制度并不意味着其同样了解澳大利亚的会计制度。这可能是要求首席财务官的经常居住地在澳大利亚的主要原因。

第二,董事或首席财务官的经常居住地在澳大利亚意味着当公司的管理出现问题时,澳大利亚政府更容易通过强制执行的方式实现规制目的。经常居住地在澳大利亚意味着澳大利亚政府与董事或首席财务官之间存在管辖权联系。因此,如果投资者违反任何投资决定所附加的条件或违反澳大利亚法律,那么澳大利亚政府就可以合理、正当地在澳大利亚提起诉讼。这与在澳大利亚以外的地区(例如中国)进行诉讼相比更加便利。

施加经常居住地这类条件的限制表明澳大利亚政府更加信任那些与澳大利亚有管辖权联系的管理团队(原因如前述)。这也意味着澳大利亚政府非常关心获得批准的投资提案的实际执行情况,从而确保任何一项外国投资的实施都不会违背国家利益。这是因为对澳大利亚法律的知悉能让他们明白,任何违反法律义务的行为都将招致严厉的处罚。这一立场与澳大利亚加强投资决定执行的最新举措完全一致。这些举措包括 2015 年引入的更加严厉的处罚办法,以及 2017年公布的有关加强对外国投资者遵守澳大利亚有关外国投资相关法律的若干安排。上述立场要求任何外国投资者都应该特别注意遵守投资决定中附加的条件。

(4)上市要求

在公开可知的投资决定中,有一个非常苛刻的附加条件,即要求目标公司在特定期间内实现上市。该条件是附加在批准兖煤澳大利亚有限公司(简称兖煤)与 Gloucester 煤矿公司合并这一投资决定之中的,据此可知,兖煤必须在 2012 年底前于澳大利亚证券交易所上市。事实上,该条件是从 2009 年兖州煤业股份有限公司(即兖煤的母公司)收购菲利克斯资源公司中承继过来的附加条件。该条件的苛刻之处在于它干涉了公司的运营决策——是否上市取决于公司所处的市场条件以及公司是如何应对这一市场条件的。

一个相关但完全不同的附加条件是要求目标公司探索上市的可能性。这一条件附加在 2012 年山东如意科技集团公司收购库比集团这一投资提案之上。与前文提到的实现上市目标不同,探索上市的可能性这一条件使得投资者无须对未能实现的上市承担法律责任,而未能在特定时间内实现上市目标将导致法律处罚。

施加这种条件的原因可能在于上市所带来的益处,比如更多的监管要求(即澳大利亚证券交易所或证券与投资委员会提出的有关合规性的披露以及更高的报告要求),从而提高公司运营的透明度。上市同样也意味着澳大利亚社会公众可分享外国投资带来的效益。后者是兖州煤业有限公司的投资中附加上市条件的原因。据知情的律师透露,施加这个条件的全部意义就是让小股东分享煤矿开发所带来的好处。

如果将上述考量与前文提到的国家利益的五个典型的考量因素相对照便可以看出,施加这一附加条件的主要原因是基于澳大利亚政府对外国投资给澳大利亚经济和社区带来的影响的担忧,并希望能够确保澳大利亚公民和利益相关者得到公平的回报。但是这一国家利益考量过于宽泛,因而并不能给到在澳大利亚投资的外国投资者对国家利益考量以更清晰的认识。

(5)定价标准及经营团队要求

在获得批准的投资提案中,还有一些常见的附加条件涉及公司的持续管理要求,比如价格最大化的要求,以及销售团队的组成和办公地要求。比如,在 2009 年华菱收购福特斯库金属集团一案中,华菱被要求遵守一些附加条件，即任何由华菱提名至福特斯库金属集团董事会的董事，必须向福特斯库金属集团递交一份说明书，载明该董事与福特斯库金属集团的营销、销售、客户资料、价格设定、价格和运输成本结构等存在利益冲突的事项。

在 2009 年五矿收购 OZ 矿产公司的资产时，五矿被要求遵守下述附加条件：第一，所有出产的矿产均应由总部设在澳大利亚的销售团队定价，该定价应完全以商业判断并参考国际上可以遵循的基准和市场惯例；第二，将收购的 OZ 矿产公司的资产作为单独的业务单位运营，并以实现其商业目标为目标，包括最大限度地提高产品价格以及长期盈利能力和价值；第三，澳大利亚 OZ 矿产公司所生产的产品归澳大利亚集团总部所有且应由澳大利亚的销售团队以商业价格出售，其中贱金属和贵金属的定价应当参照国际上可以遵循的基准（比如伦敦金属交易所和纽约商品交易所）并符合市场惯例。

在 2012 年兖煤与 Gloucester 煤矿公司合并时，兖煤被要求遵守下述条件：一是必须继续保持在商业基础上进行生产和供应安排，并将其总部继续设立在澳大利亚；二是将兖煤作为在澳大利亚注册成立且总部在澳大利亚的公司运营，该公司的经营团队须由澳大利亚的管理和销售团队主导。

施加定价相关条件的目的基本上是确保该收购符合澳大利亚的最佳利益，以及所有潜在的资产收购者均遵循类似的规则。它还旨在确保澳大利亚对于所有未来的客户来讲，仍然是可靠的供应商，这显然是《外国投资审批政策》中基于对经济和社区影响的考虑。

要求销售团队主要由澳大利亚成员组成的主要原因在于减少外国政府投资追求战略目的的可能性。比如，在实务操作中，外国政府投资者可能会采取将产品以更低的价格（与在澳大利亚出售的价格相比）出售至其母国。这就是销售团队必须在澳大利亚的原因，即确保价格合理且不受外国政府投资者的控制。因此,销售团队的构成至关重要。

(6)遵循行业规则要求

在2010年五矿收购OZ矿产公司资产的审查决定中,澳大利亚财政部长要求五矿遵守如下两个特殊的条件:一是必须遵守澳大利亚的公司和工业法,以保护澳大利亚工人;二是必须遵守与澳大利亚土著社区达成的相关协议。这两个条件均关乎澳大利亚的经济和社区保护。在公开可知的投资决定中,仅有五矿的这一投资被施加了上述第一个条件,而任何其他投资者(包括中国的非政府投资者)均未被要求承诺遵守澳大利亚的法律。在一位与中国投资者有着紧密合作关系的律师看来,这一条件表明了对该投资者的不信任。

为避免未来在澳大利亚投资遇到障碍,中国投资者往往只能接受这些施加的条件——遵守澳大利亚法律和施加的条件是国家利益审查的典型考量因素,这对评估投资者的品格非常重要。

(7)遵守民商事协议(而非行政合同)

在2009年华菱收购福特斯库金属集团这一投资中,华菱被要求遵守私主体之间签订的协议。详言之,澳大利亚财政部长要求任何华菱提名的董事会人员应当遵守福特斯库金属集团内部的《董事行为准则》。此外,财政部长还要求华菱提名的董事会人员遵守福特斯库金属集团与华菱商定的信息隔离安排(前文已经从限制董事权利的角度探讨过该条件,此处将从另一个角度解读这一施加条件)。

上述《董事行为准则》和信息隔离安排均是私主体(即董事和公司)之间签订的协议。遵守此类协议的性质与遵守行政安排的性质有所不同,行政安排因公主体的参与而具有行政合同的性质。在2001年新加坡电讯有限公司申请收购新电信澳都斯股份有限公司的投资决定中,时任财政部长彼得·科斯特洛要求新加坡电讯有限公司遵守一些特定的行政合同。这些行政合同包括与澳大利亚国防部签署的协议以及澳大利亚联邦政府与各代理机构之间签署的承诺契约。

将这些私人协议纳入经核准的决定中,增强了其具有的法律效力:第一,违反附加条件(即私主体协议)的,将招致澳大利亚外商投资审查制度下的处罚;第二,修改附加条件(即私主体协议)的,需要经过澳大利亚财政部长的批准。

3. 拒绝投资及其原因分析

2009年五矿初次试图收购OZ矿产公司时,其投资提案被财政部长以违反国家安全的理由拒绝。在投资决定中,时任财政部长韦恩·斯旺明确表示,只要五矿在其拟收购的项目中涵盖Prominent Hill矿,那么其投资提案将不可能获得批准。Prominent Hill矿的采矿作业地位于南澳大利亚州的武器测试范围。这个特定的位置使得该地区对澳大利亚的国防具有独特性和敏感性。因此,五矿修改了其投资提案,将Prominent Hill矿排除在投资提案之外,并重新提交财政部长审查。随后,该修改后的投资提案获得财政部长的批准,但被附加了诸多具有法律约束力的条件(前文已经讨论过其中的诸多附加条件,此处不赘述)。换言之,五矿的初始投资提案是在国家安全考虑的基础上被拒绝的,但国家安全的定义没有任何透明度。

尽管上述国家安全的定义仍是缺失、不明确的,但是从此前的审查决定观之,澳大利亚政府对外国投资者的投资涉及武器测试范围时的态度是统一的,在通常情况下,澳大利亚政府均以国家安全为由禁止外国投资者进入该地区。例如,在2015年众多外国投资者试图收购基德曼公司时,澳大利亚财政部长同样是以国家安全为由,拒绝了外国投资者进入该地区的投资提案,这些外国投资者包括外国政府投资者和外国私人投资者。

综上所述,澳大利亚对于外国投资者拟开展的交易采取个案审查的方式,且均将国家安全、环境保护、对经济的影响等纳入审批标准之中。这些标准都很模糊,从而使得审批机构有足够的自由裁量权,保证国家经济主权的自由。分析这些附加在并购投资上的条件,有助于理解澳大利亚的国家利益这一模糊的审批标准。

第三节　审查决定的救济机制

依法治国已经成为新时代我国的基本治国方略,赋予当事人以法律救济权是法治精神的应有之义。我国的《外商投资法》《外商投资法实施条例》及《外商投资安全审查办法》在给予投资者救济途径方面的做法与其他主要国家或经济体的差别较大。

一、我国既有的救济途径

在《外商投资法》颁布实施以前,我国对于外商投资安全审查的规则主要体现在部门规章或规范性文件之中,缺少对于投资者如何针对安全审查决定进行救济的明确规定。在《外商投资法》之前,试图对此加以明确规定的是 2015 年《外国投资法(草案征求意见稿)》。此草案征求意见稿首先明确了国务院具有对危害或可能危害国家安全的外国投资的否决权,并肯定了国务院是享有否决权的唯一权力主体。① 同时,该草案征求意见稿还明确了对于依据本章作出的国家安全审查决定不得提起行政复议和行政诉讼。将此种决定排除在法院受案范

---

① 《中华人民共和国外国投资法(草案征求意见稿)》在【特别审查意见】第二款规定:"在特别审查过程中,联席会议认为外国投资危害或可能危害国家安全的,应提出书面审查意见,报请国务院决定。予以通过的,由国务院外国投资主管部门书面通知申请人和有关当事人;予以否决的,由国务院作出否决决定。"

围之外,赋予该决定以司法审查豁免权,明确了安全审查决定不可诉的问题。①

　　同样地,《外商投资法》并未规定投资者针对安全审查决定的法律救济途径,仅仅规定:"依法作出的安全审查决定为最终决定。"《外商投资法实施条例》和《外商投资安全审查办法》亦未对该条款作出细化。对此,学界普遍认可如下观点:第一,从安全审查决定的作出主体可以看出,安全审查决定是一种具体行政行为;第二,安全审查决定为最终决定,不可复议、不可诉讼,因此是一种特殊的具体行政行为;第三,此规定并没有排除投资者对安全审查决定寻求法律救济的可能性。

　　对于投资者寻求救济的法律途径,有学者指出,国家安全审查的内核是对外国投资是否威胁国家安全的政治判断,是对国家安全这一政治问题、实体问题的有限法律化,是对审查权限、审查流程、审查期限等程序问题的法律化。② 因此,安全审查决定具有极强的政治属性,并且具有很强的专业性,人民法院等第三方很难获得足够的信息处理其中的争议。这也决定了司法机关不能针对决定的实体性内容(即国家安全的具体内涵)进行解读,从维护国家安全的角度来看,不能由司法机关对该决定进行复议和诉讼,即使赋予法院以审查权,其象征意义也大于实际功效。③ 尽管如此,也不能阻断对安全审查决定的法律救济。④ 此处的法律救济不一定是司法审查。

　　有学者提出,投资者可以针对程序性事项(而非实体性事项)提出

　　① 孙南申,胡获.外国投资国家安全审查制度的立法改进与完善建议——以《外国投资法(征求意见稿)》为视角[J].上海财经大学学报,2015(4):82-92.
　　② 王东光.国家安全审查:政治法律化与法律政治化[J].中外法学,2016(5):1289-1313.
　　③ 孙南申,彭岳.外资并购国家安全审查制度的立法改进与完善措施[J].学海,2014(3):145-151.
　　④ 徐树.外资准入国民待遇的救济体系论[J].环球法律评论,2020(2):162-179.

司法审查。① 也有学者认为，我国可以基于对等原则，在后续立法中设置合理的投资者替代救济机制，构建我国的安全审查决定救济机制，提升审查程序的公开性和透明度。② 还有学者指出，我国已经设置了外商投资企业投诉工作机制③，在中央和地方两个层级处理外商投资企业及其投资者反映的问题，为投资者提供了一般性的救济。我国现有的安全审查制度为投资者提供了事前咨询机制（即外国投资者在申报前可就相关问题咨询工作机制办公室）和事后救济机制（如外商投资企业投诉工作机制），但是缺少投资者事中参与机制（如缺少诸如听证、表决等与投资者沟通的内容）等程序性权利。④ 但是，也有学者持反对意见，认为我国目前的《外商投资企业投诉工作办法》只服务于准入后且已经存在的外商投资，并未被运用到准入阶段的安全审查程序。⑤

诚然，将安全审查决定豁免于行政复议和行政诉讼有助于维护安全审查决定的权威性，但是从投资者的角度来看，缺少相应的救济途径可能引发对制度被滥用的质疑⑥，这一质疑有悖于投资自由化的实现。因此，允许被审查的投资者通过合理的救济机制保护其合法权益有助于提升安全审查制度的规范性和透明度。

近年来，随着国际上的国家安全审查泛政治化的趋势愈发明显，理论界和实务界开始挑战国家安全的含义，避免东道国政府以国家安

---

① 高华.新时代中国外商投资安全审查制度的完善——基于对欧盟安全审查制度变革的考察与借鉴[J].法学论坛,2022(5):74-85.

② 张怀岭,邵和平.对等视阈下外资安全审查的建构逻辑与制度实现[J].社会科学,2021(3):40-52.

③ 《外商投资法》第二十六条,《外商投资法实施条例》第二十九条。

④ 沈伟,陈睿毅.论我国外资国家安全审查的正当程序及其优化进路[J].国际商务研究,2023(2):72-84.

⑤ 漆彤,刘嫡琬.外国投资国家安全审查制度的国际协调:必要性、可行性和合作路径[J].国际经济评论,2021(4):138-159,8.

⑥ 尽管公开资料显示我国极少援用该制度以否定一项外商投资。

全之名行投资保护之实。比如,有学者提出,对安全审查决定进行司法审查有助于避免安全审查泛政治化的趋势、确保投资者获得程序正义、符合 OECD 可问责原则等。① 在实务层面,尽管国家安全在国际层面是一个自判性条款,我国企业也已经开始通过国际投资仲裁主张维护自身的合法权利。② 因此,要从对等角度出发,完善我国的安全审查决定救济制度,实现维护国家安全和投资自由开放再平衡。

二、比较法视角

在国际范围内,不少国家或经济体的安全审查制度已经为投资者提供了监督途径。从监督主体观之,包括立法监督、司法监督和投资者监督三种类型。目前,学界最关注司法层面的监督,并且以是否引入司法救济制度为核心议题。

（一）美国

美国的《国防生产法案》中规定,总统所采取的行动及其结论不受司法审查。这是美国对其安全审查决定采取不可诉模式的最初规定。《外国投资和国家安全法》也明确规定,总统对投资是否威胁国家安全的决定以及采取的相应措施不受司法审查。这一规定主要是基于政

---

① 宋雪晗.外资国家安全审查决定的司法审查[J].黑龙江人力资源和社会保障,2022(2):152-154.

② 据报道,华为技术有限公司(简称华为)已于 2022 年 10 月 12 日依据 1986 年《中华人民共和国政府和大不列颠及北爱尔兰联合王国政府关于促进和相互保护投资协定》向英国发出争议通知。2022 年 1 月 21 日,华为在用尽当地救济仍未获得公正待遇后,根据 2004 年修订的《中华人民共和国政府和瑞典王国政府关于互相保护双边投资协议的补充协定》中第六条之二的规定向国际投资争端解决中心提出仲裁申请。目前,国际投资争端解决中心仲裁庭已组建完成。该仲裁庭已于 2023 年 4 月 28 日发布第三号程序令,裁定驳回了瑞典当局的管辖权异议请求,这意味着该案即将进入事实和法律审理阶段。

治问题排除原则和司法克制主义[①]，但引发了对美国总统和美国外国投资委员会的决策缺乏司法制约、决策过于政治化的质疑。[②] 这一质疑在中国三一重工集团的子公司罗尔斯公司起诉美国前总统奥巴马一案后有所改变。

此案于 2014 年 7 月 15 日由美国哥伦比亚特区联邦巡回法院作出判决，认定美国外国投资委员会对罗尔斯公司所投资风电项目的国家安全审查存在程序瑕疵，本案肯定了法院对总统发布的并购禁令本身不具有司法审查权，但对禁令发布过程中的程序瑕疵拥有管辖权，认为法律的执行程序均应受正当程序原则约束，支持罗尔斯公司可获取作出该决定所依据的非机密性证据，并最终认定美国总统向罗尔斯公司下达并购禁令的行为属于非经正当程序剥夺财产权，因而违反了美国《联邦宪法第五修正案》对正当程序的要求。[③] 据此可知，就美国总统对一项威胁美国国家安全的外商投资进行调查或者作出禁止该项投资决定的程序性事项，法院有权进行违宪审查。该案确立了对安全审查程序的司法审查先例，肯定了利用正当程序原则寻求司法审查的可能性，从而确保基本的程序正义，最大限度地消解投资者对国家

---

① 政治问题排除原则是在美国联邦最高法院审查过程中确立起来的重要原则，马伯里诉麦迪逊案中，马歇尔大法官首次比较系统深入地阐述了该原则，核心内容在于：司法审查不干预宪法规定应当由国会和行政机关解决的关于政策选择与价值评判的争议，即如果某一问题涉及政策选择、价值评判，此问题应交由立法机关或行政机关处理，而非由法院通过司法审查干预。实务中，最典型的政治问题就是国家安全与外交问题。由于国家安全具有浓厚的政治色彩，外资国家安全审查虽处于法律语境下，但其内核是判断外国投资是否威胁国家安全，是政治问题。政治问题排除原则也体现了司法克制主义。司法审查中奉行的司法克制不仅是原则，更是态度和标准，有学者甚至认为其实际上是一种原则性标准，在一定程度上体现了美国对于专业问题希望由专门机构处理的态度。宋雪晗. 外资国家安全审查决定的司法审查[J]. 黑龙江人力资源和社会保障，2022(2)：152-154.

② 张怀岭，邵和平. 对等视阈下外资安全审查的建构逻辑与制度实现[J]. 社会科学，2021(3)：40-52.

③ 赵海乐. 论外资并购国家安全审查中的投资者保护缺失——以三一集团诉奥巴马案为视角[J]. 现代法学，2015(4)：139-147；宋雪晗. 外资国家安全审查决定的司法审查[J]. 黑龙江人力资源和社会保障，2022(2)：152-154；Holzer C E. Committee on Foreign Investment in the United States and Judicial Review[J]. Journal of International Business and Law，2014(1)：169-190.

安全审查结果的不满。

2018年,《外国投资风险审查现代化法案》对司法审查问题进行了明确的规定,将豁免范围从美国总统扩大到包括美国外国投资委员会,明确总统和美国外国投资委员会的安全审查决定与审查行为均不受司法审查。详言之,原则上,美国总统依据该法采取的行动或者得出的结论不受司法审查。基于挑战总统采取的行动以及得出的结论而提起的民事诉讼(非行政诉讼)仅限于在哥伦比亚特区联邦巡回上诉法院提起。在此类民事诉讼中,如果法院认为行政机关所持有的信息(包括机密或者其他法律所保护的信息)对于案件裁决是必需的,该信息应单方面和秘密地提交法院,法院应当对这些信息保密。[①] 上述规则肯定了司法管辖的豁免原则,明确了投资者对于安全审查决定的救济止于对决定后果的财产性救济权。有学者指出,《外国投资风险审查现代化法案》并没有排除对安全审查程序的司法审查(已有先例),从而确保了基本的程序正义,最大限度地消解投资者对安全审查结论的不满。[②]

(二)欧盟

《欧盟外国直接投资审查条例》的出台并没有改变成员国既有的外商投资安全审查机制,而是搭建了一个有助于强化成员国相关机制正当性、规范性和协调性的框架[③],规定了成员国安全审查制度必须满足的最低标准,包括成员国外资审查机制应当符合比例原则、透明性原则、非歧视性原则、建立外资审查救济机制的要求。[④] 根据其序言第

[①]　张怀岭,邵和平.对等视阈下外资安全审查的建构逻辑与制度实现[J].社会科学,2021(3):40-52.

[②]　徐树.外资准入国民待遇的救济体系论[J].环球法律评论,2020(2):162-179.

[③]　廖凡.欧盟外资安全审查制度的新发展及我国的应对[J].法商研究,2019(4):182-192.

[④]　宋雪晗.外资国家安全审查决定的司法审查[J].黑龙江人力资源和社会保障,2022(2):152-154.

15 项以及第 3(2)条之规定，对投资审查决定不满的，投资者可以请求司法审查，从而在欧盟层面为投资者提供了司法审查的监督救济机制。①

在欧盟的框架内，可能同时存在两种司法救济的可能性。第一，如果成员国存在外商投资安全审查机制，安全审查决定作为一种具体行政行为，投资者有可能享有向行政法院申请对该行为进行审查的权利。第二，如果投资者对成员国国内法院的判决有异议，则可以向欧盟法院提起上诉，理由是该成员国的安全审查决定违反了欧盟资本流动自由及设立自由的法律义务。

以德国和法国为例，德国经济部作出的禁止并购交易或者以行政命令的形式对交易附加条件的措施属于具体行政行为，并购交易双方当事人有权向行政法院提起撤销之诉。法国的司法审查则更胜一筹。根据法国《货币与金融法》的规定，如果投资者对安全审查决定、安全审查行为不服，可以向法国行政法院提起诉讼，行政法院的判决将会成为最终决策。行政法院既可以否决安全审查决定以及对拟开展的投资附加条件，也可以要求审查机关赔偿因其错误而给投资者造成的损害，并代替审查机关的决定。②

如果投资者对德国或者法国法院作出的判决有异议，则可以向欧盟法院提起上诉。不管是撤销之诉还是上诉审理，德国均要对其采取的具体行政行为及法律措施符合欧盟公约所规定的资本流动自由及设立自由的法律义务承担说明与举证责任。《欧盟运作方式条约》第63条第 1 款规定，原则上禁止一切对资本流动自由的限制。这一资本流动自由原则属于欧盟法基本自由的范畴，效力优先于成员国的国内

---

① 徐树.外资准入国民待遇的救济体系论[J].环球法律评论,2020(2):162-179.

② 宋雪晗.外资国家安全审查决定的司法审查[J].黑龙江人力资源和社会保障,2022(2):152-154;范进学.论美国司法审查的实质性标准[J].河南省政法管理干部学院学报,2011(2):1-8.

法;换言之,当成员国的国内法与基本自由冲突,并且无法对其进行符合基本自由的法律解释以及法律虚造时,将导致相关成员国国内法的不予适用。尽管《欧盟运作方式条约》认可成员国可以基于公共秩序与安全的充分理由而限制基本自由的措施,但欧盟对此进行了严格限制,要求必须符合比例性原则(即适合性、必要性和妥当性)的要求。[1]但应注意的是,原告对欧盟成员国国内法及行政行为违反公约义务这一事实要件负有辅助性的说明义务,即原告必须对被告可能违反其欧盟公约义务的有关情况进行陈述和举证。[2]

(三)日本

进入 21 世纪后,日本对于外商投资安全审查的关注度迅速上升,制度设计也更加完善。日本对外国投资采取原则放开、例外禁止的立场。[3]日本规制安全审查的法律依据是《外汇及外国贸易法》,该法除了给予投资者对否定性的安全审查决定进行行政申诉的救济权利,同时还允许法院对审查机关作出的安全审查决定进行司法审查(行政诉讼)。根据《外汇及外国贸易法》第 56 条之规定,虽然主管大臣可以命令投资者变更或中止一项可能威胁国家安全的投资计划,但是投资者可就该命令提交异议申诉和审查请求。对此,主管大臣应当公开听取意见、事先对案件进行预告,并给予投资者和利害关系人就该案件提供证据和发表意见的机会。此外,《外汇及外国贸易法》还删除了关于

[1] 欧盟法院司法实践表明,其只有在针对社会基本利益存在实际且充分的严重威胁的情况下才允许成员国援引公共秩序与安全条款。例如,在 E.ON/ENDESA 一案中,欧盟法院判定,一个成员国的企业单纯地以收购 10% 以上股权或者其他获得实质决定权的方式并购另一成员国国内受监管的能源供应企业本身并不构成对能源供应安全实际且充分的严重威胁。宋雪晗.外资国家安全审查决定的司法审查[J].黑龙江人力资源和社会保障,2022(2):152-154.
[2] 张怀岭,邵和平.对等视阈下外资安全审查的建构逻辑与制度实现[J].社会科学,2021(3):40-52.
[3] 赵蓓文.全球外资安全审查新趋势及其对中国的影响[J].世界经济研究,2020(6):3-10,135.

行政诉讼必须在申诉决定作出后才能提起的要求，不再强调二者在程序上的前后顺序，肯定了投资者可以直接针对否定性国家安全审查结论提起诉讼。[①]

（四）英国

前文已经述及，英国在脱欧之后也加快了外商投资安全审查制度的改革步伐。继 2017 年发布《国家安全与基础设施投资审查绿皮书》、2018 年发布《国家安全与投资白皮书》后，英国于 2019 年宣布了《国家安全与投资法》的立法计划。[②] 2021 年，英国颁布了《国家安全与投资法》，该法于 2022 年 1 月 4 日正式实施。该法第 49—51 条规定了安全审查决定的司法审查与上诉规定。

事实上，早在 2018 年英国公布《国家安全与投资白皮书》时就已经提出拟建立一种特殊的上诉机制，对监管部门审查过程中的程序合法性进行审查。由此可见，该审查并不涉及国家安全的实体内容，这部分内容应由政府决定并对议会负责。这一特殊的上诉申请均由高等法院受理。[③] 2021 年颁布的《国家安全与投资法》肯定了上述立场。该法第 49—51 条规定了司法审查的具体规则，明确法院可以对安全审查决定进行司法审查，但必须在安全审查决定作出的次日起 28 日内提起诉讼。受理该申请的法院均为英国的高等法院，包括英格兰和威尔士高等法院、苏格兰法院以及北爱尔兰高等法院。

（五）国际投资争端解决机构

投资者—国家争端解决机制（Investor-State Dispute Settlement

---

① 漆彤. 论外商投资国家安全审查决定的司法审查[J]. 武汉大学学报（哲学社会科学版），2020(3)：142-150.

② 张怀岭. 开放与安全平衡背景下英国外资审查改革路径及影响[J]. 国际贸易，2020(9)：68-75.

③ 张怀岭，邵和平. 对等视阈下外资安全审查的建构逻辑与制度实现[J]. 社会科学，2021(3)：40-52.

Mechanism,简称 ISDS 机制)允许外国投资者直接对东道国提起投资仲裁,将二者置于平等地位有助于强化投资者保护、提升东道国的投资环境。因此,投资者也可以通过向国际仲裁机构,如国际投资争端解决中心(International Centre for Settlement of Investment Disputes,简称 ICSID)提起国际投资仲裁的方式解决争端。从可行性的角度而言,多数国际投资条约均设置了 ISDS 机制。在这一前提下,投资者母国与东道国关于投资条约准入义务的争议属于条约解释或者适用过程中产生的争端,除非投资条约明确排除适用,否则投资者有权就安全审查决定这一准入阶段的投资争端提交仲裁。

对于投资者而言,通过国际仲裁机构(如 ICSID)解决安全审查中的争端困难重重。第一,投资者必须证明其符合特定争端解决机构的受案范围。比如,ICSID 要求投资者母国和东道国必须是《解决国家与他国国民之间投资争端公约》的缔约国,投资者与东道国间存在就国际投资争端提交 ICSID 解决的书面仲裁协议,且该争端系法律争端。第二,国际投资法中的安全例外必然会持续存在于包括国际投资法在内的国际法各个领域——无论是在国际投资条约中明文规定,还是作为习惯国际法中的危急情况抗辩而被东道国援引。因此,即使国际投资争端解决中心受理了一项争端,能否得到仲裁庭的支持仍未可知。

第四节　本章小结

透明的程序规则是保障实体规则得以实施的重要保障。从历史层面观察我国外商投资安全审查制度的发展可以清晰地发现,其透明度是逐步提高的。主要体现在设立了国家安全审查的审查机构,明确了该机构的职责，细化了安全审查范围，规定了审查流程和时限，确定了审查决定的种类，强化了审查决定的实施监督和不依照规定提请审查的法律后果。

从比较法角度观之，我国的外商投资安全审查制度并不要求公开安全审查的决定，不管是以个案公开的形式还是以年度报告的形式。这一规定的不足在第二章分析安全审查的案例时已经可以察觉，极少的案例并不能让公众了解这一制度。对于潜在的投资者而言，不管是年度报告还是个案公开，都可以为其投资决策提供帮助。欧盟和美国的年度报告翔实地呈现了其安全审查制度的运行情况，为投资者提供了相对透明的营商环境，帮助投资者确定投资方向以及制订投资计划，并且对投资结果具有一定的可预期性。公开可查的审查决定也有助于潜在的投资者了解审查机构的考量因素。正如此前澳大利亚通过个案公开的方式在官网上披露澳大利亚拒绝或附加条件的投资交易，结合笔者的调研，可以清晰地了解安全审查或类似制度的具体考量，这些措施有利于提高安全审查制度的透明度。相较而言，我国不要求公开安全审查的决定使得潜在的投资者对此程序的实际运作情况缺乏了解，不利于营造透明、可预期的营商环境。

在审查决定的救济方面，主要国家或经济体普遍认可对程序性事项的审查，但对于实体性规则是否接受审查，不同国家或经济体的立场略有不同。我国在《外商投资法》中明确规定："依法作出的安全审查决定为最终决定"，基于保障涉及国家安全敏感信息的原因，似乎排除了当事人对审查决定进行行政复议和行政诉讼的权利。美国、欧盟、英国、日本的立法均表明，即便监管部门作出的审查决定是最终的，但仍可赋予投资者在程序上寻求法律救济的途径。因此，允许投资者对程序违法、程序瑕疵提起行政复议或行政诉讼，与国际整体趋势相统一，是提高审查透明度的重要举措，同时也契合了《外商投资法》对于依法作出的决定是最终决定的规定，允许对程序违法、程序瑕疵提出审查要求。除了在国内层面考虑设立对于程序性事项的审查，在国际层面上，投资者可能基于与中国签订的双边投资协定，将安全审查决定提交 ICSID 等国际仲裁机构解决。对此，中国应当提早布局，以应对投资者可能的挑战安全审查决定的行为。

参考文献

[1] Alvarez J E, Sauvant K P. The Evolving International Investment Regime: Expectations, Realities, Options [M]. Oxford: Oxford University Press, 2011.

[2] Annual Report 2014-15 [R/OL]. [2023-09-14]. https://foreiginvestment. gov. au/sites/firb. gov. au/files/2016/03/FIRB-AR-2014-15. pdf.

[3] Annual Report to Congress for CY 2022 [R/OL]. [2023-09-14]. https://home. treasury. gov/system/files/206/CFIUS% 20-% 20Annual% 20Report% 20to% 20Congress% 20CY% 202022_0. pdf.

[4] Australian Okays Valin Stake in Fortescue Metals [EB/OL]. (2009-04-01) [2023-09-14]. http://www. domain-b. com/industry/mining/20090401_fortescue_metals. html.

[5] Australia's Foreign Investment Policy 2022 [EB/OL]. (2022-01-14) [2023-09-13]. https://foreigninvestment. gov. au/sites/firb. gov. au/files/2022-01/Australias _ Foreign _ Investment _ Policy-20220114. pdf.

[6] Australia's Foreign Investment Policy: A Guide for Investors [R/OL].

(1986-12-16)［2023-09-14］. https://parlinfo. aph. gov. au/parlInfo/ search/display/display. w3p;query＝Id％3A％22publications％2Ftable dpapers％2FHSTP02959_1982％22;srcl＝sml.

［7］ Baum A. Investment Screening for Developing Asia［J］. Yale Journal of International Affairs,2020(15):57-77.

［8］ Berg E M. A Tale of Two Statutes:Using IEEPA's Accountability Safeguards to Inspire CFIUS Reform［J］. Columbia Law Review, 2018(6):1763-1800.

［9］ Bian C. National Security Review of Foreign Investment:A Comparative Legal Analysis of China,the United States and the European Union［M］. London:Routledge,2020.

［10］ Blakey J R. The Foreign Investment Risk Review Modernization Act: The Double-Edged Sword of US Foreign Investment Regulations［J］. Loyola of Los Angeles Law Review,2019(4): 981-1014.

［11］ Blanton T. The World's Right to Know［J］. Foreign Policy, 2002(131):50-58.

［12］ Byrne M R. Protecting National Security and Promoting Foreign Investment:Maintaining the Exon-Florio Balance［J］. Ohio State Law Journal,2006(4):849-910.

［13］ Cai J,Cao R. China Unveils New National Security Review Measures for Foreign Investment［EB/OL］. (2011-01-11)［2023-09-13］. https://www. eversheds-sutherland. com/global/en/ what/articles/index. page? ArticleID ＝ en/global/china/China _ Unveils_New_National_Security_Review_Measures.

［14］ Carroll J F F. Back to the Future:Redefining the Foreign

Investment and National Security Act's Conception of National Security[J]. Emory International Law Review，2009（1）：167-200.

[15] China Submits Revised Offer for Joining Government Procurement Pact[EB/OL]. （2019-10-23）[2023-09-13]. https：//www. wto. org/english/news_e/news19_e/gpro_23oct19_e. htm.

[16] Cho S，Kurtz J. Convergence and Divergence in International Economic Law and Politics [J]. European Journal of International Law，2018(1)：169-203.

[17] Esplugues C. Foreign Investment，Strategic Assets and National Security[M]. Cambridge：Cambridge Press,2018.

[18] Foreign Investment Policy in Australia-A Brief History and Recent Developments[R/OL].[2023-09-14]. https：//treasury. gov. au/sites/default/files/2019-03/round5-4. pdf.

[19] Foreign Investment Review Board Annual Report 2020-21[R/OL]. （2020-04-04）[2023-09-13]. https：//foreigninvestment. gov. au/sites/firb. gov. au/files/2022-04/FIRB-Annual-Report-2020-21. pdf.

[20] G20 Guiding Principles for Global Investment Policymaking[EB/OL]. (2016-09-14)[2023-09-13]. https：//www. oecd. org/daf/inv/investment-policy/G20-Guiding-Principles-for-Global-Investment-Pol icymaking. pdf.

[21] G8 Hokkaido Toyako Summit Leaders Declaration：World Economy [R/OL]. （2008-07-08）[2023-09-14]. https：//www. mofa. go. jp/policy/economy/summit/2008/doc/doc080714 en. html.

[22] Georgiev G S. The Reformed CFIUS Regulatory Framework：

199

Mediating between Continued Openness to Foreign Investment and National Security[J]. Yale Journal on Regulation,2008(1): 125-134.

[23] Growth and Responsibility in the World Economy: Summit Declaration[R/OL]. (2007-06-07)[2023-09-14]. http://www. mofa. go. jp/policy/economy/summit/2007/worldeconomy. pdf.

[24] Guidance Note 8: National Security Test[EB/OL]. (2021-01-01) [2023-09-13]. https://foreigninvestment. gov. au/sites/firb. gov. au/ files/guidance-notes/G08-Nationalsecurity. pdf.

[25] Guidelines for Recipient Country Investment Policies Relating to National Security: Recommendation Adopted by the OECD Council on 25 May 2009[R/OL]. (2009-05-25)[2023-09-14]. https:// www. oecd. org/daf/inv/investment-policy/43384486. pdf.

[26] Guidelines on the National Security Review of Investments[EB/ OL]. (2021-03-24)[2023-09-14]. https://ised-isde. canada. ca/site/ investment-canada-act/en/investment-canada-act/guidelines/guidelin es-national-security-review-investments.

[27] Holzer C E. Committee on Foreign Investment in the United States and Judicial Review[J]. Journal of International Business and Law,2014(1):169-190.

[28] Hynes J. Corporate Governance: Theories, Principles and Practice[M]. Oxford: Oxford University Press, 2008.

[29] Jiang H. Beaming Light on the National Interest Test: An Empirical Study of Australia's Foreign Investment Review System[J]. Asia Pacific Law Review,2018(1):14-35.

[30] Leaders' Statement to Implement APEC Transparency Standards

[EB/OL]. (2002-10-27)[2023-09-13]. https://www. apec. org/ Meeting-Papers/Leaders-Declarations/2002/2002 _ aelm/statement _ to_implement1.

[31] Li Y，Bian C. A New Dimension of Foreign Investment Law in China-Evolution and Impacts of the National Security Review System[J]. Asia Pacific Law Review,2016(2):149-175.

[32] Meredith D，Dyster B. Australia in the Global Economy: Continuity and Change[M]. Cambridge: Cambridge University Press,2012.

[33] Ministerial Declaration Adopted on 14 November 2001: WT/ MIN(01)/DEC/1[R/OL]. (2001-11-20)[2023-09-13]. https:// www. wto. org/english/thewto_e/minist_e/min01_e/mindecl_ e. htm.

[34] Muchlinski P T. The Rise and Fall of the Multilateral Agreement on Investment: Where Now[C]. The International Lawyer,2000(3):1033.

[35] Muchlinski P，Ortino F，Schreuer C，et al. The Oxford Handbook of International Investment Law [M]. Oxford: Oxford University Press，2008.

[36] Public Sector Transparency and the International Investor[R/OL]. [2023-09-14]. https://www. oecd. org/investment/investment-policy/ 18546790. pdf.

[37] Recommendation of the Council on Member Country Measures Concerning National Treatment of Foreign-Controlled Enterprises in OECD Member Countries and Based on Considerations of Public Order and Essential Security Interest[R/OL]. (1986-07-16)[2023-

09-14]. https://legalinstruments. oecd. org/en/instruments/OECD-
LEGAL-0226.

[38] Report from the Commission to the European Parliament and the
Council: Second Annual Report on the Screening of Foreign Direct
Investments into the Union[R/OL]. (2022-09-01)[2023-09-14].
https://ec. europa. eu/transparency/documents-register/detail? ref =
COM(2022)433&lang=en.

[39] Report on the Meeting of 22 and 23 March 1999: WT/WGTI/M/8
[R/OL]. (1999-05-11)[2023-09-13]. https://docs. wto. org/
dol2fe/Pages/SS/directdoc. aspx? filename = Q:/WT/WGTI/M8.
pdf&Open=True.

[40] Ruttenberg V H. The United States Bilateral Investment
Treaty Program: Variations on the Model[J]. University of
Pennsylvania Journal of International Law,1987(1):121-143.

[41] Shan W. National Treatment and the Transformation of FDI
Laws and Policies in China[J]. International Trade Law and
Regulation,2000(1):21-27.

[42] Swan W. Government Improves Transparency of Foreign Investment
Screening Process[EB/OL]. (2008-02-17)[2023-09-13]. https://
ministers. treasury. gov. au/ministers/wayne-swan-2007/media-releas
es/government-improves-transparency-foreign-investment.

[43] Swan W. Speech -Australia, China and This Asian Century[EB/
OL]. (2008-07-04)[2023-09-14]. https://alp. org. au/wayne-swan-
archive/speeches/speech-australia-china-and-this-asian-century/.

[44] The Multilateral Agreement on Investment Draft Consolidated Text :
DAFFE/MAI(98)7/REV1[EB/OL]. (1998-04-22)[2023-09-13].

https://www.oecd.org/daf/mai/pdf/ng/ng987r1e.pdf.

[45] Foreign Investment by State-Owned Entities[R/OL]. (2009-09-17) [2023-09-14]. http://www.aph.gov.au/Parliamentary_Business/ Committees/Senate/Economics/Completed％20inquiries/2008-10/fi rb_09/report/index.

[46] Thompson A. The Committee on Foreign Investment in the United States: An Analysis of the Foreign Investment Risk Review Modernization Act of 2018 [J]. Journal of High Technology Law,2018(2):361-406.

[47] Torem C, Craig W L. Control of Foreign Investment in France [J]. Michigan Law Review,1967(4):669-720.

[48] Transparency, Predictability and Accountability for Investment Screening Mechanisms: Research Note by the OECD Secretariat [R/OL]. (2021-05-21)[2023-09-14]. https://www.oecd.org/ daf/inv/investment-policy/2009-Guidelines-webinar-May-2021- background-note.pdf.

[49] Voon T, Mitchell A, Munro J. Legal Responses to Corporate Manoeuvring in International Investment Arbitration[J]. Journal of International Dispute Settlement,2014(1):41-68.

[50] Weimer C M. Foreign Direct Investment and National Security Post-FINSA 2007[J]. Texas Law Review,2008(3):663-684.

[51] Doing Business 2020[R/OL]. (2019-10-24)[2023-09-23]. https:// openknowledge.worldbank.org/server/api/core/bitstreams/75ea67f9- 4bcb-5766-ada6-6963a992d64c/content.

[52] Xu P, Yao L, Feng C, et al. Implementing Regulation for Foreign Investment Law Heralding a New Era of Foreign Investment Regime

in China［EB/OL］.（2020-01-08）［2023-09-13］. https：//www. chinalawinsight. com/2020/01/articles/foreign-investment/implementing-regulation-for-foreign-investment-law-heralding-a-new-era-of-foreign-investment-regime-in-china/.

［53］Zhang Q. Opening Pre-Establishment National Treatment in International Investment Agreements：An Emerging "New Normal" in China?[J]. Asian Journal of WTO and International Health Law and Policy,2016(11)：437-476.

［54］Zhou Q. China's New Foreign Investment Law：A Backgrounder[EB/OL]. （2019-10-17）［2023-09-13］. https：//www. china-briefing. com/news/china-new-foreign-investment-law-backgrounder/.

［55］Zhou W，Jiang H，Chen Z. Trade vs. Security：Recent Developments of Global Trade Rules and China's Policy and Regulatory Responses from Defensive to Proactive［J］. World Trade Review,2023（2）：193-211.

［56］Zhou W，Jiang H，Kong Q. Technology Transfer under China's Foreign Investment Regime：Does the WTO Provide a Solution?［J］. Journal of World Trade,2020(3)：455-480.

［57］财政部关于在政府采购活动中落实平等对待内外资企业有关政策的通知[EB/OL]. （2021-10-21）［2023-09-06］. http：//www. ccgp. gov. cn/zcfg/mof/202110/t20211021_17050745. htm.

［58］曹子煌，邓乐佳，张劲.论亚太地区的外国资本进入审查机制——基于中国、澳大利亚、新加坡的比较分析[J].鲁东大学学报(哲学社会科学版),2021(5)：78-85.

［59］常雁.英国《国家安全与投资法》主要内容及影响分析[J].全球科技经济瞭望,2022(7)：29-35.

［60］陈咏梅，何圳申.中国外商投资法的变革及其与国际协定的协调［J］.国际商务研究,2019(6):44-56.

［61］陈咏梅.WTO透明度原则的理论与实践［J］.求索,2006(9):111-113.

［62］陈喆,钟艺玮.新发展格局下我国外商投资安全审查制度的进步、局限与完善［J］.国际商务研究,2021(4):87-97.

［63］褚晓,熊灵.欧盟外资安全审查制度:比较、影响及中国对策［J］.国际贸易,2022(6):53-61.

［64］董炳和.论《与贸易有关的投资措施》决定及其对我国的影响［J］.山东法学,1994(4):22-25.

［65］董静然,顾泽平.美欧外资安全审查法律制度新发展与中国之应对［J］.国际商务研究,2020(5):74-85.

［66］董静然.美国外资并购安全审查制度的新发展及其启示——以《外国投资风险审查现代化法案》为中心［J］.国际经贸探索,2019(3):99-112.

［67］杜旸.中国经济议题安全化的国内层次分析:以凯雷并购徐工案为例［J］.外交评论(外交学院学报),2010(3):133-142.

［68］范进学.论美国司法审查的实质性标准［J］.河南省政法管理干部学院学报,2011(2):1-8.

［69］高华.新时代中国外商投资安全审查制度的完善——基于对欧盟安全审查制度变革的考察与借鉴［J］.法学论坛,2022(5):74-85.

［70］龚柏华."法无禁止即可为"的法理与上海自贸区"负面清单"模式［J］.东方法学,2013(6):137-141.

［71］谷孟宾.寻租驱动:外资企业投资大陆的一个新解释［J］.人文杂志,2012(4):72-77.

［72］关于《中华人民共和国外商投资法（草案）》的说明［EB/OL］.（2019-03-09）［2023-09-06］. https://www. gov. cn/xinwen/2019-03/09/content_5372190. htm.

［73］关于对美光公司在华销售产品启动网络安全审查的公告［EB/OL］.（2023-03-31）［2023-09-06］. http://www. cac. gov. cn/2023-03/31/c_1681904291361295. htm.

［74］关于下架"滴滴出行"App的通报［EB/OL］.（2021-07-04）［2023-09-06］. http://www. cac. gov. cn/2021-07/04/c_1627016782176163. htm.

［75］关于下架"滴滴企业版"等25款App的通报［EB/OL］.（2021-07-09）［2023-09-06］. http://www. cac. gov. cn/2021-07/09/c_1627415870012872. htm.

［76］广电总局暂不受理审批LBS＋AR类型游戏［EB/OL］.（2017-01-11）［2023-09-06］. https://www. toutiao. com/article/6374173668951458305/?wid＝16918261319322017.

［77］郭寿康. 加入世界贸易组织与我国立法的有关问题［J］. 法学家，2001（2）:3-10.

［78］国家发展改革委、商务部发布《鼓励外商投资产业目录（2019年版）》［EB/OL］.（2019-06-30）［2023-09-06］. https://www. ndrc. gov. cn/xxgk/jd/jd/201906/t20190630_1182905_ext. html.

［79］国家发展改革委、商务部发布《外商投资产业指导目录（2017年修订）》［EB/OL］.（2017-06-28）［2023-09-06］. https://www. gov. cn/xinwen/2017-06/28/content_5206447. htm.

［80］国家发展改革委、商务部关于印发《市场准入负面清单（2020年版）》的通知［EB/OL］.（2020-12-10）［2023-09-06］. https://www. gov. cn/zhengce/zhengceku/2020-12/16/content_5569975. htm.

[81] 国家发展改革委有关负责人就建立外资并购安全审查制度答记者问[EB/OL]. (2011-02-16)[2023-09-06]. http://www. gov. cn/zwhd/2011-02/16/content_1804588. htm.

[82] 国家互联网信息办公室等七部门进驻滴滴出行科技有限公司开展网络安全审查[EB/OL]. (2021-07-16)[2023-09-06]. http://www. cac. gov. cn/2021-07/16/c_1628023601191804. htm.

[83] 国家互联网信息办公室对滴滴全球股份有限公司依法作出网络安全审查相关行政处罚的决定[EB/OL]. (2022-07-21)[2023-09-06]. http://www. cac. gov. cn/2022-07/21/c_166002153 4306352. htm.

[84] 国家互联网信息办公室对知网（CNKI）依法作出网络安全审查相关行政处罚[EB/OL]. (2023-09-06)[2023-09-10]. http://www. cac. gov. cn/2023-09/06/c_1695654024248502. htm.

[85] 国家互联网信息办公室有关负责人就对滴滴全球股份有限公司依法作出网络安全审查相关行政处罚的决定答记者问[EB/OL]. (2022-07-21)[2023-09-06]. http://www. cac. gov. cn/2022-07/21/c_1660021534364976. htm.

[86] 国务院办公厅关于印发自由贸易试验区外商投资准入特别管理措施（负面清单）（2017 年版）的通知[EB/OL]. (2017-06-16)[2023-09-06]. https://www. gov. cn/zhengce/content/2017-06/16/content_5202973. htm.

[87] 国务院关于印发中国（上海）自由贸易试验区总体方案的通知[EB/OL]. (2013-09-18)[2023-09-23]. https://www. gov. cn/zwgk/2013-09/27/content_2496147. htm.

[88] 海南自由贸易港建设总体方案[EB/OL]. (2020-06-01)[2023-09-06]. https://www. hainan. gov. cn/hainan/ztfabgqw/202006/be6aef0f1a534ae79478c1260b6fffa1. shtml.

［89］韩国加强对外资并购的安全审查［EB/OL］.（2022-08-24）［2023-09-06］. http://kr. mofcom. gov. cn/article/jmxw/202208/20220803343309. shtml.

［90］韩龙,沈革新.美国外资并购国家安全审查制度的新发展［J］.时代法学,2010(5):93-103.

［91］胡加祥,彭德雷.WTO贸易政策的透明度要求:法律原则与中国实践［J］.时代法学,2012(1):99-106.

［92］胡振虎,贾英姿,于晓.美国外资国家安全审查机制对中国影响及应对策略分析［J］.财政研究,2017(5):89-99.

［93］胡子南,吕静.英法德三国外商直接投资国家安全审查制度比较研究［J］.德国研究,2020(3):23-36,160.

［94］黄洁.美国双边投资新规则及其对中国的启示——以2012年BIT范本为视角［J］.环球法律评论,2013(4):156-164.

［95］冀承,郭金兴.美国外国投资国家安全审查制度的历史变迁、制度设计及中国的应对［J］.国际贸易,2019(6):69-78.

［96］加快改革开放和现代化建设步伐,夺取有中国特色社会主义事业的更大胜利——江泽民在中国共产党第十四次全国代表大会上的报告（1992年10月12日）［R/OL］.（2007-08-29）［2023-09-06］. http://www. gov. cn/test/2007-08/29/content_730511. htm.

［97］坚定信心向未来——六评当前经济形势［EB/OL］.（2013-07-16）［2023-09-06］. http://www. gov. cn/jrzg/2013-07/16/content_2449157. htm.

［98］健全外商投资安全审查制度为更高水平对外开放保驾护航——外商投资安全审查工作机制办公室负责人就《外商投资安全审查办法》答记者问［EB/OL］.（2020-12-25）［2023-09-06］. http://www. mofcom. gov. cn/article/zwjg/zwxw/zwxwmd/202012/

20201203025966. shtml.

[99] 健全外商投资安全审查制度为更高水平对外开放保驾护航——外商投资安全审查工作机制办公室负责人就《外商投资安全审查办法》答记者问[EB/OL].（2020-12-19）[2023-09-06]. https://www. ndrc. gov. cn/xwdt/xwfb/202012/t2020 1219_1255024. html.

[100] 姜慧芹.中国外商投资立法的未来走向[J].云南大学学报(法学版),2013(4):141-148.

[101] 今晓.当前投资环境的立法思索[J].中南政法学院学报,1987(3):78-82.

[102] 进一步扩大对外开放的重大举措——国家计委有关负责人就《指导外商投资方向暂行规定》答记者问[J].中国投资与建设,1995(7):52.

[103] 近十年来,全国设立 21 个自贸试验区及海南自由贸易港[EB/OL].（2022-04-20）[2023-09-06]. http://www. gov. cn/xinwen/2022-04/20/content_5686196. htm.

[104] 赖建良.有限责任公司与外商投资企业中的有限责任公司设立原则之比较[J].台声·新视角,2006(1):325-326.

[105] 李本.对国际多边投资立法从回应到参与——中国外商投资立法的嬗变分析[J].法学杂志,2009(8):94-97.

[106] 李锋.俄罗斯国家安全审查制度研究[J].国际经济合作,2012(7):62-64.

[107] 李健男.论特定国民待遇标准——关于我国近期对外国投资者及其投资待遇模式的思考[J].法律科学(西北政法学院学报),1996(5):81-88.

[108] 政府工作报告——2019 年 3 月 5 日在第十三届全国人民代表大会第二次会议上[R/OL].（2019-03-05）[2023-09-06]. https://

www. gov. cn/zhuanti/2019qglh/2019lhzfgzbg/index. htm.

[109] 李玲玲.2020 年中国造纸行业市场竞争格局分析:市场集中度
较高［EB/OL］.（2021-06-22）［2023-09-06］. https://www.
chyxx. com/industry/202106/958643. html.

[110] 李仁真,周家贵.对外商投资企业实行国民待遇的法律思考[J].
法学评论,1996(6):43-47.

[111] 梁开银.论 WTO 协议对中国海外投资法制的影响[J].政法论
丛,2004(2):16-22.

[112] 廖凡.《外商投资法》:背景、创新与展望[J].厦门大学学报(哲学
社会科学版),2020(3):140-149.

[113] 廖凡.欧盟外资安全审查制度的新发展及我国的应对[J].法商
研究,2019(4):182-192.

[114] 刘建丽.新中国利用外资 70 年:历程、效应与主要经验[J].管理
世界,2019(11):19-37.

[115] 刘剑文.利用税收优惠 鼓励外商投资[J].法学评论,1988(4):
80-82.

[116] 刘俊海.《外商投资法》的理念升华与制度创新[J].人民法治,
2019(6):47-50.

[117] 刘笋.论 WTO 协定对国际投资法的影响[J].法商研究(中南政
法学院学报),2000(1):74-79.

[118] 刘征峰.负面清单、透明度与法治原则——兼评我国自贸区外
资管理的路径改革[J].暨南学报(哲学社会科学版),2018(4):
121-132.

[119] 卢炯星.加入 WTO 与我国外商投资法面临的挑战及对策[J].
中国法学,2000(4):12-20.

[120] 美光公司在华销售的产品未通过网络安全审查［EB/OL］.

(2023-05-21)[2023-09-06]. http://www.cac.gov.cn/2023-05/21/c_1686348043518073.htm.

[121] 慕亚平,肖小月.我国外资并购中的国家安全审查制度[J].法学研究,2009(5):52-61.

[122] 欧委会发布首份外资审查年度报告[EB/OL]. (2021-11-25)[2023-09-06]. http://eu.mofcom.gov.cn/article/jmxw/202111/20211103220821.shtml.

[123] 潘秋阳,郑欣.外资股权并购民族产业的法律规制——凯雷集团并购徐工集团案引发的思考[J].中国审计,2008(5):70-72.

[124] 潘圆圆.海外投资国家安全审查研究[M].北京:中国社会科学出版社,2022.

[125] 彭世权.论我国外商投资企业立法与公司法的并轨[J].特区经济,2008(8):229-231.

[126] 蒲红霞,葛顺奇.美国的外资安全审查制度与我国企业跨国并购的对策[J].国际贸易,2018(3):51-55.

[127] 漆彤,刘嫡琬.外国投资国家安全审查制度的国际协调:必要性、可行性和合作路径[J].国际经济评论,2021(4):138-159,8.

[128] 漆彤,汤梓奕.美国《2018年外国投资风险审查现代化法案》介评[J].经贸法律评论,2019(3):79-90.

[129] 漆彤.论外商投资国家安全审查决定的司法审查[J].武汉大学学报(哲学社会科学版),2020(3):142-150.

[130] 乔资营,韩梅,邬龙.外商投资准入负面清单制度将推向全国——简析2017版《外商投资产业指导目录》[EB/OL]. (2017-07-18)[2023-09-06]. http://www.zhonglun.com/Content/2017/07-18/2052277252.html.

[131] 全国人大常委会法工委负责人就反外国制裁法答记者问[EB/

OL］. (2021-06-11)［2023-09-01］. http：//www. gov. cn/zhengce/2021-06/11/content_5616932. htm.

［132］全民国家安全教育典型案例及相关法律规定［EB/OL］.(2019-04-15)［2023-09-06］. https：//www. court. gov. cn/zixun/xiangqing/151722. html.

［133］三起涉国家安全典型案例［EB/OL］.(2018-04-16)［2023-09-06］. https：//www. court. gov. cn/zixun/xiangqing/90482. html.

［134］山东博汇纸业股份有限公司 2019 年年度报告［R/OL］.(2020-04-28)［2023-09-06］. http://static. sse. com. cn/disclosure/listedinfo/announcement/c/2020-04-28/600966_20200428_29. pdf.

［135］山东博汇纸业股份有限公司关于金光纸业（中国）投资有限公司申报外商投资安全审查的公告［R/OL］.(2020-07-22)［2023-09-06］. http：//static. sse. com. cn/disclosure/listedinfo/announcement/c/2020-07-22/600966_20200722_1. pdf.

［136］山东博汇纸业股份有限公司关于收到国家市场监督管理总局《经营者集中反垄断审查不予禁止决定书》的公告［R/OL］.(2020-06-29)［2023-09-06］. http：//static. sse. com. cn/disclosure/listedinfo/announcement/c/2020-06-29/600966_20200629_1. pdf.

［137］山东博汇纸业股份有限公司关于外商投资安全审查进展的公告［R/OL］.(2020-08-25)［2023-09-06］. http：//static. sse. com. cn/disclosure/listedinfo/announcement/c/2020-08-25/600966 _ 20200825_1. pdf.

［138］山东博汇纸业股份有限公司详式权益变动报告书［R/OL］.(2019-11-15)［2023-09-06］. http：//static. sse. com. cn/disclosure/listedinfo/announcement/c/2019-11-15/600966_20 191115_2. pdf.

［139］商务部：改革开放 30 年来我国经贸领域取得的成就［EB/OL］.

（2008-12-19）［2023-09-06］．https：//www. gov. cn/ztzl/2008-12/19/content_1182424. htm.

[140] 商务部:减税降费等助企纾困政策要确保内外资企业同等享受［EB/OL］．（2020-03-13）［2023-09-06］．http：//health. people. com. cn/n1/2020/0313/c14739-31631327. html.

[141] 商务部就《中华人民共和国外国投资法（草案征求意见稿)》》公开征求意见［EB/OL］．（2015-01-19）［2023-09-06］．http：//tfs. mofcom. gov. cn/article/as/201501/20150100871010. shtml.

[142] 商务部有关负责人就《鼓励外商投资产业目录（2020 年版)》答记者问［EB/OL］．（2020-12-31）［2023-09-06］．http：//www. mofcom. gov. cn/article/i/jyjl/l/202101/20210103028089. shtml.

[143] 上海自贸区负面清单 190 项特别管理措施体现诚意［EB/OL］．（2013-09-30）［2023-09-06］．https：//www. gov. cn/gzdt/2013-09/30/content_2498265. htm.

[144] 尚清,徐建东.俄罗斯外商投资安全审查制度的新变化及启示［J］.经济纵横,2014(12):77-80.

[145] 邵沙平,王小承.美国外资并购国家安全审查制度探析——兼论中国外资并购国家安全审查制度的构建［J］.法学家,2008(3):154-160.

[146] 沈木珠.完善中国外商投资法的若干建议［J］.政治与法律,1997(2):4-9.

[147] 沈四宝.世界贸易组织法教程［M］.北京:对外经济贸易大学出版社,2005.

[148] 沈伟,陈睿毅.论我国外资国家安全审查的正当程序及其优化进路［J］.国际商务研究,2023(2):72-84.

[149] 沈伟.美国外资安全审查制度的变迁、修改及影响——以近期

中美贸易摩擦为背景[J].武汉科技大学学报(社会科学版)，2019(6):654-668.

[150] 石岩.欧盟外资监管改革:动因、阻力及困局[J].欧洲研究,2018(1):114-134,8.

[151] 宋晓燕.中国(上海)自由贸易试验区的外资安全审查机制[J].法学,2014(1):20-27.

[152] 宋雪晗.外资国家安全审查决定的司法审查[J].黑龙江人力资源和社会保障,2022(2):152-154.

[153] 孙南申,胡荻.外国投资国家安全审查制度的立法改进与完善建议——以《外国投资法(征求意见稿)》为视角[J].上海财经大学学报,2015(4):82-92.

[154] 孙南申,彭岳.外资并购国家安全审查制度的立法改进与完善措施[J].学海,2014(3):145-151.

[155] 汤树梅.外商投资股份有限公司的发展及其法律适用[J].法学家,2002(3):46-51.

[156] 天津高院参考性案例8号—高某诉天津市某区规划和国土资源管理局政府信息公开案[EB/OL].(2017-12-19)[2023-09-06].https://splcgk.court.gov.cn/gzfwww/qwal/qwalDetails?　id=ff8080816054b67501606c575d1c0e09.

[157] 田中景,李蛟.国外资本并购异化研究——以"凯雷"并购徐工机械为例[J].经济纵横,2009(5):58-60.

[158] 外商在俄罗斯战略投资将受更多监管[EB/OL].(2018-01-18)[2023-09-06].http://gpj.mofcom.gov.cn/article/zuixindt/201801/20180102700483.shtml.

[159] 王碧珺,张明,衷子雅.美改革国家安全审查机制,中国投资获区别对待[EB/OL].(2018-10-11)[2023-09-06].https://www.

sohu. com/a/258872310_729263.

［160］王东光.国家安全审查：政治法律化与法律政治化［J］.中外法学,2016(5):1289-1313.

［161］王东光.外国投资国家安全审查制度研究［M］.北京:北京大学出版社,2018.

［162］王海英.及时修订法律 适应入世需要——论《TRIMs 协议》与我国外资法的修订［J］.政法论丛,2002(1):37-40.

［163］王小琼,何焰.美国外资并购国家安全审查立法的新发展及其启示——兼论《中华人民共和国反垄断法》第 31 条的实施［J］.法商研究,2008(6):11-21.

［164］网络安全审查办公室对知网启动网络安全审查［EB/OL］.(2022-06-24)［2023-09-06］. http://www. cac. gov. cn/2022-06/24/c_1657686783575480. htm.

［165］网络安全审查办公室关于对"运满满""货车帮""BOSS 直聘"启动网络安全审查的公告［EB/OL］.（2021-07-05）［2023-09-06］. http://www. cac. gov. cn/2021-07/05/c_1627071328950274. htm.

［166］我国已与 26 个国家和地区签署 19 个自贸协定,贸易额占比 35％左右［EB/OL］.(2022-02-17)［2023-09-06］. http://finance. people. com. cn/n1/2022/0217/c1004-32354223. html.

［167］习近平:坚持总体国家安全观 走中国特色国家安全道路［N］.人民日报,2014-04-16(1).

［168］习近平:决胜全面建成小康社会夺取新时代中国特色社会主义伟大胜利——在中国共产党第十九次全国代表大会上的报告［R/OL］.（2017-10-27）［2023-09-06］. http://www. gov. cn/govweb/zhuanti/2017-10/27/content_5234876. htm.

［169］谢晓尧. WTO 透明度:固有价值与保障机制［J］.法学,2003

（1）:72-76.

[170] 徐沪初.如何让"下凡"的外资安全着陆[J].中国新时代,2011（1）:33-36.

[171] 徐泉.略论外资准入与投资自由化[J].现代法学,2003（2）:146-150.

[172] 徐树.外资准入国民待遇的救济体系论[J].环球法律评论,2020（2）:162-179.

[173] 徐雨微.《中华人民共和国外商投资法》实施两年成效显著[EB/OL].（2022-03-15）[2023-09-06]. https://m.gmw.cn/baijia/2022-03/15/35588755.html.

[174] 颜运秋.我国外商投资立法之价值取向[J].湘潭大学学报（哲学社会科学版）,1997（4）:104-107.

[175] 杨海坤.中国（上海）自由贸易试验区负面清单的解读及其推广[J].江淮论坛,2014（3）:5-11.

[176] 杨丽艳,李婷婷.中国外商直接投资国家安全审查法律问题研究[J].武大国际法评论,2017（2）:53-69.

[177] 姚梅镇.国际投资法[M].武汉:武汉大学出版社,2011.

[178] 姚潇瀛,林金成,姚明.关于制定统一的外商投资企业所得税法的建议[J].当代法学,1990（2）:29-32.

[179] 叶楠.发展中的国际投资协定透明度原则及其对中国的启示[J].武大国际法评论,2013（2）:324-347.

[180] 叶兴平,田晓萍.《与贸易有关的投资措施协议》及其对我国外资法的影响[J].深圳大学学报（人文社会科学版）,2001（1）:51-57.

[181] 永辉超市股份有限公司2018年年度报告[R/OL].（2019-04-26）[2023-09-06]. http://static.sse.com.cn/disclosure/listedinfo/annou

ncement/c/2019-04-26/601933_2018_n. pdf.

[182] 永辉超市股份有限公司关于签署《合作备忘录》暨取消部分要约
收购中百集团的公告[R/OL]. (2019-12-17)[2023-09-06]. http://
static. sse. com. cn/disclosure/listedinfo/announcement/c/2019-12-
17/601933_20191217_2. pdf.

[183] 永辉超市股份有限公司关于收到国家发展和改革委员会关于特
别审查告知书的公告[R/OL]. (2019-11-13)[2023-09-06]. http://
static. sse. com. cn/disclosure/listedinfo/announcement/c/2019-11-
13/601933_20191113_1. pdf.

[184] 永辉超市股份有限公司关于收到国家发展和改革委员会关于外
商投资安全审查通知的公告[R/OL]. (2019-08-23)[2023-09-06].
http://static. sse. com. cn/disclosure/listedinfo/announcement/c/
2019-08-23/601933_20190823_3. pdf.

[185] 永辉超市股份有限公司关于收到国家发展和改革委员会终止外
商投资安全审查通知的公告[R/OL]. (2019-12-28)[2023-09-06].
http://static. sse. com. cn/disclosure/listedinfo/anno uncement/c/
2019-12-28/601933_20191228_1. pdf.

[186] 永辉超市股份有限公司关于收到国家市场监督管理总局《经营者
集中反垄断审查不予禁止决定书》的公告[R/OL]. (2019-08-21)
[2023-09-06]. http://static. sse. com. cn/disclosure/listedinfo/
announcement/c/2019-08-21/601933_20190821_1. pdf.

[187] 余劲松,周成新. 国际投资法[M]. 北京:法律出版社,2014.

[188] 袁宏明. 我国将对外商投资实行新的导向政策——专访国家发
改委外资司孔令龙司长[J]. 中国投资,2007(12):44-45.

[189] 张国平. 论外资企业和我国企业法制的协调[J]. 南京社会科学,
2010(5):83-88.

[190] 张国勋,王大坤,张雪晨.2022 年度 CFIUS 报告分析及 2023 年美国投资审查动态观察[EB/OL].(2023-08-07)[2023-09-06]. https://www.zhonglun.com/Content/2023/08-07/1338385220.html.

[191] 张怀岭,邵和平.对等视阈下外资安全审查的建构逻辑与制度实现[J].社会科学,2021(3):40-52.

[192] 张怀岭.开放与安全平衡背景下英国外资审查改革路径及影响[J].国际贸易,2020(9):68-75.

[193] 张晋藩.中国法制 60 年(1949—2009)[M].西安:陕西人民出版社,2009.

[194] 张庆麟,钟俐.外资准入负面清单管理模式比较研究——以透明度原则为视角[J].经贸法律评论,2019(5):47-59.

[195] 张庆麟.国际投资法问题专论[M].武汉:武汉大学出版社,2007.

[196] 张旺."十五"期间西部利用外资展望[J].经济理论与经济管理,2001(7):57-61.

[197] 张昕,孟翡,张继行.德国外资安全审查机制:特征、影响及我国应对举措[J].国际贸易,2022(8):43-52.

[198] 张勇.论我国涉外税收制度的新发展——评《外商投资企业和外国企业所得税法》[J].中国法学,1992(3):37-41.

[199] 张智勇,王慧.《与贸易有关的投资措施协议》与中国外资法[J].法学杂志,2000(1):19-22.

[200] 赵蓓文.全球外资安全审查新趋势及其对中国的影响[J].世界经济研究,2020(6):3-10,135.

[201] 赵海乐.国家安全还是国家利益——美澳外资审查比较研究对我国的启示[J].国际经贸探索,2018(6):109-120.

[202] 赵海乐.论外资并购国家安全审查中的投资者保护缺失——以

　　　　三一集团诉奥巴马案为视角[J].现代法学,2015(4):139-147.

[203] 赵家章,丁国宁.美国对华高技术企业投资并购的安全审查与
　　　　中国策略选择[J].亚太经济,2020(1):71-79,151.

[204] 赵旭东.融合还是并行外商投资企业法与公司法的立法选择
　　　　[J].法律适用,2005(3):15-18.

[205] 郑淑娜.中华人民共和国国家安全法解读[M].北京:中国法制
　　　　出版社,2016.

[206] 中百控股集团股份有限公司二〇一八年年度报告[R/OL].(2019-
　　　　03-27)〔2023-09-06〕.http://www.szse.cn/disclosure/listed/bulle
　　　　tinDetail/index.html? 38a890e5-da6e-4c2e-9aae-2601278029c7.

[207] 中百控股集团股份有限公司关于永辉超市取消部分要约收购
　　　　中百集团股份计划的公告[R/OL].(2019-12-17)[2023-09-06].
　　　　http://www.szse.cn/disclosure/listed/bulletinDetail/index.
　　　　html? 2bb13173-4ada-4057-b37e-ea5fb63cfdfa.

[208] 中共中央党史和文献研究院.习近平关于总体国家安全观论述
　　　　摘编[M].北京:中央文献出版社,2018.

[209] 中国共产党第十一届中央委员会第三次全体会议公报[R/
　　　　OL].(2008-06-20)[2023-09-06].https://www.gov.cn/test/
　　　　2008-06/20/content_1022432.htm.

[210] 中华人民共和国国家发展和改革委员会公告[EB/OL].(2019-
　　　　04-30)[2023-09-13].https://www.ndrc.gov.cn/xxgk/zcfb/
　　　　gg/201904/t20190430_961220_ext.html.

[211] 中华人民共和国国家发展和改革委员会商务部公告2016年第22
　　　　号[EB/OL].(2016-10-02)[2023-09-06].http://www.mofcom.gov.
　　　　cn/aarticle/b/g/201612/20161202177145.htmltarget=_blank.

[212] 中华人民共和国国民经济和社会发展第十三个五年规划纲要

［R/OL］.（2016-03-17）［2023-09-06］. http：//www. gov. cn/xinwen/2016-03/17/content_5054992. htm.

［213］中央国家安全委员会第一次会议召开 习近平发表重要讲话［R/OL］.（2014-04-15）［2023-09-06］. https：//www. gov. cn/xinwen/2014-04/15/content_2659641. htm.

［214］朱明新.联合国国际贸易法委员会"投资仲裁透明度规则"评析［J］.武大国际法评论,2017(1)：119-137.

［215］宗芳宇.全球跨境投资政策变化、影响及中国的对策［J］.国际贸易,2019(3)：50-56.

［216］最高法发布平安中国建设第一批典型案例［EB/OL］.（2021-12-31）［2023-09-06］. https：//www. court. gov. cn/zixun-xiangqing-339541. html.

［217］最高法院工作报告案例盘点：坚决维护国家安全和社会稳定［EB/OL］.（2022-03-09）［2023-09-06］. https：//www. court. gov. cn/zixun/xiangqing/350141. html.

附录一　2021 年全国性负面清单与 2021 年自由贸易试验区负面清单逐项比较[①]

序号	《外商投资准入特别管理措施(负面清单)(2021 年版)》	《自由贸易试验区外商投资准入特别管理措施(负面清单)(2021 年版)》	二者的区别
1	小麦新品种选育和种子生产的中方股比不低于 34%、玉米新品种选育和种子生产须由中方控股	小麦、玉米新品种选育和种子生产的中方股比不低于 34%	股比限制不同
2	禁止投资中国稀有和特有的珍贵优良品种的研发、养殖、种植以及相关繁殖材料的生产(包括种植业、畜牧业、水产业的优良基因)	禁止投资中国稀有和特有的珍贵优良品种的研发、养殖、种植以及相关繁殖材料的生产(包括种植业、畜牧业、水产业的优良基因)	无差别
3	禁止投资农作物、种畜禽、水产苗种转基因品种选育及其转基因种子(苗)生产	禁止投资农作物、种畜禽、水产苗种转基因品种选育及其转基因种子(苗)生产	无差别
4	禁止投资中国管辖海域及内陆水域水产品捕捞	—	限制与否
5	禁止投资稀土、放射性矿产、钨勘查、开采及选矿	禁止投资稀土、放射性矿产、钨勘查、开采及选矿(未经允许,禁止进入稀土矿区或取得矿山地质资料、矿石样品及生产工艺技术)	细化程度不同
6	出版物印刷须由中方控股	—	限制与否

[①]　通过逐项比较,让读者更加直观地了解同一时期全国性负面清单与自由贸易试验区负面清单之间的异同。负面清单与外商投资安全审查制度是外商投资立法中两个相关联的制度设计,负面清单明确了外商投资安全审查制度所处的法律环境,二者具有不同的审查内容。

序号	《外商投资准入特别管理措施(负面清单)(2021年版)》	《自由贸易试验区外商投资准入特别管理措施(负面清单)(2021年版)》	二者的区别
7	禁止投资中药饮片的蒸、炒、炙、煅等炮制技术的应用及中成药保密处方产品的生产	—	限制与否
8	核电站的建设、经营须由中方控股	核电站的建设、经营须由中方控股	无差别
9	禁止投资烟叶、卷烟、复烤烟叶及其他烟草制品的批发、零售	禁止投资烟叶、卷烟、复烤烟叶及其他烟草制品的批发、零售	无差别
10	国内水上运输公司须由中方控股	国内水上运输公司须由中方控股(且不得经营或租用中国籍船舶或者舱位等方式变相经营国内水路运输业务及其辅助业务;水路运输经营者不得使用外国籍船舶经营国内水路运输业务,但经中国政府批准,在国内没有能够满足所申请运输要求的中国籍船舶,并且船舶停靠的港口或者水域为对外开放的港口或者水域的情况下,水路运输经营者可以在中国政府规定的期限或者航次内,临时使用外国籍船舶经营中国港口之间的海上运输和拖航)	细化程度不同
11	公共航空运输公司须由中方控股,且一家外商及其关联企业投资比例不得超过25%,法定代表人须由中国籍公民担任。通用航空公司的法定代表人须由中国籍公民担任,其中农、林、渔业通用航空公司限于合资,其他通用航空公司限于中方控股	公共航空运输公司须由中方控股,且一家外商及其关联企业投资比例不得超过25%,法定代表人须由中国籍公民担任。通用航空公司的法定代表人须由中国籍公民担任,其中农、林、渔业通用航空公司限于合资,其他通用航空公司限于中方控股(只有中国公共航空运输企业才能经营国内航空服务,并作为中国指定承运人提供定期和不定期国际航空服务)	细化程度不同
12	民用机场的建设、经营须由中方相对控股。外方不得参与建设、运营机场塔台	民用机场的建设、经营须由中方相对控股。外方不得参与建设、运营机场塔台	无差别
13	禁止投资邮政公司、信件的国内快递业务	禁止投资邮政公司(和经营邮政服务)、信件的国内快递业务	细化程度不同

续表

序号	《外商投资准入特别管理措施(负面清单)(2021年版)》	《自由贸易试验区外商投资准入特别管理措施(负面清单)(2021年版)》	二者的区别
14	电信公司：限于中国入世承诺开放的电信业务，增值电信业务的外资股比不超过50%(电子商务、国内多方通信、存储转发类、呼叫中心除外)，基础电信业务须由中方控股	电信公司：限于中国入世承诺开放的电信业务，增值电信业务的外资股比不超过50%(电子商务、国内多方通信、存储转发类、呼叫中心除外)，基础电信业务须由中方控股(且经营者须为依法设立的专门从事基础电信业务的公司)。上海自贸试验区原有区域(28.8平方公里)试点政策推广至所有自贸试验区执行	细化程度不同
15	禁止投资互联网新闻信息服务、网络出版服务、网络视听节目服务、互联网文化经营(音乐除外)、互联网公众发布信息服务(上述服务中，中国入世承诺中已开放的内容除外)	禁止投资互联网新闻信息服务、网络出版服务、网络视听节目服务、互联网文化经营(音乐除外)、互联网公众发布信息服务(上述服务中，中国入世承诺中已开放的内容除外)	无差别
16	禁止投资中国法律事务(提供有关中国法律环境影响的信息除外)，不得成为国内律师事务所合伙人	禁止投资中国法律事务(提供有关中国法律环境影响的信息除外)，不得成为国内律师事务所合伙人(外国律师事务所只能以代表机构的方式进入中国，且不得聘用中国执业律师，聘用的辅助人员不得为当事人提供法律服务；如在华设立代表机构、派驻代表，须经中国司法行政部门许可)	细化程度不同
17	市场调查限于合资，其中广播电视收听、收视调查须由中方控股	广播电视收听、收视调查须由中方控股。社会调查中方股比不低于67%，法定代表人应当具有中国国籍	细化程度不同
18	禁止投资社会调查	—	限制与否
19	禁止投资人体干细胞、基因诊断与治疗技术开发和应用	禁止投资人体干细胞、基因诊断与治疗技术开发和应用	无差别
20	禁止投资人文社会科学研究机构	禁止投资人文社会科学研究机构	无差别

续表

序号	《外商投资准入特别管理措施（负面清单）（2021 年版）》	《自由贸易试验区外商投资准入特别管理措施（负面清单）（2021 年版）》	二者的区别
21	禁止投资大地测量、海洋测绘、测绘航空摄影、地面移动测量、行政区域界线测绘，地形图、世界政区地图、全国政区地图、省级及以下政区地图、全国性教学地图、地方性教学地图、真三维地图和导航电子地图编制，区域性的地质填图、矿产地质、地球物理、地球化学、水文地质、环境地质、地质灾害、遥感地质等调查（矿业权人在其矿业权范围内开展工作不受此特别管理措施限制）	禁止投资大地测量、海洋测绘、测绘航空摄影、地面移动测量、行政区域界线测绘，地形图、世界政区地图、全国政区地图、省级及以下政区地图、全国性教学地图、地方性教学地图、真三维地图和导航电子地图编制，区域性的地质填图、矿产地质、地球物理、地球化学、水文地质、环境地质、地质灾害、遥感地质等调查（矿业权人在其矿业权范围内开展工作不受此特别管理措施限制）	无差别
22	学前、普通高中和高等教育机构限于中外合作办学，须由中方主导（校长或者主要行政负责人应当具有中国国籍，理事会、董事会或者联合管理委员会的中方组成人员不得少于 1/2）	学前、普通高中和高等教育机构限于中外合作办学，须由中方主导，即校长或者主要行政负责人应当具有中国国籍（且在中国境内定居），理事会、董事会或者联合管理委员会的中方组成人员不得少于 1/2。外国教育机构、其他组织或者个人不得单独设立以中国公民为主要招生对象的学校及其他教育机构（不包括非学制类职业培训机构、学制类职业教育机构），但是外国教育机构可以同中国教育机构合作举办以中国公民为主要招生对象的教育机构	细化程度不同
23	禁止投资义务教育机构、宗教教育机构	禁止投资义务教育机构、宗教教育机构	无差别
24	医疗机构限于合资	医疗机构限于合资	无差别
25	禁止投资新闻机构（包括但不限于通讯社）	禁止投资新闻机构（包括但不限于通讯社）（外国新闻机构在中国境内设立常驻新闻机构、向中国派遣常驻记者，须经中国政府批准。外国通讯社在中国境内提供新闻的服务业务须由中国政府审批。中外新闻机构业务合作须由中方主导，且须经中国政府批准）	细化程度不同

续表

序号	《外商投资准入特别管理措施(负面清单)(2021年版)》	《自由贸易试验区外商投资准入特别管理措施(负面清单)(2021年版)》	二者的区别
26	禁止投资图书、报纸、期刊、音像制品和电子出版物的编辑、出版、制作业务	禁止投资图书、报纸、期刊、音像制品和电子出版物的编辑、出版、制作业务(但经中国政府批准,在确保合作中方的经营主导权和内容终审权并遵守中国政府批复的其他条件下,中外出版单位可进行新闻出版中外合作出版项目。未经中国政府批准,禁止在中国境内提供金融信息服务)	细化程度不同
27	禁止投资各级广播电台(站)、电视台(站)、广播电视频道(率)、广播电视传输覆盖网(发射台、转播台、广播电视卫星、卫星上行站、卫星收转站、微波站、监测台及有线广播电视传输覆盖网等),禁止从事广播电视视频点播业务和卫星电视广播地面接收设施安装服务	禁止投资各级广播电台(站)、电视台(站)、广播电视频道(率)、广播电视传输覆盖网(发射台、转播台、广播电视卫星、卫星上行站、卫星收转站、微波站、监测台及有线广播电视传输覆盖网等),禁止从事广播电视视频点播业务和卫星电视广播地面接收设施安装服务(对境外卫星频道落地实行审批制度)	细化程度不同
28	禁止投资广播电视节目制作经营(含引进业务)公司	禁止投资广播电视节目制作经营(含引进业务)公司。引进境外影视剧和以卫星传送方式引进其他境外电视节目由广电总局指定的单位申报。对中外合作制作电视剧(含电视动画片)实行许可制度	细化程度不同
29	禁止投资电影制作公司、发行公司、院线公司以及电影引进业务	禁止投资电影制作公司、发行公司、院线公司以及电影引进业务(但经批准,允许中外企业合作摄制电影)	细化程度不同
30	禁止投资文物拍卖的拍卖公司、文物商店和国有文物博物馆	禁止投资文物拍卖的拍卖公司、文物商店和国有文物博物馆(禁止不可移动文物及国家禁止出境的文物转让、抵押、出租给外国人。禁止设立与经营非物质文化遗产调查机构;境外组织或个人在中国境内进行非物质文化遗产调查和考古调查、勘探、发掘,应采取与中国合作的形式并经专门审批许可)	细化程度不同
31	禁止投资文艺表演团体	文艺表演团体须由中方控股	股比限制不同

附录二 全国性负面清单与海南
自由贸易港负面清单的差异对比①

序号	《外商投资准入特别管理措施(负面清单)(2020 年版)》(现已失效)	《海南自由贸易港外商投资准入特别管理措施(负面清单)(2020 年版)》	二者的区别
1	小麦新品种选育和种子生产的中方股比不低于 34%、玉米新品种选育和种子生产须由中方控股	小麦、玉米新品种选育和种子生产的中方股比不低于 34%	股比限制不同
2	禁止投资中国稀有和特有的珍贵优良品种的研发、养殖、种植以及相关繁殖材料的生产(包括种植业、畜牧业、水产业的优良基因)	禁止投资中国稀有和特有的珍贵优良品种的研发、养殖、种植以及相关繁殖材料的生产(包括种植业、畜牧业、水产业的优良基因)	无差别
3	禁止投资农作物、种畜禽、水产苗种转基因品种选育及其转基因种子(苗)生产	禁止投资农作物、种畜禽、水产苗种转基因品种选育及其转基因种子(苗)生产	无差别
4	禁止投资中国管辖海域及内陆水域水产品捕捞	—	限制与否
5	禁止投资稀土、放射性矿产、钨勘查、开采及选矿	—	限制与否
6	出版物印刷须由中方控股	—	限制与否
7	禁止投资中药饮片的蒸、炒、炙、煅等炮制技术的应用及中成药保密处方产品的生产	—	限制与否

① 《海南自由贸易港外商投资准入特别管理措施(负面清单)》颁布于 2020 年,因此,此处选择将之与该负面清单颁布前的全国性负面清单(即《外商投资准入特别管理措施(负面清单)(2020 年版)》)进行比较,以凸显同时期的《海南自由贸易港外商投资准入特别管理措施(负面清单)》的自由化程度更高。负面清单与外商投资安全审查制度是外商投资立法中两个相关联的制度设计,负面清单明确了外商投资安全审查制度所处的法律环境,二者具有不同的审查内容。

续表

序号	《外商投资准入特别管理措施（负面清单）(2020年版)》（现已失效）	《海南自由贸易港外商投资准入特别管理措施（负面清单）(2020年版)》	二者的区别
8	除专用车、新能源汽车、商用车外，汽车整车制造的中方股比不低于50%，同一家外商可在国内建立两家及两家以下生产同类整车产品的合资企业。（2022年取消乘用车制造外资股比限制以及同一家外商可在国内建立两家及两家以下生产同类整车产品的合资企业的限制）	—	限制与否
9	卫星电视广播地面接收设施及关键件生产	卫星电视广播地面接收设施及关键件生产	无差别
10	核电站的建设、经营须由中方控股	核电站的建设、经营须由中方控股	无差别
11	禁止投资烟叶、卷烟、复烤烟叶及其他烟草制品的批发、零售	禁止投资烟叶、卷烟、复烤烟叶及其他烟草制品的批发、零售	无差别
12	国内水上运输公司须由中方控股	国内水上运输公司须由中方控股	无差别
13	公共航空运输公司须由中方控股，且一家外商及其关联企业投资比例不得超过25%，法定代表人须由中国籍公民担任。通用航空公司的法定代表人须由中国籍公民担任，其中农、林、渔业通用航空公司限于合资，其他通用航空公司限于中方控股	公共航空运输公司须由中方控股，且一家外商及其关联企业投资比例不得超过25%，法定代表人须由中国籍公民担任。通用航空公司的法定代表人须由中国籍公民担任，其中农、林、渔业通用航空公司限于合资，其他通用航空公司限于中方控股	无差别
14	民用机场的建设、经营须由中方相对控股。外方不得参与建设、运营机场塔台	民用机场的建设、经营须由中方相对控股。外方不得参与建设、运营机场塔台	无差别
15	禁止投资邮政公司、信件的国内快递业务	禁止投资邮政公司、信件的国内快递业务	无差别
16	电信公司：限于中国入世承诺开放的电信业务，增值电信业务的外资股比不超过50%（电子商务、国内多方通信、存储转发类、呼叫中心除外），基础电信业务须由中方控股	电信公司：增值电信业务除在线数据处理与交易处理外，按照《自由贸易试验区外商投资准入特别管理措施（负面清单）》执行；允许实体注册、服务设施在海南自由贸易港内的企业，面向自由贸易港全域及国际开展互联网数据中心、内容分发网络等业务；基础电信业务限于中国入世承诺开放的电信业务，须由中方控股	细化程度不同

续表

序号	《外商投资准入特别管理措施(负面清单)(2020年版)》(现已失效)	《海南自由贸易港外商投资准入特别管理措施(负面清单)(2020年版)》	二者的区别
17	禁止投资互联网新闻信息服务、网络出版服务、网络视听节目服务、互联网文化经营(音乐除外)、互联网公众发布信息服务(上述服务中,中国入世承诺中已开放的内容除外)	禁止投资互联网新闻信息服务、网络出版服务、网络视听节目服务、互联网文化经营(音乐除外)、互联网公众发布信息服务(上述服务中,中国入世承诺中已开放的内容除外)	无差别
18	禁止投资中国法律事务(提供有关中国法律环境影响的信息除外),不得成为国内律师事务所合伙人	禁止投资中国法律事务(提供有关中国法律环境影响的信息、部分涉海南商事非诉讼法律事务除外),不得成为国内律师事务所合伙人	细化程度不同
19	市场调查限于合资,其中广播电视收听、收视调查须由中方控股	广播电视收听、收视调查须由中方控股。社会调查中方股比不低于67%,法定代表人应当具有中国国籍	细化程度不同
20	禁止投资社会调查	—	限制与否
21	禁止投资人体干细胞、基因诊断与治疗技术开发和应用	禁止投资人体干细胞、基因诊断与治疗技术开发和应用	无差别
22	禁止投资人文社会科学研究机构	禁止投资人文社会科学研究机构	无差别
23	禁止投资大地测量、海洋测绘、测绘航空摄影、地面移动测量、行政区域界线测绘,地形图、世界政区地图、全国政区地图、省级及以下政区地图、全国性教学地图、地方性教学地图、真三维地图和导航电子地图编制、区域性的地质填图、矿产地质、地球物理、地球化学、水文地质、环境地质、地质灾害、遥感地质等调查(矿业权人在其矿业权范围内开展工作不受此特别管理措施限制)	禁止投资大地测量、海洋测绘、测绘航空摄影、地面移动测量、行政区域界线测绘、地形图、世界政区地图、全国政区地图、省级及以下政区地图、全国性教学地图、地方性教学地图、真三维地图和导航电子地图编制、区域性的地质填图、矿产地质、地球物理、地球化学、水文地质、环境地质、地质灾害、遥感地质等调查(矿业权人在其矿业权范围内开展工作不受此特别管理措施限制)	无差别
24	学前、普通高中和高等教育机构限于中外合作办学,须由中方主导(校长或者主要行政负责人应当具有中国国籍,理事会、董事会或者联合管理委员会的中方组成人员不得少于1/2)	学前、普通高中和高等教育机构限于中外合作办学(境外理工农医类高水平大学、职业院校、非学制类职业培训机构除外),须由中方主导(校长或者主要行政负责人应当具有中国国籍,理事会、董事会或者联合管理委员会的中方组成人员不得少于1/2)	细化程度不同

续表

序号	《外商投资准入特别管理措施（负面清单）（2020年版）》（现已失效）	《海南自由贸易港外商投资准入特别管理措施（负面清单）（2020年版）》	二者的区别
25	禁止投资义务教育机构、宗教教育机构	禁止投资义务教育机构、宗教教育机构	无差别
26	医疗机构限于合资	医疗机构限于合资	无差别
27	禁止投资新闻机构（包括但不限于通讯社）	禁止投资新闻机构（包括但不限于通讯社）	无差别
28	禁止投资图书、报纸、期刊、音像制品和电子出版物的编辑、出版、制作业务	禁止投资图书、报纸、期刊、音像制品和电子出版物的编辑、出版、制作业务	无差别
29	禁止投资各级广播电台（站）、电视台（站）、广播电视频道（率）、广播电视传输覆盖网（发射台、转播台、广播电视卫星、卫星上行站、卫星收转站、微波站、监测台及有线广播电视传输覆盖网等），禁止从事广播电视视频点播业务和卫星电视广播地面接收设施安装服务	禁止投资各级广播电台（站）、电视台（站）、广播电视频道（率）、广播电视传输覆盖网（发射台、转播台、广播电视卫星、卫星上行站、卫星收转站、微波站、监测台及有线广播电视传输覆盖网等），禁止从事广播电视视频点播业务和卫星电视广播地面接收设施安装服务	无差别
30	禁止投资广播电视节目制作经营（含引进业务）公司	禁止投资广播电视节目制作经营（含引进业务）公司	无差别
31	禁止投资电影制作公司、发行公司、院线公司以及电影引进业务	禁止投资电影制作公司、发行公司、院线公司以及电影引进业务	无差别
32	禁止投资文物拍卖的拍卖公司、文物商店和国有文物博物馆	禁止投资文物拍卖的拍卖公司、文物商店和国有文物博物馆	无差别
33	禁止投资文艺表演团体	文艺表演团体须由中方控股	限制程度不同

附录三 澳大利亚财政部公开的准入审查决定汇总（2008—2016 年）[①]

序号	审查决定的发布日期	目标公司（被收购方）	外国投资者			审查决定的类型
			收购方	投资母国	收购方的性质	
1	2008 年 8 月 24 日	Rio Tinto Plc	中国铝业股份有限公司	中国	政府投资者	附条件的批准
2	2008 年 9 月 21 日	Murchison Metals Ltd	中国中钢集团有限公司	中国	政府投资者	附条件的批准
3	2009 年 3 月 27 日	Album Resources Private Limited /OZ Minerals Ltd	中国五矿集团公司	中国	政府投资者	禁止投资
4	2009 年 3 月 31 日	Fortescue Metals Group	湖南华菱钢铁集团有限责任公司	中国	政府投资者	附条件的批准
5	2009 年 4 月 23 日	Album Resources Private Limited /OZ Minerals Ltd	中国五矿集团有限公司	中国	政府投资者	附条件的批准
6	2009 年 5 月 8 日	Gindalbie Metals Ltd	鞍钢集团有限公司	中国	政府投资者	附条件的批准
7	2010 年 6 月 9 日	IMX Resources Limited and Outback Iron Pty Ltd	泰丰元创国际开发公司	中国	非政府投资者	附条件的批准
8	2010 年 11 月 8 日	Sucrogen Limited from CSR Limited	Wilmar International Limited (through its Australian subsidiary, Wilmar Australia Pty Ltd)	新加坡		附条件的批准

① 该表系作者根据澳大利亚财政部网站此前公开的信息整理而成。

续表

序号	审查决定的发布日期	目标公司（被收购方）	外国投资者			审查决定的类型
			收购方	投资母国	收购方的性质	
9	2010年12月19日	Album Resources Private Limited/OZ Minerals Ltd	五矿资源有限公司	中国	政府投资者	附条件的批准
10	2011年4月8日	ASX Limited	Singapore Exchange Limited (SGX)	新加坡	政府投资者	禁止投资
11	2011年11月25日	Foster's Group Limited	SABMiller PLC	跨国公司		附条件的批准
12	2011年12月23日	Austar United Communications Limited	FOXTEL Partnership	美国和澳大利亚		附条件的批准
13	2012年3月8日	Gloucester Coal Limited/Felix Resources Limited	兖矿澳大利亚有限公司	中国	政府投资者	附条件的批准
14	2012年8月31日	Asset of Cubbie Station	山东如意科技集团有限公司与Lempriere Pty Ltd	中国和澳大利亚	非政府投资者	附条件的批准
15	2013年10月4日	GrainCorp Limited	Archer Deniels Midland Company	美国		暂时中止审查决定
16	2013年11月12日	Warrnambool Cheese & Butter Factory Company Holdings Limited	Saputo Inc.	加拿大		附条件的批准
17	2013年11月29日	GrainCorp Limited	Archer Deniels Midland Company	美国		禁止投资
18	2013年12月11日	Gloucester Coal Limited/Felix Resources Limited	兖州煤业股份有限公司	中国	政府投资者	所附条件变更

续表

序号	审查决定的发布日期	目标公司（被收购方）	外国投资者		收购方的性质	审查决定的类型
			收购方	投资母国		
19	2013 年 12 月 20 日	SP AusNet and SPI (Australia) Assets Pty Limited and SPI (Australia) Trust	国家电网公司	中国	政府投资者	附条件的批准
20	2015 年 3 月 4 日	Australian Consolidated Food Holdings Pty Ltd	JBS USA Holdings Inc	美国		附条件的批准
21	2015 年 3 月 19 日	Toll Holdings	Japan Post	日本	政府投资者	批准（未附加任何条件）
22	2015 年 4 月 8 日	John Holland Group	中国交通建设股份有限公司	中国	政府投资者	批准（未附加任何条件）
23	2015 年 11 月 19 日	S. Kidman & Co. Limited	多家外国投资者（其中包括中国政府投资者）	中国、加拿大和其他国家	包含中国政府投资者	禁止投资
24	2015 年 11 月 25 日	99-year lease of TransGrid	多家政府投资者，其中包括中国政府投资者，如国家电网公司和中国南方电网公司	中国和其他国家	中国政府投资者与加拿大政府投资者竞争	禁止投资并施加保护措施
25	2016 年 2 月 23 日	VDL	月亮湖投资公司	中国	非政府投资者	附条件的批准
26	2016 年 4 月 29 日	S. Kidman & Co. Limited	大康澳大利亚控股有限公司	中国	政府投资者	初步审查决定：禁止投资
27	2016 年 8 月 11 日	Ausgrid	多家外国投资者（其中包括国家电网公司和长江基建集团有限公司）	中国	包含中国政府投资者	初步审查决定：禁止投资

续表

| 序号 | 审查决定的发布日期 | 目标公司（被收购方） | 外国投资者 | | | 审查决定的类型 |
			收购方	投资母国	收购方的性质	
28	2016 年 8 月 19 日	Ausgrid	多家外国投资者（其中包括国家电网公司和长江基建集团有限公司）	中国和其他国家	包含中国政府投资者	禁止投资

附录四　缩略语

简称	中文全称	英文全称
APEC	亚太经济合作组织	Asia-Pacific Economic Cooperation
ASEAN	东南亚国家联盟	Association of Southeast Asian Nations
CAI	《中欧全面投资协定》	China-EU Comprehensive Agreement on Investment
CFIUS	美国外国投资委员会	The Committee on Foreign Investment in the United States
COMESA	东部和南部非洲共同市场	Common Market for Eastern and Southern Africa
CPTPP	《全面与进步跨太平洋伙伴关系协定》	Comprehensive and Progressive Agreement for Trans-Pacific Partnership
ECT	《能源宪章条约》	Energy Charter Treaty
FDI	外国直接投资	Foreign Direct Investment
FINSA	《外国投资和国家安全法》	Foreign Investment and National Security Act of 2007
FIRB	澳大利亚外国投资审查委员会	Foreign Investment Review Board, Australia
FIRRMA	《外国投资风险审查现代化法案》	Foreign Investment Risk Review Modernization Act of 2018
FTA	自由贸易协定	Free Trade Agreement
G20	二十国集团	Group of Twenty
GATS	《服务贸易总协定》	General Agreement on Trade in Service

续表

简称	中文全称	英文全称
GATT	《关税及贸易总协定》	General Agreement on Tariffs and Trade
ICSID	国际投资争端解决中心	International Centre for Settlement of Investment Disputes
MAI	多边投资协定	Multilateral Agreement on Investment
OECD	经济合作与发展组织	Organization for Economic Co-operation and Development
RCEP	《区域全面经济伙伴关系协定》	Regional Comprehensive Economic Partnership
TRIMs	《与贸易有关的投资措施协定》	Agreement on Trade-Related Investment Measures
UNCTAD	联合国贸易和发展会议	United Nations Conference on Trade and Development
VIE	协议控制模式	Variable Interest Entity
WTO	世界贸易组织	World Trade Organization
《OECD 投资政策指南》	《投资接受国与国家安全相关的投资政策指南》	Guidelines for Recipient Country Investment Policies Relating to National Security: Recommendation Adopted by the OECD Council on 25 May 2009
"十三五"规划	《中华人民共和国国民经济和社会发展第十三个五年规划纲要》	—
《反间谍法》	《中华人民共和国反间谍法》	—
《反恐怖主义法》	《中华人民共和国反恐怖主义法》	—
《反垄断法》	《中华人民共和国反垄断法》	—
《个人信息保护法》	《中华人民共和国个人信息保护法》	—
《公司法》	《中华人民共和国公司法》	—
《国家安全法》	《中华人民共和国国家安全法》	—
《合伙企业法》	《中华人民共和国合伙企业法》	—
《企业破产法》	《中华人民共和国企业破产法》	—
《企业所得税法》	《中华人民共和国企业所得税法》	—

简称	中文全称	英文全称
《试行办法》	《自由贸易试验区外商投资国家安全审查试行办法》	—
《数据安全法》	《中华人民共和国数据安全法》	—
《外国投资法（草案征求意见稿）》	《中华人民共和国外国投资法（草案征求意见稿）》	—
《外商投资法》	《中华人民共和国外商投资法》	—
《外商投资法实施条例》	《中华人民共和国外商投资法实施条例》	—
《外资企业法》	《中华人民共和国外资企业法》	—
《外资企业法细则》	《中华人民共和国外资企业法实施细则》	—
《网络安全法》	《中华人民共和国网络安全法》	—
《宪法》	《中华人民共和国宪法》	—
《刑法》	《中华人民共和国刑法》	—
《行政处罚法》	《中华人民共和国行政处罚法》	—
《指导目录》	《外商投资产业指导目录》	—
《中外合作经营企业法》	《中华人民共和国中外合作经营企业法》	—
《中外合作经营企业法细则》	《中华人民共和国中外合作经营企业法实施细则》	—
《中外合资经营企业法》	《中华人民共和国中外合资经营企业法》	—
《中外合资经营企业法条例》	《中华人民共和国中外合资经营企业法实施条例》	—
发改委	国家发展和改革委员会	—
工作机制办公室	外商投资安全审查工作机制办公室	—
"三资企业法"	《中华人民共和国中外合资经营企业法》《中华人民共和国外资企业法》《中华人民共和国中外合作经营企业法》	—
"三资企业法"实施细则	《中华人民共和国中外合资经营企业法实施条例》《中华人民共和国外资企业法实施细则》《中华人民共和国中外合作经营企业法实施细则》	—

后 记

    党的十九届四中全会明确要求健全外商投资国家安全审查制度。然而，我国彼时的相关规范层级较低且透明度受到质疑。提高该制度透明度有助于落实《外商投资法》确立的透明度原则，从而营造透明、可预期的市场环境。在《外商投资安全审查办法》颁布后，我国在全国层面建立了统一适用于新设、并购等各种外商投资类型的外商投资安全审查制度，在审查程序、审查主体等层面提高了该制度的透明度。在此背景下，本书深入分析了我国外商投资安全审查制度的演进、实践与未来展望。

    本书从我国外商投资立法中的内外资一致原则（第一章）出发，梳理了我国外商投资立法逐步确立内外资一致原则的背景与法律体现，肯定了我国外商投资立法逐步完善且与国际接轨的整体立场。外商投资安全审查制度属于内外资一致原则的例外，这一定性决定了该制度在实践中的适用应受到严格限制，不应当被滥用。在此基础上，第二章全面、系统地呈现了我国外商投资安全审查制度的规则演进与实践情况。在规则层面，该制度的透明度逐步增加，主要体现在明确了开展安全审查的审查机构、该机构的职责、安全审查的范围、审查流程和时限、审查决定的种类等，同时强调了审查决定的实施监督和不依照规定提请审查的法律后果。但是从实施情况来看,该制度几乎不为公众所知,本书通过全面梳理公开可查信息以及挖掘上市公司公告也才仅仅获悉了三个案例。通过分析这些案例可以看出,我国目前的安全审查制度在三个方面的透明度显著不足,即国家安全的含义不明晰、审查实施情况的公开度不足,以及审查决定的救济机制缺失。

第三至第五章就如何填补这些不足进行了探讨。第三章从理论层面和比较法层面分析了透明度原则与外商投资安全审查制度的关系。第四章和第五章分别从实体层面(国家安全的含义)和程序层面(审查实施情况的披露机制和审查决定的救济机制)就提升该制度的透明度寻求解决思路。

第三章分析了在外商投资安全审查制度中引入透明度原则兼具可行性与必要性。以国内法观之,透明度原则与我国外商投资立法发展息息相关,这体现在入世承诺履行、负面清单制定和《外商投资法》实施三个方面,完美契合了我国外商投资立法进程中的三座里程碑。因此,在安全审查制度中引入透明度原则具有可行性。从国际投资协定角度观之,我国新近缔结的自由贸易协定开始接受透明度原则,未来的缔约和履约实践必将涉及安全审查制度的透明度(及其例外)问题。此外,OECD等国际组织也建议将透明度或可预见性原则作为外商投资安全审查制度的一项基本原则,主要国家或经济体的立法和政策也彰显了透明度原则在外商投资安全审查制度构建中的重要价值。因此,引入透明度原则有助于推动国际投资自由化的进程,具有必要性。研究发现,尽管主要国家或经济体在其安全审查制度中保留了一定的自由裁量权,但是仍采取了多种方法提高其透明度。这些方法为提升我国的安全审查制度透明度提供了方法库。

第四章全面梳理了我国在宪法、法律等层面有关国家安全的规定,并从实践层面呈现了不同机构对国家安全的理解。研究发现,由于立法目的和适用场景的不同，我国在立法和实践中对于国家安全含义的解读并不统一，这就意味着国家安全在不同立法中的含义是不同的。因此，并不能简单地将法律法规中关于国家安全的理解直接应用于外商投资安全审查制度，而是需要对国家安全在外商投资安全审查制度中的含义加以明确。在《外商投资安全审查办法》实施之前，我国采用"部门规章＋穷尽性列举"的方式呈现安全审查中的考量因素，这在一定程度上满足了透明化的要求。但是这种透明化方式也有弊端，比如部门规章的修订耗时较长，穷尽性列举也限制了国家安全的考量因素，不便于应对新的挑战和问题等。参考其他国家或经济体的做法，在成文法中进行非穷尽性列举，或者以政策性文件等软法的方式提供指引，既能实现透明度的提升，也能更容易地应对新的挑战。

第五章主要探讨了如何完善外商投资安全审查制度在审查实施情况的披露和审查决定的救济中的不足，回答了第三章中提出的问题。在披露机制上，我国目前并不公开个案审查决定，亦不编制年度报告。相较而言，通过解读其他国家或经济体，如美国、欧盟等的年度报告，结合笔者在澳大利亚就公开的审查决定开展的实证调研可以发现，适当的信息披露可以有效帮助投资者了解东道国的投资环境并及时调整投资策略，进而提升东道国的外商投资营商环境。而在审查决定的救济方面，我国目前缺少对于审查决定的救济机制。在国际层面，主要国家或经济体普遍认可对于程序性事项的救济途径。因此，我国应考虑在程序层面允许投资者对审查决定提出疑问，这也符合《外商投资法》所规定的依法作出的决定为最终决定的立场。此外，现阶段已有投资者通过国际仲裁机构（如 ICSID）对东道国的安全审查决定提起仲裁。可以想见，未来投资者也有可能对我国提出类似仲裁，所以应提早布局、明确立场。

国家安全的重要性和政治法律化属性决定了该制度的透明度必

然是有限度的。本书从国际投资法、公司法等视角,运用文献分析、实证调研分析和国别比较分析等方法,结合国际组织和国内外学者的研究,剖析了主要国家或经济体在外商投资国家安全审查制度中落实透明度原则(即透明化)的法律机制。研究发现,主要国家或经济体虽然采取了多种途径提高相应制度的透明度,但均为审批机构预留了自由裁量权的空间,换言之,主要国家或经济体的外商投资安全审查制度都是有限透明的。因此,本书的落脚点在于如何在保障国家安全的前提下,合理构建我国的外商投资安全审查有限透明化机制。研究认为,我国应在实体层面(国家安全的含义)和程序层面(审查实施情况的披露机制和审查决定的救济机制)提升透明度,在保留自由裁量权的同时给予投资者更多信息,从而实现推进投资自由化、优化营商环境的目标。

姜慧芹

2024 年 1 月 6 日